饭店经理人丛书

现代饭店餐饮管理创新

饶 勇 著

旅游教育出版社
·北京·

策划编辑：赖春梅
责任编辑：赖春梅　朱海犀

图书在版编目(CIP)数据

现代饭店餐饮管理创新/饶勇著. —北京：旅游教育出版社，2007.8
(饭店经理人丛书)
ISBN 978-7-5637-1529-9

Ⅰ.现…　Ⅱ.饶…　Ⅲ.饭店－餐饮业－经济管理　Ⅳ.F719.2

中国版本图书馆 CIP 数据核字(2007)第 102183 号

饭店经理人丛书
现代饭店餐饮管理创新
饶　勇　著

出版单位	旅游教育出版社
地　　址	北京市朝阳区定福庄南里 1 号
邮　　编	100024
发行电话	(010)65778403 65728372 65767462(传真)
本社网址	www.tepcb.com
E-mail	tepfx@163.com
排版单位	首都经济贸易大学出版社激光照排部
印刷单位	北京科普瑞印刷有限责任公司
经销单位	新华书店
开　　本	787×960　1/16
印　　张	18.125
字　　数	283 千字
版　　次	2007 年 8 月第 1 版
印　　次	2007 年 8 月第 1 次印刷
印　　数	1-6000 册
定　　价	30.00 元

(图书如有装订差错请与发行部联系)

出版说明

饭店业是中国经济社会改革开放的前沿窗口。从20世纪80年代建国饭店聘请半岛集团管理饭店以来,我国的饭店经营人员、管理人员就开始参照国际饭店经营管理的经验,来运营我国的饭店业务。

经过20余年的成长,我国的饭店业从组织形态到管理理念都发生了深刻的变化,突出表现为:企业形态由单体饭店向集团化方向发展,管理理念由模仿西方饭店管理思想向管理模式创新发展。此外,我国的一些饭店企业已经开始将触角伸展到国外,迈出了拓展国际业务的步伐,开始在国际市场上与国际知名饭店集团角力。我国的饭店经营管理者在放眼世界的同时,更为关注经营管理理念如何与我国、与本组织的文化相融合。在这一发展变革中,我国的饭店经营管理者总结出了诸多发展民族饭店业及国内饭店国际化拓展的经验。及时地展示饭店经营者、管理者的探索与尝试,总结他们的经验,对于中国饭店业的发展助莫大焉!

在我国由计划经济向市场经济过渡的转型时期,我国的饭店业正处于国际饭店管理经验本土化、国内企业发展国际化的紧要关头,在这样的历史时期,我们有必要在经济全球化、国内竞争国际化的大背景下,审视我国饭店业的发展,思考如何提高中国饭店组织的国际竞争能力。作为全国的旅游教育类专业出版社,我们有责任、有义务倾注我们的理性、热情去关注我国饭店业在经济转型期的每一步发展。在与众多饭店经理人深度访谈和大量调研的基础上,我们推出了"饭店经理人丛书"。

"饭店经理人丛书"涉及战略、品牌、企业文化、质量管理、人力资源、市场营销、财务、法律知识、收益管理、安全管理及创新力等饭店运营中的重大专题,由管理经验丰富的饭店人或研究饭店企业的专家学者执笔,力求用通俗的语言讲述中国饭店经理人自己的探索与实践经验。此丛书以服务现实为出发点,以解决饭店管理中的症结为主线,以国际上饭店管理的新趋势、新理念为参照,以提升饭店经理人的管理水平为最终目的,以向饭店经理人传输新思想为最高追求。

为了方便饭店经理人阅读，我们在每章中以“导读”模块列出了章内重点知识或阅读指导；为使饭店经理人对内容有直观认识并引发读者思考，我们设置了“案例分析”模块。通过对写作专题的严格选择和对编写体例的精心设置，做到内容与形式的最优化结合，集中凸显实用风格。

在“饭店经理人丛书”的筹划和组织编写的过程中，我们得到了以下单位的大力支持：中国旅游饭店业协会、首旅集团、锦江集团、钟山宾馆集团、金陵饭店、开元旅业集团、北京第二外国语学院等；同时，有诸多饭店业管理者、学术研究机构的专家学者及饭店经理人给我们提出了宝贵的意见和建议，他们是中国旅游饭店业协会蒋其康副秘书长和马伟萍副处长、上海财经大学的何建民教授、上海市旅游委市场管理处的陈雪羽副处长、上海市旅游协会饭店业分会赵仁荣副秘书长、北京派雷斯酒店管理公司张志军总经理、浦江饭店毕纪根总经理、上海富豪环球东亚酒店郑超然副总经理、扬子饭店嵇东明总经理、香港京华酒店许慕寒总经理、浙江钱塘旅业资产经营管理公司胡晓洁总经理、杭州西软科技公司王敏敏常务副总经理等。在此，向以上给予我们帮助的单位和个人表示衷心的感谢！同时，也向未能一一列举的每一位关注我社丛书出版的朋友表示诚挚的谢意！此外，我们的作者在工作之余花费了大量的时间和精力尽心尽力地写作，将他们对饭店业的管理经验与读者诸君共享，于此，也向我们的作者致以谢忱。

“饭店经理人丛书”是一个开放的体系，我们希望有更多的饭店业经营者、管理者与专家学者加入到丛书的写作队伍，在读者、作者与我出版社的共同努力培育下，让这套饭店经理人的图书永远反映时代的脉动。

旅游教育出版社

社会餐饮业的替代竞争与饭店餐饮业的管理创新空间(代前言)

先看一组来自权威部门的统计数据。

据商务部最新发布的数据显示,2007 年全国人均餐饮消费支出预计将达 915 元,餐饮业零售额将继续保持 17% 左右的增幅,全年零售总额有望达到 12100 亿元。

不得不承认,餐饮业已经成为近年来发展最为迅猛的产业,但在这块年收入近万亿元的大蛋糕中,到底有多少属于饭店餐饮业呢?

社会餐饮业对饭店餐饮业的强势替代竞争已经成为业内人士关注已久的热点问题之一,几乎每一次由行业管理部门或专业媒体组织的产业发展研讨会都会将二者之间的竞争共存作为一个例行的议题,而且观点都是惊人的一致——在社会餐饮业"以多打少、以快打慢、以灵打拙"的咄咄逼人的攻势下,饭店餐饮业已经危机四伏。一些高星级饭店尚且能以自身雄厚的资本和人才优势以及种类齐全的产品体系予以应对,但更多的中低档饭店或因自身品种单一,或因管理模式僵化、整体表现差强人意,稍不留意就沦为这场产业竞争大戏中的看客。

饭店餐饮业的经营困境

业内人士已经从很多方面探讨了饭店餐饮业陷入经营困境的原因,如产品缺乏特色、经营不够灵活、对市场细节把握不到位以及成本结构和管理机制等方面的先天缺陷等。必须承认,这些来自市场一线的观察和评价整体上来说是相当客观和贴切的,但为什么当所有的问题都已经被一一揭示出来后,我们依然没有看到预期中的饭店餐饮业集体发力并一举扭转市场颓势的壮举呢?

解答这些问题的关键还在于我们必须从整体经营环境的高度上重新审视饭店餐饮业的资源配置结构和经营决策体系,正如很多一线的餐饮部经理所言,"社会餐饮业最大的优势在于它本身就是一个独立的产品系统,本身就是一个完整的企业建制,本身就有一套高效灵活的经营决策机制……"。

饭店餐饮业的经营管理在很大程度上受到其母体企业(饭店)的市场定位和管理模式的制约。母体企业对于饭店餐饮业务板块的支持在一定程度上来说是一把双刃剑,它既可以提供资金、人才、管理经验、品牌形象以及内部客源上的支持，同时又可能限制了其在市场定位、产品设计、管理效率以及价格政策等多方面的决策空间。

更具体地来说，饭店餐饮部门的高层管理者们在面对竞争进行决策时会被告诫——你必须与饭店的整体档次和客源定位保持一致，这意味着你可能不得不放弃很多原本可以有所作为的细分市场；你必须保证完成饭店整体功能所要求的各类接待任务，无论是散客还是会议或旅游团队，也无论是来自东南西北哪个区域的客户，这意味着你必须在产品设计上尽量做到“兼容并蓄，应有尽有”，相应地，你就必须损失在产品特色上的更高追求；你必须在硬件设施、软件服务和几乎所有细节上都达到饭店本身的等级标准，这意味着你的成本结构很可能会居高不下，即便是在一些细节上极尽节约之能事，但于整体成本费用的影响并不显著……正因为已经有了这林林总总的诸多约束，所以无论怎么努力，饭店餐饮部门的经理们始终觉得自己是在“戴着镣铐跳舞”，尽管有着资源或人才上的诸多优势，但其实能真正采用的竞争手段相比社会餐饮业来说可能要少得多。

对于社会餐饮业主们来说，他们在经营决策时可能无须顾及母体企业如饭店自身经营策略的束缚，他们可以在产品特色上尽量做到极致，而无须在乎能否适应不同类型的顾客，如“小肥羊”和“谭鱼头”，可能只适应部分口味偏重的顾客，也可能只适合顾客们偶尔为之的消费，但重要的是他们能通过自己的产品特色塑造来针对性地吸引部分具备这些特征的客源，而饭店餐饮业则必须调整自己的产品结构来适应指定的客户群体。业内人士经常说的所谓“宾馆菜”其实就是指一种综合了各种菜系和口味的“中庸菜系”，惟其如此才能迎合最大数量的顾客。两种经营风格的差异其实也就为日后的竞争态势埋下了伏笔。

社会餐饮业的特点还有很多，比如对于管理者的合约激励和对于核心员工的薪酬支付，又比如价格的变更、促销的灵活性、整体经营风格的灵活转换甚至企业产权的频繁快速转让等。所有这些饭店餐饮部门不能完全独立决策的环节都有可能成为社会餐饮业的竞争优势所在。

比较令人欣慰的是，饭店餐饮业的经营困境并没有延伸到高星级饭店，尤其是一些在当地最有影响力的优势饭店。这些高星级的大型饭店尽管也有着与大多数饭店相似的经营环境，但至少有两个关键环节上的问题得到了比较彻底的解决。其一是这些大型饭店的餐饮业务板块内部通常都有着比较齐全的产品种类结构，各种档次和风格的餐厅应有尽有，它们可以通过延长和扩大产品体系来适应不同类型的客户，而在每一种产品内部又依然能做到特色化经营，这就避免了很多中小饭店不得不以中庸调和的“宾馆菜”来适应多类型客户；其二是大型饭店的餐饮部门自身有着相对比较完整的经营管理体系，企业内部也会根据其经营规模和利润贡献能力给予相当大的决策自主权，无论是薪酬设计、技能培训和营销推广还是产品研发都能自成体系，从而具备与社会餐饮企业独立展开竞争的决策机制。

饭店餐饮业的优势悖论

尽管饭店餐饮业尤其是中低档饭店餐饮业有着这样那样的先天劣势，但这似乎并不能成为其经营困境的根本缘由，毕竟它们也有很多社会餐饮无可比拟的优势资源。问题的关键是如何能扬长避短，充分挖掘和强化自身的特色，有效地避免与社会餐饮企业在完全相同的细分市场上进行“消耗式”的资源竞争。

那么到底哪些因素真正称得上是饭店餐饮业与众不同的竞争优势呢？或者说，饭店餐饮与社会餐饮企业竞争的筹码主要有哪些呢？

首先是人才的优势。

凭借母体企业（饭店）的品牌形象和完善的福利薪酬体系，饭店餐饮可以吸引到更高层次的专业人才。对于优秀的餐饮业经理人才而言，在规模较小的社会餐饮企业里很快就会到达其职业生涯的顶端，再进一步可能就必须进入到分享股份的股东层了，而这对当前大多数民营餐饮企业来说还是一个尚待解决的难题。即便是对于普通的服务人员与技术人员来说，在薪酬水平基本接近的情况下，饭店餐饮业也更能吸引一些高学历和高素质的员工，这不仅是由于饭店能为员工提供晋升和培训的机会，也因为饭店相对规范的管理体系和相对成熟的企业文化让员工们更有归宿感。

其次是资本的优势。

综观全局，尽管社会餐饮业整体表现更有活力，但具体到单个企业来说，其失败的概率是远远高于饭店餐饮业的。很多社会餐饮企业的资本筹集，尤其是现金流管理一直是个大问题，即便是规模很小的企业，由于没有银行借贷资本的扶持，通常也会采取将股本稀释以吸纳合伙经营者的资本金的办法，而且合伙经营企业内部除了初始注入资本的结构复杂外，在流动资金以及追加投资等环节上也存在很多自身难以克服的弊端。我们在实践中经常见到一些生意火暴的餐饮企业突然关门或被转让，其缘由大抵都与股本结构分散或资金链断裂有关。

有母体企业（饭店）作为支撑的饭店餐饮至少在流动资金上不会遇到太大困难，因为饭店其他部门的营业现金流量可以在内部进行协调流转。同时，饭店作为一个有大量固定资产的企业实体，在融资租赁以及企业信用等方面更具优势，餐厅的设备添置与店面翻修等资金需求可以得到满足。更重要的是，饭店餐饮的资金成本通常来说要比社会餐饮企业低得多。

还有管理及服务技术上的优势。

近年来，一些已经初具规模的社会餐饮企业纷纷意识到建立规范的管理体系的重要性，于是纷纷斥巨资建立起自己的培训学校、管理咨询公司以及供应链体系。这既是进入集团化经营阶段后的战略规划，也是向更高层次的高星级饭店餐饮发起挑战的必备条件。

相比之下，大多数的饭店餐饮部门一开始就得到了饭店其他业务和管理部门的有力支持。如人力资源部可以分担其在员工招聘、薪资管理以及培训组织方面的很多工作，动力工程部可以保障餐厅设施设备的正常运行和维修保养，市场营销部可以提供各类团队客户或会议客户的业务支持，而财务部门则能在整个企业范围内合理调度筹集资金，并提供系统的账目管理和成本核算等专业服务……总而言之，餐饮部门的管理者们可以专心于产品研发、市场分析和客户管理等关键经营环节上，而无须在一些事务性的问题上耗费过多的精力和时间。

……

细数下来，诸如此类的优势还有很多，如品牌形象、企业知名度、内部客源交流甚至停车位等等，但要想将这些显而易见的优势真正转化为日常经营过程中的胜势，则还必须认真研究一个更重要的问题——这些所谓的优势对于消费者来说有多大价值？

企业经营的成败不是单纯的资源比拼，只有那些能真正让消费者获益的企业才拥有强大的竞争优势。社会餐饮企业尽管存在很多劣势，但只要它们能将有限的资源放在改善顾客价值这个环节上，那么胜算就大了很多。

比如很多顾客喜欢尝试一些新奇的时令菜品，那么餐厅即便是装饰比较简陋、服务比较随意，只要确保菜品更新周期短、速度快，也同样能让顾客们满意，因为顾客获得了尝新试鲜的满足感。又比如很多工薪顾客希望能以最快速度完成就餐过程，从而腾出时间去处理公务，那么即使店堂拥挤一些、服务忙乱一些，但只要上菜速度快、服务流程简单到位，顾客们无须长时间等待，也同样能吸引很多公务缠身的商务顾客。

市场竞争的成败说到底是由顾客们根据自己的喜好用“脚”来投票的，而不是由所谓的专家们按照所谓的等级标准来“举手表决”的。明白了这个道理，我们也就不难理解为什么那么多饭店餐饮总是“高开低走”了。

饭店餐饮业的理想境界

迫于市场压力，很多饭店餐饮部门开始走“承包经营”的路子，这可以被理解为饭店决策者们用以应对社会餐饮竞争的一种策略，但这未必是最理想的策略。

按照前面的分析，将餐饮部门向外发包，使之完全蜕变为一个独立的社会餐饮企业，尽管能一定程度上摆脱饭店餐饮经营模式的诸多劣势和桎梏，但也同样主动放弃了很多自身的先天优势，这样的策略从本质上来说还是“倒洗澡水顺便也将孩子倒了出去”。

暂且抛开饭店餐饮与社会餐饮之间的优劣比较，市场成败的关键其实从来就只有一个——谁能为顾客创造并提供更大的价值，谁就能赢得顾客更多的发自内心的选票。顾客们在衡量自己得到的收益时不会在意企业内部的资源结构，他们只关心自己得到的价值与付出是否相称。

高星级饭店的餐饮之所以成功，是因为它们代表了当地一种顶级的餐饮消费，顾客们获得的是最昂贵的服务、最精致的菜品和最强烈的精英意识，这对一些重大宴请和公关活动来说是核心价值。

社会餐饮之所以成功，是因为它们本身就意味着快捷简练的服务、价廉物美的消费和推陈出新的菜品。高性价比以及鲜明的产品特色是大众消费者最关注的核心价值。

大多数中低档饭店的餐饮企业之所以举步维艰，就是因为正好处在高星级饭店与社会餐饮两大竞争集团的中间，上不能强攻高端市场，下无法顾及大众市场，顾客们很难辨识出自己到底能从它们身上获得什么样的核心价值。再加之随着市场不断发生变化，高星级饭店开始向下兼容大众市场，社会餐饮企业也开始进军高端市场，市场整体渐呈犬牙交错态势，为它们留下的市场空间已经越来越小了。

但这并不意味着中低档饭店餐饮已经走到了尽头，更不等于说必须放弃自身的资源优势去走高星级饭店或社会餐饮的道路。简单来说，饭店餐饮业最根本的出路还是在于如何依照自己的资源结构特征尽快找到为顾客创造最大限度的核心价值的方法。

实践中的业界精英们已经开始为这个目标努力，并取得了丰硕的成果。概括起来这些成功尝试的本质都在于通过管理创新，重塑顾客价值链，尽量将自身的资源优势通过创新的管理模式转化为顾客最终能获得的实际价值。

比如前面提到的人才优势是很多饭店餐饮强于社会餐饮的地方，但光是将这些高素质员工简单地配置到各岗位上并不能让顾客有太多欣喜，因为顾客们并不在意为他们提供服务的到底是大学生、中专生还是初中文化程度的员工。所以有些饭店开始有意识地根据员工素质差异进行针对性的专项培训，选拔一些有专科以上文化的员工进行点菜推介训练。这些员工每天上岗前都要花至少一个小时熟悉当天厨房能供应的菜品，预先确定针对不同顾客类型的推广方法及要领，并做好有关重点推介菜品的资料准备工作。这些技术性的工作由高学历的员工来承担不仅能充分挖掘其知识专长，还能让顾客对餐厅菜品有更深入的理性认识，合理地避免了点菜不科学所带来的浪费。

又比如前面提到的饭店各部门能分担餐饮部门管理者的很多事务性工作，为其提供良好的经营决策环境。但在实践中，这一优势往往没有得到有效发挥，究其原因大部分是因为部门之间分工不明确，职能重叠，管理者反倒觉得麻烦多过便利。很多饭店意识到这些问题后，都采取委派副总一级的高管直接兼任餐饮部经理的做法，站在全局的高度上统一协调指挥各相关部门，使专职的餐饮部主要管理人员将主要精力集中菜品研发、客户开发等核心环节上，并建立相应的专项制度，将“好钢”全部用在“刀刃”上，最终使餐厅在产品研发上建立起了对手难以超越的优势。

知易行难。要想在高星级饭店与社会餐饮业的夹击之下生存壮大，很显然不能再沿用传统的管理模式和经营理念，甚至不只是引进几个专业人才或强化个别环节就能做到的，需要在制度、流程、产品以及市场推广等多方面下工夫，全面推行管理创新，以更符合市场规律的方法为顾客创造最大限度的价值。这就是饭店餐饮经营的理想境界，也是本书写作的最终目的。

目 录

社会餐饮业的替代竞争与饭店餐饮业的管理创新空间(代前言)

第一章 饭店餐饮业的市场结构和管理模式变迁 …………………… (1)
第一节 向成熟转化时期的饭店餐饮业的市场竞争态势 ……………… (2)
一、社会餐饮、饭店餐饮与饭店业 ……………………………… (3)
二、饭店餐饮业的发展态势 ……………………………………… (4)
第二节 成熟阶段饭店餐饮业的产业结构特征分析 …………………… (6)
一、早期的饭店餐饮业格局 ……………………………………… (6)
二、成熟阶段饭店餐饮业的基本结构 …………………………… (6)
第三节 饭店餐饮业向成熟转化时期的常见观念误区 ………………… (10)
一、误区之一:对原有经验的依赖 ……………………………… (10)
二、误区之二:对人才流失现象的麻木 ………………………… (11)
三、误区之三:对“开源节流”的曲解 …………………………… (11)
四、误区之四:对价格竞争的偏见 ……………………………… (11)
五、误区之五:对“产品创新”的误读 …………………………… (12)
六、误区之六:对质量优势的偏执 ……………………………… (12)
七、误区之七:对市场份额的非理性追求 ……………………… (13)
八、误区之八:对承包制的迷恋 ………………………………… (13)
第四节 传统餐饮管理模式的结构性缺陷 …………………………… (14)
一、传统餐饮管理模式与现代餐饮管理模式比较 ……………… (15)
二、“问题解决式”管理文化 ……………………………………… (16)
第五节 管理创新与绩效评估系统的变革 …………………………… (16)
一、管理创新——饭店餐饮业的下一场革命 …………………… (16)
二、绩效评估——管理创新的技术保障 ………………………… (18)
三、从“制度文化”到“效率文化” ………………………………… (18)

第二章 饭店餐饮制度管理创新 ………………………………………… (21)
第一节 管理合约与经营者激励 ……………………………………… (22)

一、饭店餐饮经营者的激励与餐厅绩效 …………………………… (22)
二、管理合约的设计与履行 …………………………………………… (23)
三、常见的饭店餐饮管理合约 ………………………………………… (25)
四、信任、监督与道德风险 …………………………………………… (27)
第二节 目标管理:计划制定、任务分配和分工协作的制度框架 ……… (31)
一、目标管理过程中的"似是而非" …………………………………… (31)
二、规范的目标管理制度框架及要领 ………………………………… (32)
三、目标管理过程中的"简单粗暴" …………………………………… (33)
四、目标管理的核心四要素 …………………………………………… (35)
第三节 权责体系:岗位设计、职务分析和责任制的建立 …………… (37)
一、工作简单化是谁的过错 …………………………………………… (38)
二、餐饮企业岗位设计应注意的问题 ………………………………… (38)
三、职位说明书绝非可有可无 ………………………………………… (40)
四、岗位责任制:形式主义还是管理利器 …………………………… (41)
第四节 管理人员的工作角色、时间分配和管理效率调节 …………… (44)
一、管理者到底在干些什么 …………………………………………… (44)
二、如何提高管理效率 ………………………………………………… (46)
第五节 管理沟通:让管理者从员工的现场监工转变成行动导师 …… (49)
一、受困于沟通不畅的管理者 ………………………………………… (49)
二、从现场监工到行动导师 …………………………………………… (50)
三、管理授权的"度"该如何把握 ……………………………………… (53)
第六节 会议改革:优化和改善各级管理例会的效率和效果 ………… (55)
一、"鸡毛蒜皮"式的劣质会议 ………………………………………… (55)
二、功夫全在会场外 …………………………………………………… (57)
三、开好会议的八个要点 ……………………………………………… (59)
第七节 常见的制度管理误区之"巧言陷阱" ………………………… (62)
一、餐饮企业中"空谈误事"的浮夸作风 …………………………… (62)
二、为什么是"空谈"而不是"行动" ………………………………… (63)
三、避开"巧言陷阱"的策略 ………………………………………… (65)
第八节 常见的制度管理误区之"救火式管理" ……………………… (68)
一、欲罢不能的"救火式管理" ………………………………………… (68)
二、"救火式管理"真的是情非得已吗 ………………………………… (70)
三、避免应急管理的战术性方法和战略性方法 ……………………… (72)

第三章　饭店餐饮组织管理创新 ………………………………………………（76）
第一节　如何让组织设计成为核心竞争力的源泉 ……………………………（77）
一、餐饮企业管理人员的“七种武器” ……………………………………（78）
二、餐饮企业组织的常见模式 ……………………………………………（80）
三、餐饮企业组织管理的“十四条原则” …………………………………（82）
第二节　学习型组织:如何能比竞争对手学习得更快 ………………………（86）
一、学习型组织理论的来龙去脉 …………………………………………（86）
二、什么是学习型组织 ……………………………………………………（88）
三、五项修炼:创建学习型组织的基本步骤 ………………………………（90）
第三节　核心管理团队的建设、配置和团队式管理的精髓 …………………（93）
一、核心管理团队:永续经营的基础 ……………………………………（93）
二、核心管理团队的基本特征 ……………………………………………（94）
三、核心管理团队的人员构成 ……………………………………………（96）
第四节　平衡计分卡:将绩效评估和战略管理延伸到所有
部门和个人 ……………………………………………………（99）
一、平衡计分卡,为什么 …………………………………………………（99）
二、平衡计分卡,是什么 …………………………………………………（100）
三、平衡计分卡,怎么做 …………………………………………………（101）
第五节　员工队伍的招聘离职管理和供需动态平衡 …………………………（104）
一、基层人事管理的八大“短视症” ………………………………………（104）
二、基层人力资源总量规划 ………………………………………………（106）
三、员工的招聘渠道和离职管理 …………………………………………（108）
第六节　通过职务丰富化有效降低员工流失率 ………………………………（111）
一、职务专业化设计的尴尬 ………………………………………………（111）
二、最初的尝试:晋升、轮换和职务扩大化 ………………………………（112）
三、职务激励潜力公式和职务丰富化 ……………………………………（114）
四、值得尝试的职务设计模式:自我管理工作小组或团队 ………………（116）
第七节　餐饮企业核心员工的薪酬及股权激励方案 …………………………（118）
一、到底谁才是不可或缺的核心员工 ……………………………………（118）
二、慎谈股权,不等于不谈股权 …………………………………………（120）
三、以核心员工为本的薪酬机制 …………………………………………（121）

第四章　饭店餐饮流程管理创新 ………………………………………………（124）
第一节　表单管理:规范化、标准化和制度化管理的首选技术工具 …（125）

一、表单系统与规范化管理 …………………………………… (126)
二、表单系统与业务流程优化 …………………………………… (127)
三、表单系统与服务质量和绩效评价 ……………………………… (129)
第二节 流程再造:用简洁高效的新流程全面取代陈旧的作业系统 …………………………………… (131)
一、企业流程再造理论的起源和核心观点 ……………………… (132)
二、餐饮业应用流程再造理论的现状 …………………………… (133)
三、餐饮业全面导入流程再造工程的主要途径 ………………… (136)
第三节 让培训真正成为餐饮企业提速的发动机 ……………… (140)
一、餐饮企业的"培训形式主义病"的五大症状………………… (140)
二、管理诊断——高绩效培训流程的起跑线 …………………… (143)
第四节 大规模定制:以低成本实现高度个性化服务的新理念 ……… (145)
一、什么是大规模定制理论 ……………………………………… (145)
二、促成餐饮业全面转向大规模定制的市场因素 ……………… (146)
三、餐饮业应用大规模定制技术的主要途径 …………………… (148)
第五节 全面预算管理:流程创新和资源整合的基础管理工具 …… (152)
一、为什么要进行全面预算管理 ………………………………… (153)
二、预算组织结构设计及各自的责任 …………………………… (153)
三、有效推行全面预算管理的三大要领…………………………… (156)
第六节 用结构性的方法技巧来实施全面成本监控 …………… (158)
一、触目惊心的成本"黑洞"……………………………………… (159)
二、成本控制理念:从整体入手还是从细节入手 ……………… (160)
三、标准菜谱的实际意义与实施困境…………………………… (161)
四、表单管理、全面预算和薪酬设计 …………………………… (162)
第七节 应收账款:吞噬餐饮企业经营利润和现金流量的"黑洞"…… (165)
一、应收账款症结形成的原因 …………………………………… (166)
二、应收账款的预测与评价 ……………………………………… (167)
三、对策:如何减少应收账款 …………………………………… (168)

第五章 饭店餐饮研发管理创新 ……………………………………… (172)
第一节 饭店餐饮研发体系的构建 ……………………………… (173)
一、技术创新与研发管理决定企业的持续竞争力 ……………… (174)
二、技术创新和产品研发机制的构建 …………………………… (177)
第二节 菜单设计:产品规划、菜品研发与厨师能力管理 ……… (182)

一、菜单问题的本质——产品规划和研发规划 …… (182)
二、菜单编排的“波士顿(BCG)矩阵” …… (184)
三、菜品研发、厨师激励与企业成长 …… (186)
第三节 创造力管理:基层员工的智力管理 …… (188)
一、“积极惰性”的故事 …… (189)
二、“经营创造力”到底在哪里 …… (190)
三、创造力管理案例赏析 …… (191)
第四节 合理化建议:员工知识管理和技术革新的有效途径 …… (195)
一、合理化建议,不只是管理民主化 …… (195)
二、合理化建议,为什么名存实亡 …… (196)
三、合理化建议,到底该怎么操作 …… (197)
第五节 产品的持续研发和渐进式创新 …… (201)
一、餐饮企业的产品创新核心流程 …… (201)
二、餐饮产品的突破式创新和渐进式创新 …… (204)
第六节 企业级的小型美食节策划和市场推广 …… (206)
一、“美食节”到底是一张什么牌 …… (206)
二、“美食节”到底该向顾客展示什么 …… (207)
三、“美食节”到底该如何筹备 …… (208)

第六章 饭店餐饮营销管理创新 …… (213)
第一节 饭店餐饮营销体系和营销模式 …… (214)
一、餐饮营销告别“点子大王”时代 …… (215)
二、餐饮营销的本质:内在优势外在化 …… (216)
三、餐饮企业的竞争情报系统 …… (217)
四、餐饮产品推广与扬长避短 …… (218)
第二节 市场细分、客户定位与营销资源整合 …… (221)
一、三种基本营销模式 …… (222)
二、如何进行市场细分 …… (222)
三、如何选择目标市场战略 …… (224)
第三节 对客户进行精细化深耕和针对性开发 …… (226)
一、一次真实的对话 …… (227)
二、客户开发从经验管理走向量化管理 …… (230)
三、如何对客户进行精细化深耕 …… (231)
第四节 顾客资料库技术的实践价值和应用悖论 …… (234)

一、顾客资料库为何知易行难 …………………………………………(235)
二、几个关键问题的解决思路 …………………………………………(238)
三、顾客资料库的更新、维护和全面建设 ……………………………(240)
第五节　价值创新:寻找餐饮业的空白市场和蓝海战略 ………………(242)
一、什么是餐饮企业的"红海"和"蓝海" ……………………………(242)
二、创造新的市场空间的六大法则 ……………………………………(244)

第七章　饭店餐饮管理创新的未来趋势 ………………………………(250)
第一节　技术变革、流程优化与商务模式创新 …………………………(251)
一、麦当劳为什么成功 …………………………………………………(252)
二、商务模式与技术创新 ………………………………………………(254)
三、商务模式与价值创新 ………………………………………………(256)
第二节　核心竞争力:餐饮企业持续竞争优势的源泉 …………………(259)
一、核心竞争力——全新的经营哲学 …………………………………(259)
二、什么是核心竞争力 …………………………………………………(261)
三、餐饮企业的核心竞争力建设 ………………………………………(262)
第三节　知识型餐饮企业的创建 ………………………………………(265)
一、什么是知识管理 ……………………………………………………(265)
二、隐性知识和显性知识的相互转化 …………………………………(266)
三、餐饮企业完整的知识生产过程 ……………………………………(268)
四、餐饮企业知识资本的增长结构模型 ………………………………(270)
五、创建知识型餐饮企业的基本原则 …………………………………(271)

第一章

饭店餐饮业的市场结构和管理模式变迁

导读

将饭店餐饮作为有别于社会餐饮业和饭店业的独立研究对象，既是理论上的一次创新性尝试，也有助于我们深入剖析实践中饭店餐饮屡屡败于社会餐饮企业的谜团。

本章系统地回顾了改革开放以来我国饭店业的发展历程，并指出作为饭店业三大支柱之一的餐饮子产业目前已经进入产业成熟阶段。很多令管理者百思不得其解的现象究其本质而言都是产业成熟阶段的规律性现象，只不过是管理者大多仍以较早期的管理思维模式来看待已经发生了质变的市场态势，从而造成了一系列判断和决策上的失误。

步入产业成熟阶段后的饭店餐饮业面临的最大挑战是社会餐饮企业的强势替代竞争，此时餐饮部门在经营管理模式上较多受制于饭店整体经营部署的弊端也日益凸显。为此，我们对影响饭店餐饮业发展前景的五种基本市场力量进行了全面分析，进一步指出饭店餐饮的竞争对手除了我们所重点关注的饭店同行外，还有很多潜在和替代竞争对手，甚至来自顾客和供应商的压力也足以从根本上改变市场局势。相比饭店客房业和娱乐业而言，饭店餐饮事实上已经置身于一个竞争强度更大的产业系统之中，这也意味着我们必须充分认识到饭店餐饮业有别于饭店业本身的若干特性，并进行主动的战略设计和管理调整。

大部分高星级饭店的餐饮经营策略还是非常成功的，饭店餐饮业的经营困境更多地体现在中低档饭店。在本章第三节我们结合市场实际情况归纳了向成熟阶段转化时饭店餐饮管理者最常见

导　读

的一些观念误区，细心的读者也许会发现这些“误区”大都有似是而非的特点。然而这些误区背后所反映的问题却是非常深刻的，那就是管理者们对于新的市场结构和竞争规律的认识存在很多不足。

认识上的误区必然导致传统管理模式与发展了的市场之间的冲突。我们在第四节中用列表的形式归纳了传统的餐饮管理模式的诸多结构性缺陷，并指出了这些缺陷的形成与管理体制、人才断层以及管理文化等因素有不可分割的因果关联。本书其他章节所揭示的若干管理问题可以看作是对这些缺陷及应对策略的进一步阐述和探索。

毫无疑问，本书对传统的“口头化”、“经验化”、“人情化”管理并没有全盘否定，但这种只适用于产业初级阶段的管理模式的确存在很多结构性的缺陷。这不是简单的管理改良和流程优化所能解决的，全面系统的管理创新是饭店餐饮业不可避免的下一场革命。

我们已经注意到一线的饭店餐饮管理者一直在进行着不同类型的管理创新尝试，之所以收效甚微恐怕还是得归因于由“制度文化”向“效率文化”转轨的艰难。本章第五节我们提出了将绩效评估与管理创新结合起来的必要性，只有这样才能使管理创新不至于掉入“虎头蛇尾”的陷阱中。

第一节　向成熟转化时期的饭店餐饮业的市场竞争态势

将饭店餐饮业作为一个独立的研究对象既是产业实践的迫切需要，也是我们产业研究领域的一个空白点。近些年来，社会餐饮与饭店餐饮之间的白热化竞争已经吸引了越来越多的关注，但人们的注意力主要集中在两种餐饮形式之间的竞争优劣势比较，而对两者，尤其是饭店餐饮业本身的发展规律缺乏深入研究。这也是我们屡屡为陷入经营困境的饭店餐饮业开出“药方”却始终未能见效的根本原因之一。

一、社会餐饮、饭店餐饮与饭店业

饭店餐饮业与社会餐饮业最大的区别就在于其本身就是饭店产品的一个重要组成部分,在经营理念、产品定位以及资源管理等重要环节上都必须服从饭店整体经营的需要。在业内人士看来,饭店餐饮与饭店主体之间这种天然联系已经成为影响饭店餐饮业日后发展的一把双刃剑,饭店内部的资金、人才与客源的协作优势是大部分社会餐饮企业所无法比拟的,但社会餐饮企业在经营战略和管理决策上的独立性又赋予了他们更大的拓展空间。

任何一个产业的发展都不会是一帆风顺的,必然要经历从出现、兴起、平稳发展直到衰退的一个完整过程,也就是我们通常所说的产业生命周期。美国战略管理大师迈克尔·波特就曾经提出:"预测产业演变过程概念的鼻祖就是我们熟知的产品生命周期,其假说是产业要经过几个阶段——推出阶段、上升阶段、成熟阶段和衰退阶段。"(迈克尔·波特,1980)尽管在理论界一直存在对运用生命周期预测产业演变的科学性的争论,但我们注意到,在描述诸如饭店餐饮业这类产业边界和技术特征都相对确定的传统产业时,生命周期理论仍然有着相当的解释力度,对于产业实践也有巨大的指导价值。

我国饭店餐饮业与饭店业的发展进程总的来说是基本同步的,下面的列表是我国饭店业发展进程的一个阶段性分析,也同样适用于我们对饭店餐饮业生命周期的分析。

总体上说,到目前为止,我国饭店业的发展进程可以大致分为这么几个阶段(见表1-1):

表1-1　我国饭店业发展进程一览

产业阶段	起止时间	产业规模	市场特征	竞争强度和利润水平
推出阶段	1978—1988	尽管始终保持着较高的增长速度,但由于发展基数较小,市场容量绝对值的增长并不大。	严重供不应求,以接待境外旅游客人为主。由于受供给容量瓶颈的制约,大多数顾客对饭店产品质量无法要求。国内旅游市场尚处于起步阶段,客源供给能力有限。	由于在这一阶段对于饭店业投资有一定的政策限制,产业进入壁垒较高,所以大多数饭店事实上处于垄断或半垄断的市场地位,在产品和服务质量上相对粗糙,企业成本压力不大,经营利润水平很高。
上升阶段	1989—1996	尽管受到1989年政治风波的冲击,但这一阶段仍成为饭店业高速	随着国民经济的持续快速发展,市场需求量不断增大,市场不断细分,大众化消费异军	投资政策限制有所放松,行业办饭店成为普遍现象,外商投资开始向内地倾斜,部分地区(如武汉、南京)

续表

产业阶段	起止时间	产业规模	市场特征	竞争强度和利润水平
上升阶段	1989—1996	发展的黄金时期，产业规模迅速扩大。1988 年饭店星级标准的颁布使产业发展纳入规范化轨道。	突起。供给规模瓶颈逐步得到缓解，部分地区中高等级饭店出现产能过剩现象。消费者经验日益丰富，市场逐渐呈现出买方主导趋向，分时度假等新型消费形式开始涌现。	出现供过于求的现象，并爆发了价格战、促销战。总体上说来，饭店经营状况良好，利润水平平稳增长，产品和服务质量取代硬件设施水平成为新的竞争要素。
成熟阶段	1997—目前仍处于该阶段	由于大批房地产项目转向饭店业，同时众多传统产业也选择饭店业作为多元化投资方向，造成产能规模大幅度增长，但市场需求量并未同步增长。	由于产能增幅超过市场实际需求增长规模，产业全面转向买方市场，消费者对饭店产品的性价比敏感性上升，品牌意识渐浓。集团消费比例下降，大众化消费成为主流，饭店产品细分成为趋势，内陆市场成为新热点。	社会餐饮业等替代产业竞争能力显著增强，中低档饭店市场竞争激烈。利润加速向特大型饭店和外商投资饭店集中，绿色饭店等新型消费理念被引入。产业结构重组成为突出现象，饭店集团化规模迅速上升，产业退出成为普遍现象。产业整体利润水平出现零增长或负增长。
衰退阶段	预计 20—30 年后进入该阶段，届时产业形态将发生根本性转变	由于产业特性的影响，饭店业将全面走向集中，集团化、连锁化经营成为主要经营模式。产业进入壁垒提高，新增饭店将主要集中在经济档饭店或新兴业态饭店。	消费者将成为拥有丰富经验并对产品异常挑剔的买主。各大饭店集团由于长期的竞争磨合在产品品种和质量上的差异性明显下降，同时，长期的市场运作使得大多数饭店已经拥有相对稳定的客户群体，供求关系趋于平稳。	竞争将在少数拥有雄厚实力的饭店集团之间展开。在缺乏足够引起产业形态革命性变化的技术创新的情况下，竞争将长期维持均势。企业运行的成本压力很大，利润水平趋于稳定。产业扩张被迫向国外转移，直到通过技术创新等方法使产业全面转型。

二、饭店餐饮业的发展态势

从表 1 - 1 中我们可以看出，饭店业全面进入买方市场是产业向成熟转化的重要标志。此时，对于饭店餐饮业来说，大众化消费已经成为产业主流，饭店餐饮产品已经被越来越多的消费者所熟悉，市场空白点趋于零，同时，产品形态和工艺特点也已成熟，面对已经基本成熟的产品消费热情也不可避免地开始衰退，这一点可以从近些年来饭店餐饮业的市场表现中得到实证。相比之下，社会餐饮业却凭借着自身在产品研发机制上的灵活性，有效地避免了饭店餐饮业产品日趋老化的弱点，因而表现出了令人震惊的比较优势。

当然，作为饭店业三大业务支柱之一的饭店餐饮在发展过程中也有与饭店业整体相对比较独立的特点。与饭店餐饮相比，饭店客房业对于资本量的要求较高，替代竞争的压力较小，而且更容易形成规模经济性，因此经营风险相对来说要小得多，但同样利润空间也相对有限；饭店娱乐业的情形则正好相反，因为产品更新换代速度太快，而且赢利模式具有一定的特殊性，更适合由相对比较独立的专业化企业来经营。

从近年来的饭店业实践来观察，饭店客房业目前已经成为饭店业最稳定的优势子产业。而饭店娱乐业则成为饭店业经营最复杂的子产业，很多饭店已经采取将饭店娱乐板块外包的管理模式，这也意味着娱乐业对于饭店业整体的利润贡献在不同竞争对手间差异并不显著。

饭店餐饮业可能是饭店业中最让经营者头疼的板块，这一方面是因为客房收入贡献相对固定且弹性较小，娱乐收入风险大且难以把握，而餐饮收入的利润上升空间无疑是最大的；另一方面则是因为饭店餐饮所遇到的外部替代竞争强度最大，而经营管理过程中的复杂性程度又是最高的，即便是采取外包形式也未必能有赢利把握。

实践速描

贵宾楼一把餐椅创收 14.7 万元

（《北京现代商报》江文兵）记者近日从屡屡打破京城餐饮界年营业收入最高纪录的北京贵宾楼饭店获悉，2005 年该饭店餐饮收入再创新高，达到 8800 万元，又一次创造了京城酒店餐饮业奇迹。据悉，2005 年贵宾楼饭店实现餐饮收入约 8800 万元，再次打破了 2004 年 8586 万元的收入纪录，饭店餐饮收入也已连续 5 年维持在 7500 万元之上，占饭店总收入 60% 以上。

按照贵宾楼饭店现有的 600 个餐位和 200 名餐饮员工平均下来，一把餐椅一年创收达到 14.7 万元，比国际上通行的衡量酒店餐饮经营火暴的 9 万元标准高出近 6 万元；每个餐饮员工人均创收 44 万元。

与饭店业的整体发展历程相似，饭店餐饮业也曾经历了推出—上升—成熟阶段，而且可以预见，不久的未来，以目前经营理念和管理模式为基本框架的饭店餐饮业也会步入其衰退期，并被全新的经营管理模式取而代之。

第二节　成熟阶段饭店餐饮业的产业结构特征分析

改革开放初期，伴随着旅游涉外饭店业的兴起，饭店餐饮业也开始起步。经过20余年的发展，饭店餐饮业的产业格局发生了重大的变化，我们将借助波特的五力模型作出分析。

一、早期的饭店餐饮业格局

早期的饭店餐饮业面对的是不太挑剔的顾客群体，尽管数量不多，但忠诚度却很高。这并非是因为饭店餐饮产品本身有多么过硬，而是因为当时社会餐饮业尚未形成规模，尤其是在高端市场和团体市场，饭店餐饮业几乎是没有对手。

实践速描

早期的饭店餐饮业格局

我国内地饭店餐饮业在最初起步时，并未出现产品线过短、品种结构单一的问题。当时饭店餐饮业的产品布局设计基本模仿港台地区及国外饭店，不但中西餐种齐全，而且充分顾及到了散客和宴会、本地传统和特色以及不同档次消费之间的平衡。以当时的中国大酒店为例，光是中餐部分就有潮苑、四季厅、宴会厅、翠亨村和食廊等多家餐厅，即便是很多中小城市当时开设的三星甚至二星饭店，也通常有四五个以上的餐厅。

20世纪80年代末90年代初，饭店餐饮业开始进入产能扩容的高速发展时期，这与饭店业的急速扩张是同步的。但值得注意的是，此时新增的很多饭店在餐饮项目的设置上开始考虑到本地市场的容量和消费水平，不再简单地模仿我国港台地区及国外饭店的做法，主要表现有几点：一是西餐规模压缩，二是宴会与零点餐厅界限变得模糊，三是包厢服务形式开始流行起来。此时整体来说，饭店餐饮业经营压力明显增大，社会餐饮企业的替代竞争影响越来越显著，“住在宾馆，吃在餐馆”的现象已经引起业内人士的重视和反思。但由于饭店业投资热潮的拉动，饭店餐饮业在业绩不能完全支撑的情况下被动扩张，无奈之下很多饭店只好尽力压缩餐厅规模，这也就是很多饭店只有一两个全功能型餐厅的原因所在。

二、成熟阶段饭店餐饮业的基本结构

1997年前后，我国饭店业整体进入成熟阶段，而此时饭店餐饮业所面临的产业形势也发生了巨大变化。下面我们用迈克尔·波特的"五种作用力模型"来对成熟阶段的饭店餐饮业的产业结构特征进行定性分析。

决定一个产业竞争强度的结构因素主要有五种竞争作用力——进入威胁、替代威胁、买方砍价实力、供方砍价实力和现有竞争对手的竞争,这些作用力汇集起来决定着产业的最终利润潜力。

当前,大多数饭店餐饮部门在竞争过程中普遍能真切地感受到来自顾客(买方)和直接竞争对手的压力,但对另外几种竞争力的作用形式和影响却知之甚少,这就使得许多饭店一直以来对于产业形势的判断和预期都存在不同程度的偏差。缺乏对产业结构深层次特征的科学认识也是许多饭店战略失误的关键原因,正确理解产业结构永远是战略分析的起点。

(一)潜在竞争对手的威胁——结构性进入壁垒低,竞争格局随时可能被改写

大量的实力雄厚的潜在竞争对手的存在,使得产业规模持续扩容,不断冲击甚至改变局部地区的竞争格局。为了能在较长时期内维持领先优势,已进入企业被迫加大硬件投入,希望通过构筑资金及规模经济壁垒以威慑潜在进入者,但效果不尽如人意。

从实践中看,随着外商投资政策壁垒的消除,国际饭店集团将加快进入步伐,加大投资力度,如香格里拉就宣布今后中国将成为其投资重点,而万豪(Marriot)仅在上海就一口气投资了六家饭店;同时,国内一些传统产业的龙头企业如中粮集团、红塔集团等也纷纷将饭店业确定为其多元化扩张的战略投资方向,很多在垄断经营时代就已经构建了全国性网络的国有垄断企业也将投资饭店业作为其改善业务构成的重要抉择,如电信、铁路、烟草等行业都已经相继建成一系列饭店。此外,综合房地产项目转向、大型物业配套以及各种培训中心的饭店化也不容忽视,尤其是在1996年后的几年间,全国高档房地产项目转为饭店更是达到了高潮。

实践速描

世界级饭店集团的奥运中国战略

迅速崛起的中国市场正日益成为世界级饭店企业全力拓展的新热点,以洲际、雅高等知识品牌为代表的全球顶级饭店集团已经纷纷启动了其雄心勃勃的"奥运中国战略"。

全球第四大酒店经营者——雅高集团已经公开宣称将于2008年北京奥运会前在中国增开30家饭店,预计在未来两年内其在中国饭店数目将从29家增加到50家。相比之下,老牌劲旅洲际集团的野心则更大,他们已经通过了新的战略规划,尽管现在已经在中国投资和管理了48家饭店,但丝毫没有放慢脚步的念头,因为他们的最低目标是在2008年奥运之前将其扩展到125家。

(二)替代竞争对手的威胁——客户拥有更大选择余地,客源被严重分流

近些年来,很多地方普遍都存在"住在宾馆,吃在饭馆"的现象,这也为广大饭店从业人员提了个醒——替代性产业正在一点一点地吞噬着市场。与饭店餐饮业争夺客源的主力军是社会餐饮业,尽管它们的产品线不如饭店完整,但却在餐饮领域里形成较高的专业化程度,具有一定竞争优势。

社会餐饮业尽管从个体来说失败概率要比饭店餐饮业高,在经营资源上也不同程度地存在不足,但覆盖面积更大、档次结构更全、菜品特色更鲜明、经营手段更灵活。最关键的是产品更新速度快和客户网络建设能深入到最终客户,加之从数量和地理分布上对饭店餐饮形成包围之势,因而分流了相当数量的客源。

(三)来自买方(顾客)的压力——顾客消费经验不断积累,基本掌握市场主导权

进入产业成熟阶段以后,顾客的消费经验日益丰富,对饭店餐饮产品特性及成本结构等信息的掌握程度不断提高,同时由于可供消费者选择的范围越来越大,因而不可避免地向饭店提出压低价格、提高产品质量和增加服务项目的更高要求。很多地区反复出现"价格战",事实上的根源就是迫于顾客压力,这是产业成熟阶段买方实力提升的自然结果,企业没有必要抱以怨恨甚至敌视的态度。

近年来,很多业内人士开始注意到饭店餐饮与社会餐饮在菜式特点上的差别,顾客们更是用"宾馆菜"的概念来描述饭店餐饮在产品上的缺陷。所谓"宾馆菜"的说法,主要是指饭店餐饮部门在餐种结构单一的情况下,必须兼顾宴会与散客、不同地域及不同层次的消费需求,从而造成口感中庸、菜系特色不鲜明等特点。打个比方,某三星级酒店只有一个大型综合餐厅,外带几十间不同规格的包厢,遇有大型接待任务或会议业务时,餐厅就无法对散客开放,即便是住店客人也只能"客房送餐"。餐厅基本以当地地方菜为主,但考虑到客源结构的复杂性,又临时增加了粤菜、川菜厨师,菜单上也变得琳琅满目、应有尽有了,事实上大多数饭店餐厅可能都遇到过类似尴尬。但问题是顾客们可不在乎你有什么样的实际困难,他们只关心自己消费的东西性价比如何。

(四)来自供应商的压力——多头充分竞争造成饭店餐饮经营形势更加微妙

客观地说,饭店餐饮业的成本水平很大程度上取决于供应商的实力。

食品原材料供应业的最大特点就是竞争异常激烈,不但比价格比质量比服务，而且还在比拼花色品种的更新。这样做法的直接后果就是使得餐饮业的竞争形势变得异常微妙，无论是饭店餐饮企业还是社会餐饮企业，也无论餐厅硬件档次高低，只要能把握好菜品采购尤其是新品挖掘这个环节，就完全有可能“一招鲜，吃遍天”，从而彻底颠覆靠资本和客户资源优势定胜负的竞争规则。

单以对食品原材料供应市场的反应速度来看，饭店餐饮业并不占优势。打个比方，很多社会餐饮企业在硬件设备和接待规模上投入不大，资金集中投放在原材料选购和厨师薪资上，抓住了顾客最关心的核心价值，其市场反响远非一般的饭店餐饮部门能比。

（五）现有饭店之间的争夺——同质化竞争愈演愈烈，规模经济呼之欲出

从市场集中度看我国饭店餐饮业的竞争强度也许比较准确。按照产业经济学的观点，如果一个产业中规模相当的少数大型企业能够占有大部分市场的话，则产业竞争度很小；反之，则产业竞争度很大。

数量多、规模小、功能结构单一且雷同，是我国饭店餐饮业高度同质化竞争的根本原因。在产业进入成熟阶段以后，饭店餐饮产品已经基本定型，新产品研发应用的成本和风险明显增大，不同企业间菜品和服务的差异化程度越来越小。在与社会餐饮企业的博弈中，尽管有一些细分市场如婚宴、会议等饭店餐饮仍然占有较大优势，但在这些优势市场上，饭店餐饮业的内部争夺更加激烈。

实践速描

京城酒店看淡年夜饭市场

《北京现代商报》讯（记者江文兵，2005 年 2 月 3 日）年夜饭你唱“福如东海宴”，我跳“吉（鸡）庆有余（鱼）席”。连续几年的激烈竞争让不少星级酒店年夜饭售价悄然回落，部分酒店年夜饭价格水平已与社会餐馆不相上下。因为售价降低、利润缩水，使不少酒店看淡年夜饭市场。

由于年夜饭市场竞争激烈程度加剧，加上酒店自身也要对相关宴会厅进行装修改造，长城饭店今年并未打造年夜饭产品。“长城”今年喊撤，其他星级酒店的年夜饭大餐也都在售价上作出调整。阜成门国宾酒店年夜饭的最低售价仅 180 元/人，最高价格也不过 280 元/人；北京新世纪日航酒店 2 月 8 日“辞旧迎新海鲜自助晚餐”门票仅售 138 元，与平时售价相差无几；北京饭店推出系列新春佳宴，2 月 8 日至 11 日，中华礼仪厅全家福家宴套餐价格分别为 1580 元/桌（10 人）、2888 元/桌（10 人）；北京香格里拉饭店香宫中餐厅除夕夜由来自香港的厨师长周凯芳亲自调制传统盆菜，供 8 ~ 10 人食用的价格只需 1188 元。记者

发现，京城四星级酒店的年夜饭售价更低，某酒店“西式家宴”标准价格880元/席，即88元/人，而平时商务自助餐的售价也达88元/人。这些星级酒店开出的年夜饭价格不及平常商务餐的一半。其利润可想而知，也就难怪在市场上听不到星级酒店年夜饭的促销声。

总的说来，进入产业成熟阶段以后，饭店餐饮业所面临的竞争环境已经发生了根本性的变化。来自客户的压力要求饭店在价格、质量和服务内容作出更多让步，大量的替代竞争对手和潜在进入者则合力挤压现有饭店的市场空间，并随时可能改写竞争格局，现有饭店之间的产品差异化程度不断下降，同质化竞争削减了整个产业的最终利润潜力——这五种竞争作用力汇聚起来将我国饭店业推到了产业发展进程中最关键的时刻，能否及时有效地作出准确的战略和管理调整，将决定企业发展的命运，也将决定整个产业的最终命运。

第三节　饭店餐饮业向成熟转化时期的常见观念误区

当前许多饭店的餐饮部门由于缺乏对产业成熟时期的市场结构和竞争规律的准确认识，没能及时作出相应的战略反应和管理调整，从而造成了一系列的战略失误，并最终导致赢利能力的持续弱化。从另一个角度来看，这又是我们通过管理创新，全面实现产业升级，并重建对社会餐饮业的竞争优势的主要突破口。

一、误区之一：对原有经验的依赖

“以老眼光看新形势”——仍然停留在创业初期对企业和市场的自我感觉中，过度沉溺于在饭店高速发展过程中所形成的经验积累。

在进入产业成熟阶段以后，饭店餐饮业所面临的竞争环境发生了巨大而深刻的变化。比如，顾客的选择余地变得更大，消费经验更加丰富，饭店煞费苦心推出的促销活动也许很难轻易获得市场反响；企业组织机构渐趋稳定，员工能获得的晋升机会大大减少，其对饭店的忠诚难以长时间保持；社会餐饮的替代竞争压力越来越大，价格战和研发战时有爆发，饭店防不胜防；即便在饭店餐饮业内部，不断新建起来的饭店无论是在硬件水平还是市场吸引力上也更有后来居上的势头……

环境发生了巨变，但很多饭店餐饮管理者仍然沉醉在创业初期的“辉煌”中而难以自拔，一相情愿地以业界领袖自居。大量的事实证明，在企业综合素质没有得到切实提升的情况下，所有在经营管理细节上的修修补补式的努力最终都无法彻底扭转颓势，只有那些有着科学的战略规划和强大的核心竞争力的饭店才能不至于在“各领风骚三五年”的市场变幻中被淘汰。

二、误区之二:对人才流失现象的麻木

“天要下雨,娘要嫁人,人才流失是正常的”——一方面饭店仍然维持着旧的员工激励制度而对管理和技术骨干的流失无能为力,另一方面却又不得不为新进员工支付更高的培训成本。

在经历了多年的高速发展后,大多数饭店餐饮部门的组织结构已经基本成熟,重要岗位人员配置趋于稳定,晋升提拔机会显著减少,创业初期那种激动人心的事业自豪感逐渐消退,传统的员工激励模式不再适用。一些具有远见卓识的饭店敏锐地捕捉到了组织激励气氛的种种细微变化,进而推出了“员工职业生涯设计”、“年功序列制”等新的激励措施,及时制止了员工流失。如湖南华天集团就为管理人员设立了“智慧之星”评选制度,重奖提出合理化建议的员工,反响良好。

遗憾的是,更多的饭店对员工激励制度的认识流于简单化、表面化,一味地用行政卡压、感情攻势或是待遇谈判等方式尝试留住员工,没能及时在员工激励技术的改善上狠下功夫,到头来只能吞下骨干员工频繁流失的恶果。

三、误区之三:对“开源节流”的曲解

“厉行节约,压缩开支,确保利润”——为了维持一贯的利润水平,许多饭店餐厅通过削减研发、培训、设备维护等费用、压缩人员编制和降低基层员工薪资标准等多种手段来降低成本,最终结果是从根本上削弱了企业竞争力。

企业赢利,天经地义。但进入产业成熟阶段后,行业整体利润水平增长速度明显放慢,饭店必须主动调低其对财务状况的期望值。一方面,产业全面进入买方市场时代,顾客对于饭店产品性价比更加敏感,另一方面,日趋激烈的市场争夺使得产业起步阶段的高额利润空间不复存在。在这样的背景下,饭店餐饮业经营利润水平下降就难以避免了,只有走集团化、连锁化经营的规模经济路子才能继续维持较高的利润水平。

对于我国大多数饭店而言,由于缺乏足够的规模经济,又本能地拒绝承认薄利时代的到来,常见的选择就是所谓的“开源节流”了,即盲目进入众多自身不擅长也不能从根本上改善业务结构的新领域,陷入“多角经营”陷阱,同时精简部门、压缩人员、削减开支,但这又损害了企业的健康机能,使得技术研发、员工培训等得不到组织和经费上的有力保障。

四、误区之四:对价格竞争的偏见

“我不降价,价格战是害群之马”——许多饭店对竞争对手发起的价格战深

恶痛绝，甚至将价格竞争看作是不体面或有失身份，更不会主动迎战。

众多产业的发展进程表明，价格竞争是产业成熟阶段的必然现象。对于拥挤在相对狭小市场里的众多饭店而言，由于彼此间产品差异程度不大，主动发起价格竞争的企业往往能从市场格局的改变中获益。可以说，价格战是竞争相持阶段最有效的挤压式进攻手段，尽管会引发一连串的市场后果，但其巨大威力却是不容忽视。当前，许多新建的高星级饭店都纷纷采用价格战来冲击传统优势饭店，尽管社会各界评价不一，但事实上都不同程度地达到了其战术目的。

总成本领先战略是产业成熟时期企业最重要的竞争战略，而企业成本水平上的优势最终又将通过价格竞争展示出来，这就是价格竞争的基础。当前很多饭店本能地拒绝竞争对手发起的价格挑衅，或是呼吁建立"价格联盟"。事实上，这是对价格竞争的片面理解和不理智反应，因为妥协是暂时的，竞争才是永恒的。

五、误区之五：对"产品创新"的误读

"只有产品大创新，才有业绩大发展"——饭店过于强调"创造性的"的"新"产品，希望能通过个别新产品来获取广泛的市场关注，而不是改进和积极地推销现有产品。

在饭店业成长初期，很多饭店餐厅依靠特色项目或特色产品大获成功，"一招鲜，吃遍天"，这也被很多企业总结为竞争获胜的金科玉律。但进入成熟时期后，各企业的技术实力都显著增强，新产品层出不穷，很难再有新产品既能防止竞争对手仿效，又能长时间保持对顾客的吸引力，同时，新产品的研制和推广成本也大幅度上升，以新产品上市来带动饭店业绩提升要比过去冒更大的风险。

新产品战术的本质就是尽力制造企业间的产品差异化程度，但事实上，成熟阶段饭店餐饮产品间的差异化程度远低于管理者的想象，而顾客们对新产品的评价也越来越苛刻。如果继续将竞争的希望一味寄托于新产品神奇的"市场效果"，只能是适得其反。比如，近年来很多饭店频繁地更换餐饮菜系风格，极力寻找新的市场兴奋点，却始终未能如愿。

六、误区之六：对质量优势的偏执

"任凭他人风吹雨打，我靠高质量取胜"——很多饭店过于相信自身的质量优势，而有意避开对手的价格挑衅、广告攻势和营销举措。

质量是饭店餐饮产品的生命线，但这并不意味着我们必须无休止地追求高质量。事实上，很多时候，大多数饭店对顾客的质量期望值或敏感性存在一

些过度甚至是偏执的认识。麦当劳则恰恰相反,其对于服务的强调更关注品质上的恒定,而不是我们时下高喊的“精良”。我们必须清醒地意识到,很多时候顾客对服务质量的需求并不像我们想象的那么高,对于有经验的顾客来说,他们情愿选择更低价格以代替质量需求。如近年来很多高星级饭店在餐饮菜品装盘上进行改革,减少了雕花造型,而价格也大幅下调,市场反响良好。

从另一个角度考察,很多饭店对于自身的质量优势有着过于主观的判断,事实上在员工频繁交叉流动、岗位培训力度不断加大的情况下,不同饭店之间的质量差距正在逐步缩小。对于很多饭店来说,长期以来引以为豪的质量优势不再明显,在这样的背景下一味强调质量优势就有可能被竞争对手乘虚而入。

七、误区之七:对市场份额的非理性追求

“市场份额第一,用投资买市场值得”——很多饭店餐厅不惜通过大打广告、折扣让利甚至容忍白条挂账等方式来极力扩大市场份额,提高营业总收入而不是赢利能力,忽视了现金流量安全。

进入成熟阶段后,现金流量的安全性上升成为饭店经营的重要原则。因为产业成熟不利于企业长期提高或保持高利润水平,极易成为现金陷阱,所以此时通过投入广告或是赊销等方式来抢夺市场份额是很冒险的。

当前很多饭店餐厅为了尽力留住有限的“回头客”,不断地在价格、付款方式等方面向顾客作出让步,这种做法也值得商榷。很多饭店理解“回头客”光顾的动机就是价格因素和情感因素,并因此作出相应妥协,但事实上面对几乎一成不变的产品,顾客的购买冲动难以被真正激发,再大的经济妥协也于事无补。作大“回头客”市场的最好办法就是通过不断地提供外围产品和服务、产品升级和扩展产品系列等方法尽量增加其购买,持续刺激其购买冲动。这方面最经典的案例莫过于麦当劳在全球范围内推出的“史诺比”促销活动,通过提供系列化的外围产品——不同国别的史诺比玩具吸引了大量的少年儿童反复光顾。

八、误区之八:对承包制的迷恋

“向外发包,一包就灵”——在社会餐饮企业的巨大压力下,很多饭店选择了将具有较大经营难度的餐饮部门发包经营,一定程度上缓解了经营压力,但也损害了企业持久竞争能力。

在产业发展初期,为了充分调动部门经营者的积极性,适应新产品研发和拓展市场的需要,很多饭店选择了将餐饮部门整体承包的利润中心自治模式。但随着产业进入成熟期,市场格局相对稳定,新产品研发的难度加大,相反成本倒

上升成为竞争重点，饭店业经营也进入了集中化时代。

实践速描

“包厨制”到底是行业惯例还是应急之举

在饭店众多业务部门中，业内人士一致认为经营难度最大的是餐饮部，不只是因为社会餐饮企业虎视眈眈，还因为餐馆经营成败的关键很大程度上依赖于厨师们的技能水平和奉献意识。也正因为厨房管理的复杂性和重要性，很多饭店不得已采用了“包厨制”，这似乎已经成了不成文的行业惯例。

但随着餐饮业的发展，包厨制的弊端越来越凸显。越来越多的饭店决策者意识到“包厨制”整体来说弊大于利，能解一时之急，却不利于饭店的长远发展。

首先是厨师长，也就是厨房承包者的权力越来越大，饭店业主经常受制于厨师长，厨师长不但可以左右饭店菜单规划和制作成本水平，还动不动就用“跳槽走人”来威胁业主，很多经常处于动荡之中的饭店就是由于缺乏对厨师班子的制约能力而屡屡陷于被动之中。

其次是厨师们直接控制了餐厅的技术实力，他们普遍有强烈的自我保护和排外意识，将自身的能力与干劲作为讨价还价的筹码，即便是饭店签订了长期合约，但只要他们抽身走人，几乎所有的招牌菜和令顾客们称道的特色手艺也就一夜之间灰飞烟灭了。

将饭店作为一个整体来经营，既是降低成本的需要，能显著减少管理费用，同时也使得内部协调更为顺畅，有利于整体营销。很多饭店一直认为承包是省事省力的好办法，但事实上承包者能上缴的利润其实也取决于企业的整体获利能力，在整体竞争优势衰退的同时承包者也很难维持原有的经营能力。

第四节　传统餐饮管理模式的结构性缺陷

饭店餐饮业进入成熟阶段后所遭遇的种种管理问题，既有市场形势和产业结构方面的原因，也有自身经营理念和管理模式方面的影响。

总体来说，第一代的饭店餐饮职业经理人基本上都是从实践中成长起来的，就其知识结构而言，经验是其管理素质的主要基础，口头管理和人情管理几乎充斥了每一个饭店餐饮部门的管理层。很多管理人员习惯凭直觉进行市场决策，对成本核算、进销存管理等重要环节更多的是凭着本能的节约习惯进行控制，看不懂财务报表或者订不出管理制度的经理人员比比皆是。

一、传统餐饮管理模式与现代餐饮管理模式比较

我们通过对多家饭店餐饮企业的调研，对比分析了传统餐饮企业与现代餐饮企业二者在管理模式上的区别，见表1－2。从表1－2中可以看出传统餐饮管理模式的一些突出问题。

表1－2　传统餐饮与现代餐饮管理模式对比

	传统餐饮管理模式	现代餐饮管理模式
战略意识	关注现金流量，力争在保持已有市场份额的基础上稳步提高，缺乏明确科学的战略观，发展规划流于形式化、简单化	关注企业核心竞争力增长，以形成长久竞争优势为战略目标，强调以战略管理作为基本范式，以对市场的控制力为规划依据
组织结构	典型的科层式结构，组织沟通主要通过汇报、会议等正式手段，决策反应相对滞后	倾向于扁平式结构，以流程作为组织设计依据，强调建立基于现代IT信息技术的学习型组织，鼓励基层员工参与管理
管理体制	所有权与经营权分离不彻底，行政干预随意性大，职业经理人群体尚未成为主流	所有权与经营权分离，董事会和股东代表大会是最高决策机构，职业经理人群体担负日常营运管理责任
人力资源素质	基层员工相对素质要高于管理人员，缺乏系统的职业生涯设计，培训手段原始	专业教育资源丰富，人力资源管理规范，培训系统，员工有良好的职业预期
技术研发	以简单的模仿创新为主，企业研发在经费、人员、组织等要素上缺乏制度保障	集团总部职能以集中研发和提供智力服务为主，对社会技术资源获取反应敏捷
市场策略	以低效率的人员推销为主要营销手段，企业形象及品牌建设意识较差	注重对顾客群体忠诚度的长期培育，会员俱乐部制度盛行，围绕着企业市场定位的企业形象及品牌意识强烈
价格策略	以竞争对手为参照的"随行就市"，缺乏严谨的成本分析，价格变动及执行很随意	以自身的成本水平和财务预期作为价格基础，价格变动及执行严格制度化，价格进攻多以变相的信号试探为主
成本水平	劳动力成本低，但规模偏小、硬件更新频率高、员工流失造成成本结构严重不合理	劳动力成本较高，但规模经济显著，硬件更新周期较为合理，财务预警机制健全
服务质量	大力提倡个性化、定制化服务，但受制于员工素质，服务质量不稳定，顾客投诉多	稳定的服务质量基于较高的员工素质和流程的合理化，大规模定制成为趋势

饭店餐饮业的传统管理模式主要脱胎于早期的计划经济时代的商贸企业管理模式和第一批外商投资的涉外饭店从境外引进的现代饭店管理模式，重视硬件投入、服务质量和内部业务流程管理，轻视产品研发、客户开发和系统营销。

二、"问题解决式"管理文化

从具体的管理过程来看，经理们习惯于"问题解决式"的管理方法，他们总是以维持餐厅的正常运转为前提，对于零星出现的问题进行即兴研究，解决一个算一个，而在整体上缺乏管理的前瞻性和系统性。比如说，很多饭店餐厅的培训计划都是在问题累积到一定程度后才仓促动议并快速实施，重点在于解决一些迫在眉睫的具体业务问题，而忽视了对于员工素质的有计划培育和对于业务流程的全面评估。

事实上，类似的问题在传统管理模式中还有很多，正如上文表格中所列举的，在战略规划、组织设计、成本体系以及研发机制等很多重点环节上，经验型的饭店餐饮管理者们都缺乏系统的思考和有意识的计划运作。

第五节 管理创新与绩效评估系统的变革

一、管理创新——饭店餐饮业的下一场革命

改革开放之初，饭店业的经营理念和管理模式让中国所有的工商企业耳目一新，整齐美观的着装、温馨细致的服务和严谨规范的管理使之成为高品质企业的典范，其时一批知名的新型饭店如北京建国、上海锦江以及广州白天鹅等都是当时全中国各界企业学习的榜样，他们所倡导的"宾客至上"和"宾至如归"的经营理念更是深化了广大消费者对于市场经济的认识。作为饭店业最重要的子产业，饭店餐饮业此时的管理模式应该说取得了巨大的成功。对于计划经济时代传统的商贸企业管理模式来说，饭店餐饮业在很多方面的创举不亚于一场管理革命。

但随着时代的推移，以模仿和借鉴港台饭店经验为基础的饭店餐饮管理模式逐渐暴露出了自身积累不足、人才匮乏和观念落后等一些深层次问题，尤其是在社会餐饮企业快速发展的过程中，这些问题正在被放大和凸显。此时的饭店餐饮业已经不能再停留在修修补补式的管理改良阶段，而必须彻底反思屡屡败于社会餐饮业的深层次原因，从根本上变革已经明显落后于时代的经营管理模式。

实践速描

餐饮经纪——产业链上的一道新风景

餐饮业的高速发展直接导致了很多新业态形式的出现，以餐饮中介服务为

主营业务的北京华汇君宴信用担保公司就是其中的佼佼者。

据华汇君宴总经理丁屹介绍，公司将与中国银联、法国索迪斯等知名企业合作，为消费者提供"君宴卡"服务，这包括与1000余家餐饮企业达成的消费结算与奖励协议。持卡人在所有签约餐饮企业消费时可享受全单折扣，折扣以积分的方式返给持卡人，而积分不仅可作为现金使用，而且可以通用。

从战略层面来看，饭店餐饮业急需解决高层次人才匮乏和激励机制不合理等根本问题。以一线经验为决策依据的第一代职业经理人已经暴露出了自身在战略意识和管理基本功上的不足，而新一代接受过系统的高等专业教育的员工又没有得到科学合理的系统使用，人才断层的问题已经成了制约饭店餐饮业发展的最大障碍。

从战术层面来看，饭店餐饮业应该向成功的社会餐饮企业学习，高度重视产品研发、客户开发、员工智力管理以及资本运营等新的管理要素，尽量减少赌博式的经验管理，学会用市场数据和财务指标来分析企业经营问题，建立健全基于管理信息系统的业务制度体系，并充分发挥专业化员工在各自岗位上的技术优势。

从操作层面来看，饭店餐饮业必须妥善处理好薪酬激励、绩效评价以及流程开发等具体业务问题，用简洁高效而又相对灵活的制度来取代传统的"人盯人"式的管理办法，下力气提高产品与服务的知识含量，真正从客户出发来审视和更新产品。

实践速描

广州百年餐饮企业改制

日前，广州两家餐饮百年老号莲香楼、泮溪酒家通过广州产权交易所发布转让公告，其99%的国有股开始正式向国内外投资者公开招标。据知情人士透露，每家的底价在6000万~7000万元之间。

作为美食之城，广州的国有餐饮老字号众多，但在经营上大多举步维艰。广州老字号改制首先是解散饮食公司，在广州饮食服务企业集团去年解散后，旗下泮溪酒家、莲香楼、南园、北园、菜根香素食馆、回民饭店等众多老字号品牌，按注册地全面下放到区进行改制，方向是国有股退出餐饮业。改制完成后，国有资产在广州餐饮业中所占的比例也将由原来的17%降至个位数。

前面提到的饭店餐饮部门的若干观念误区其实只是传统管理模式缺陷的一个缩影，但如果不进行系统科学的全面管理创新，光靠几条指令和一两次培训是不可能完全解决的。对于饭店餐饮业来说，现在需要的并不是几个营销创意，也不是几个应急的时令特色菜品，而是涉及到所有层面的一场深刻的管理革命。

二、绩效评估——管理创新的技术保障

很多饭店早就清醒地意识到了饭店餐饮业的竞争形势，也做了大量管理创新和变革尝试，但总是"雷声大，雨点小"，每每下了大决心，花了大力气，但推行了一段时间后一看效果不尽如人意，于是就慢慢地恢复到原状。如此多次循环反复后，管理创新的念头就淡了许多。

相比之下，社会餐饮企业的管理变革来得就要彻底得多，如北京淮扬村集团率先推出骨干厨师和分店经理的股份激励制度，有效地解决了连锁经营过程中的委托代理难题；又比如重庆陶然居投巨资建立起自己的厨师学校和农场、酱菜厂，完善了产业链，从而获得了许多对手无法模仿的独特竞争优势。这些都是饭店管理体制下很难解决的难题，但社会餐饮企业却有办法从中找到自己的出路。

管理创新在饭店餐饮推行之所以"虎头蛇尾"，更关键的问题还在于两者管理文化的差异。社会餐饮企业之所以在资金、人才和品牌形象都不占优势的情况下能屡屡出奇制胜，在于其不拘一格、效率优先的管理理念，它们无须有太多的条条框框来约束自己的管理决策，只要是有利于企业发展的事情统统可以尝试，只要是对最终效益无助的花架子都坚决去掉。为此，它们可以根据具体经营需要大胆实行股份工资，简化服务流程，削减菜式品种以突出自身特色，或者隔三差五地装修店面甚至整体转变经营菜系。

同样的决策若放在饭店餐饮业来说就有些不太现实了，它们的薪资体系必须与整个饭店的薪资体系保持一致，严格实行岗位等级工资标准；它们的服务流程必须与饭店的资质等级保持一致，简化流程就可能被看作是偷工减料和降低服务质量；它们的菜式品种无论怎么调整都必须保证以完成饭店基本接待任务为前提，尤其是不能将饭店的主餐厅改成类似火锅店或快餐厅之类的特色餐厅，即便这样做可能更符合市场需要；至于动不动就翻新店面，那更是匪夷所思，因为使用年限几十年的东西一两年时间就推倒重来，这根本就不符合饭店的基本财务制度。

三、从"制度文化"到"效率文化"

总的来说，社会餐饮企业崇尚的是一种"效率文化"，而饭店餐饮业遵循的是一种"制度文化"。尽管从硬件形态上很难对两种企业的差别做更精确的比较，但这种价值观和管理准则的差别足以解释目前的产业现状。

饭店餐饮业急需改变的不是具体的经营方式，也不是制度细节，而是核心价值观。只有能真正做到"效率第一"并一切以经营实效为前提，才能扭转现在的颓势，这也是实行管理创新的终极目标之一。

更具体地来说，饭店餐饮业实行管理创新工程必须以强有力的绩效评估系统为技术保障。只有能实实在在地即时反映饭店在各方面的绩效变化，充分体现出管理创新所带来的效果，才能坚定企业上下的变革决心，这在遵循“制度文化”的企业里可以说是至关重要。

与在市场营销环节上的变革相比，管理上的创新难度显然更大，这不仅仅因为这样的努力未必能立竿见影，还因为它总是会触及很多人的既得利益，实施起来很可能会被大打折扣，如果不能配套以科学的评估手段，管理者很难辨别到底是管理创新措施无效还是员工执行不力，这样一来管理创新的前景就被蒙上阴影。

更进一步地说，因为管理创新的系统推进往往是分阶段有步骤的，前一阶段的成功是后一阶段能继续推行的重要保证，这在饭店特殊的管理体制下尤其明显，餐饮部门的管理者必须用看得见摸得着的成绩来说服饭店高层始终如一地支持他们，而管理创新的整体效果要最终反映在经营实效上还需要一个过程，因此在内部矛盾丛生的情况下很多创新尝试无法继续延续，最后陷入“虎头蛇尾”的尴尬境地。

目前在饭店餐饮业中广为流行的绩效评估方法仍然是传统的以财务指标为基础的考评办法，这不但不能反映企业在一些管理要素上的实际状况，反而导致了管理者们的短视行为。比如餐饮部门可能会选择以降价让利或赊销来扩大市场占有份额，而忽视对产品研发的投入，因为前者的效果能更快得以体现；比如聘请外部专家来进行员工培训很容易造成巨大声势，而完善内部在岗培训体系不但难度大，声势也小了许多；又比如直接压缩一些显性开支如培训费、考察经费及促销费用，对于成本的短期下降效果显著，而建立全面预算制度则难度太大，而且要很长时间才能看得出成本控制的效果……在一种错误的绩效评估制度的影响下，餐饮部门的管理者随时有可能选择短期效率而放弃长期效益，或者说，会用立竿见影的细节改良来取代全面系统的管理创新。

延伸阅读

企业绩效衡量模式的几个发展阶段

第一阶段：财务绩效衡量模式

在20世纪初的10年中，杜邦公司和通用汽车公司开发的投资回报模型被用作多部门公司的整合方案。而到20世纪中叶，多部门公司又把预算作为管理体系的核心。20世纪90年代，公司财务体系不断扩大，把与股东价值相关的财务测量方法包括进来，产生了基于价值和经济附加值(EVA)的管理模式。然而,在今天基于知识的竞争环境中,即使最好的财务体系也无法涵盖绩效的全部动态特点。

第二阶段:质量绩效衡量模式

20 世纪 80 年代和 90 年代,由于很多公司认识到仅仅使用财务数字进行管理的局限性,所以它们把质量控制作为宣传口号和组织原则。公司竞相追逐国家质量奖,如美国的马尔科姆·鲍德里奇国家品质奖(Malcolm Baldrige)、日本的戴明奖(Deming Prize)以及欧洲的 EFOM 奖。公司还纷纷效仿摩托罗拉、通用电气等采取六个西格玛计划。但是仅靠质量和仅靠财务指标一样都不能够全面衡量企业的绩效,一些获得国家质量奖的公司很快发现它们在财务上陷入了困境。

第三阶段:客户满意度衡量模式

除了财务措施和质量措施以外,一些公司强调以顾客为中心,构建以市场为核心的组织,并且建立了客户关系管理体系;有些公司选择了发展核心竞争力,或者进行企业流程再造;还有一些公司重点强调战略性人力资源管理。财务、质量、顾客、核心能力、流程、人力资源以及制度这几个方面中的每一个方面都很重要,并且都可以在公司的价值创造过程中发挥重要的作用,但是每一个方面仅仅代表了管理活动及过程中的一个构成部分,管理过程必须产生持续而优异的业绩。仅仅强调管理过程中的某一个方面实则鼓励次优化,而妨碍公司实现更大的目标,公司必须用一种全面的观点来代替任何具体的、短期的衡量尺度,从而使战略居于管理体系的核心地位。

现阶段:基于平衡计分卡的战略性绩效衡量模式

"以战略为核心的组织"利用平衡记分卡(Balanced Scorecard)把战略放在了其管理过程的核心地位。平衡记分卡以一种深刻而一致的方法描述了战略在公司各个层面的具体体现,从而具有独特的贡献和意义。在开发战略记分卡之前,管理人员缺乏一套被普遍接受的、用来描述战略的框架,而无法描述的东西是很难实施的。因此,这种通过战略图和记分卡来描述战略的简单方法是一个重大的突破。

平衡记分卡克服了单纯利用财务手段进行绩效管理的局限。财务报告传达的是已经呈现的结果、滞后于现实的数据,但是并没有向公司管理层传达未来业绩的推动要素是什么,以及如何通过对客户、供货商、员工、技术革新等方面的投资来创造新的价值。

第二章

饭店餐饮制度管理创新

导 读

很多饭店餐饮部门的管理创新之所以不成功，就是因为将精力全放在了追求服务流程的完美和菜品质量的精益求精上，而忽视了一些更重要的制度层面的管理要素。饭店餐饮的管理创新工程必须从制度创新入手。

制度创新主要分为两个层次，概括起来就是处理好两个关系。其一是处理好经营者与所有者之间的关系，也就是委托代理关系。在激励机制的作用下，饭店餐饮经营才能有活力。其二是处理好经营者与其他员工之间的关系，也就是日常的管理运行秩序。只有妥善设计好内部权责体系，健全目标管理框架，建立通畅的信息沟通机制，并将所有管理原则具体落实到日常的管理流程之中，饭店餐饮管理才能有条不紊。

本章第一节探讨的就是排在所有管理问题之首的经营者激励问题，在逐一比较了时下业界多种管理合约形式后，对饭店餐饮委托代理问题进行了深入剖析，并指出了调动积极性和防范道德风险是设计合理激励机制的两个核心环节。

假定经营者人选和积极性问题得到了妥善解决，那么接下来经营者如何运用自己手中的筹码去调动其他各层各级员工的积极性呢？本章第二节系统介绍了“目标管理”制度（MBO）在饭店餐饮管理中的运用要领。值得读者注意的是，尽管目标管理制度在实践中已经非常流行，但存在着很多“似是而非”甚至“简单粗暴”的弊病，在很大程度上制约了管理制度的实际效用。当然，与目标管理相配套的是如何将这些原则细化到各个具体岗位和员工身上，这是本章第三节的主要内容。

导读

如果我们进一步假定所有员工也都有高度的事业心和责任感,至少暂时不存在激励不足的问题的话,是否饭店餐厅就一定会成功呢？未必,因为除了做事的热情之外,管理者们还需要有做事的好方法和好习惯,这对一些新开业的饭店来说尤其重要。本章第四节并没有急于指出餐厅管理者要如何做事,而是通过对管理者的时间分配、工作角色以及管理效率等环节进行了深入考查,并指出光有热情而不善于进行管理分工和时间管理是不足以支撑餐厅的可持续发展的。

从第五节开始,本章探讨的内容更接近中基层管理实务。比如,中基层管理者与员工之间如何沟通效果最好;餐厅的各级各类管理工作例会怎样才能收到实效;管理者如何才能使得自己有良好的工作节奏,从而避免总是在不停地忙于相同事务的尴尬等等。

第一节　管理合约与经营者激励

作为饭店整体产品的一部分,饭店餐饮管理的首要任务是为经营者们设计最有效的激励机制,这也是一系列管理创新活动能顺利展开的前提和基础。常见的对于饭店餐饮部门经营者的激励方法有承包经营、目标管理或绩效奖励等。而哪种方式更合适,则需要结合当前企业治理研究领域中的委托代理理论来加以分析。总的来说,一个好的管理合约必须能妥善解决好经营者的积极性和道德风险的防范两大问题。

一、饭店餐饮经营者的激励与餐厅绩效

对于绝大多数社会餐饮企业来说,经营者本身可能就是投资者,尽管这未必是一种很合理的治理结构,但至少不存在经营者激励不足的问题。相比之下,饭店餐饮部门作为饭店整体的一部分,其主要经营人员一般来说不大可能就是投资者本身。这些手握大量并非自己所有的经营资源的经营者来说,未必像社会餐饮业主一样投入、一样负责。

问题可能要一分为二地来看。对于餐饮部门的经营者来说,出于一些非经

济方面的因素可能会在短期内表现出强烈的进取心和责任感,比如新近晋升到部门经理岗位时的工作热情或对饭店总经理的知遇之恩的回报等等。但从长远来看,这些高度个人化的激励因素都是不可靠的,尤其是面临复杂的竞争形势时,这种不能将餐厅绩效与经营者个人损益紧密挂钩的激励机制随时可能会失效。

大多数饭店都有自己严格统一的薪酬体系,餐饮部门的经营者和其他部门如客房、娱乐等营业部门经理一样,也都是按照自己的职级和业绩贡献来拿基本薪酬加弹性奖励工资的。这种激励机制在饭店自身有强大的客源吸纳能力的情形下是基本可行的,比如某些行业系统自办的内部宾馆,餐饮客源大部分是系统内客户,餐饮经营者的个人贡献并不显著。又比如某些饭店已经在当地拥有一流品牌形象,餐厅长期以来牢牢地占据了当地高端客源市场,经营者只要维持好餐厅的日常营运秩序就可以了。

在更多情况下,饭店餐饮部门所面临的竞争形势远比以上两种情形困难,经营者的工作内容比起其他几位部门经理同行来说显然要复杂得多。他必须独立主持餐厅的产品研发和菜系调整,这可能是客房部经理难以想象的事情。他必须深入到从采购、入库到加工的几乎所有环节中,去评估成本消耗是否合理。他甚至还必须亲自出马去与餐厅的重点客户联络感情,亲自与前来联系婚宴、会议餐的顾客洽谈细节……

毫无疑问,对于一个能力不足以担任餐饮部经理职务的经营者来说,强行将他安置在这个位置上本身就是一种激励,他会加倍努力以证明自己,但从资源配置的效果来看,这显然是不合理的。而对一个能力很强的经营者来说,这种"旱涝保收、弹性不大"的岗位等级工资显然不足以调动他全部的智慧、能量和热情。

简单来说,饭店餐饮部门的经营者激励问题就是一个"三步走"的问题:

第一步,物色并选定合适的经营者人选,不但要看经验、看人品,还要看对餐厅发展的整体构想和经营思路。第二步,设计合适的激励机制,到底是采用弹性工资、目标考核还是承包经营,须根据具体情况灵活选择。第三步,搭建精诚团结而又结构合理的管理班子,确保管理合约的顺利履行,在保护好经营者的积极性的同时也要防范潜在的道德风险。

二、管理合约的设计与履行

正如前面已经提到的饭店餐饮经营者的工作角色,一份略高于饭店其他部门经理水准的薪酬的确不足以吸引到最优秀的职业经理,但问题是到底多少薪酬才算合适的呢?

实践中的饭店决策者们总是在有意无意地打探着一流餐厅经理的年薪行

情,因为他们已经充分地意识到餐饮部的利润空间和经营难度,也明白了“千军易得,一将难求”的道理。几乎所有的饭店总经理们都在时刻等待着一位餐饮经营的天才出现,然后用一个惊人的价码将其招至旗下,换言之,几乎所有的饭店总经理也都对自己目前所聘用的餐饮经理颇有微词,认为其只是一个过渡人选。

这里面反映的问题表面上来看是优秀职业经理人的高度稀缺从而导致人才市场的供不应求,但深入地分析起来,问题远非如此简单。

首先是总经理们对于人才的期望值过高,这种能独当一面并迅速扭亏为盈的高级餐饮管理人才即便是有,也必须在合适的经营环境和强大的专业团队支持下才能成功。指望一两个管理人员迅速改变企业面貌从根本上来说是不现实的,而且越是花工夫去寻找物色,就越有可能找到夸夸其谈的“水货”人才。

其次是饭店餐饮经营管理的独立性程度可能比经理人选问题更关键。现实中我们已经看到了很多人在饭店当餐饮部经理表现平平,而一旦自己创业干起了社会餐饮企业后却像换了个人似的,这就意味着在经营激励机制没有解决之前,再好的人选也是白搭。很多总经理都喜欢温顺听话的部门经理,但作为餐饮部经理,如果过于迁就上级的管理干预,肯定会加大自身的管理难度和经营风险。

最后一个也是最关键的一个问题,高额年薪就一定能激发出高水平经营人才的工作热情吗?对于饭店餐饮经营来说,委托方和代理方,也就是总经理或董事会与所聘请的餐饮经理之间的关系是相当复杂的,这里面除了一纸合同外,还有双方相互间的信任、管理过程的监控和管理业绩的评价,更具体一点来说,还包括管理班子的搭建、财务审批与核算以及薪酬的支付形式等等很多细节问题。饭店总经理们时常挂在嘴边的“责权利一定要明确”的原则,尚不足以涵盖这份管理合约的复杂性,因为更要害的问题还在于这种“委托—代理”关系如何才能得到有效的监督和维护。

对于非业主经营的所有企业来说,企业或者企业内部某个相对独立的业务模块的所有权与经营权的分离是不可避免的,这里面就存在一个“委托代理问题”。所谓委托代理问题,简单说来就是投资者因为多方面原因,比如精力不够或者能力不济等等,不能直接经营,只能委托一个专业化的团队来代为管理自己的资产。这应该是个合理的选择,总体来说符合专业化分工的大原则,能更好地实现资产保值、增值的目标,但事情往往没有这么简单。

代理者即实际上的资产管理者有没有足够的积极性去最大限度地挖掘自己潜力,这取决于代理者与委托者之间的利益分配模式,同时还包括这份合约的具体履行过程中的很多细节。

就饭店餐饮来说，很多时候这份合约尽管事实上的确存在，但在形式上却没有很明显的约束力。比如给餐饮经理以高额年薪并要求他完成一定的营业指标，此时很可能就没有更详细的合同来明确很多经营管理过程中会出现的细节，换句话说，就是经理们并没有得到太多实质性的管理支持，缺乏一个独立决策的平台基础，所谓的高薪许诺只是一个理论上的数字，在基本管理格局并没有实质性改善，甚至大部分员工对“空降”的高薪经理还存在抵触时是很难实现的。但从业主也就是投资者的角度来看事情往往不是这样，既然我痛下决心给你高薪，指望的就是你有与众不同的能力，如果还不停地要这要那，那这高薪也就给得不太合算了。

事实上，除了常见的高薪合约外，还有其他很多形式，比如分成式委托管理、基数抵押金承包、目标责任制以及混合分包等，不同管理形式对于经营者的激励程度是不一样的，这除了取决于经营者预期将得到的个人收益高低外，还与经营者的管理环境有很大关系。委托管理与承包管理等形式之所以更能吸引经营者，未必完全是因为收益更大，还有很大一部分原因是这样的合约形式下业主的管理干预最少，代理者的管理能力可以得到最大限度的发挥。当然，这种形式下毁约风险也是最高的，因为业主对于资产的使用一旦失去完全监控的话，随时都存在毁约动机。

业主的毁约动机主要来自对于代理者隐瞒经营信息或者滥用资产的担忧，比如说，业主会担心请来的承包者不如实上报营业数据，导致分成时业主吃亏，明明生意很红火，但报表上怎么看都没有赢利；又比如说合作经营时请来的管理团队动不动就要打广告，派免费单甚至要求翻新装饰等等，大把大把地花钱而承接业务的乙方又大部分是团队所介绍来的，这就存在变相侵吞餐厅资产的嫌疑……我们把这些由于业主无法直接观测到代理者的行为而造成的问题通称为“道德风险”，这是当前公司治理研究中的重点问题，对饭店餐饮业来说也许是比选择什么样的合约形式更重要的核心问题。

三、常见的饭店餐饮管理合约

客观地来说，几种常见的饭店餐饮管理合约各有优劣，也各有自己的适用范围，饭店应根据自身的实际情况灵活选用。这个道理跟国有企业改革一样，我们不能简单地认为存在一种万能的管理合约形式。对于不同的饭店来说，面对的市场竞争强度不同，管理者的素质结构不同，可能出现的道德风险问题的情形也不尽相同，这也就意味着存在着不同类型的有效管理合约。

前面我们已经分析过高薪聘请职业经理人并设定明确的经营目标的做法，应该说这是当今饭店餐饮界最普遍的做法。这种合约形式的好处是职业经理人的作用更多地体现在经营决策方面，而对于资产的使用和调拨权力不大，同时经理人的分成收益主要为个人薪资，对于饭店来说尚可接受，所以这种合约情况下的道德风险是最小的，这也是这种形式最受欢迎的主要原因。

但这种风险最小的合约形式对于饭店餐饮业绩的影响强度也是最小的。一般来说，职业经理人仅能以个体或三五个人的小团队形式领取高薪，人数多了的话就成了委托经营，人数一少，介入的形式就由全面管理变成了全面指导了。这里面可能就会出现一个新旧磨合的问题，或者说大部分的管理事务还得由原来那些中基层管理人员来承担，拿年薪的经理们只是充当了一个导师和决策者而已。相对于全面托管或承包经营来说，这种方式显然不足以调动职业经理人的全部潜力，因此这种方式最适合那些经营局面比较稳定、竞争强度不算太大，至少能基本维持的饭店。换句话说，这种方式适合维持一个现状不错的饭店餐厅，但不适合扭亏为盈和应对复杂的竞争局面。

比较令饭店总经理们头疼的是分成式委托经营和抵押金式基数承包。这两种方式的共同特点是所有权与经营权分离得比较彻底，既有可能较大程度地激发经营者的潜力，也有可能造成较为严重的道德风险问题。对于饭店决策者来说，这是个非常烫手的山芋，接也不是，不接也不是。

市场上托管与承包经营的合约形式有很多类型，甲方参与的程度以及利润分配的形式可能有很多不同。总的说来，承包经营情形下甲方基本退出日常管理，而且无论经营结果如何都收取固定利润，委托经营情形下甲方可能参与也可能不参与日常管理，但对于经营利润则采取按比例分成，也就是说出现亏损时甲方也必须要承担。

从经营者的角度来说，他更愿意选择承包经营，一来可能获取更多利润，二来管理时有更多自主权，能更好地发挥自己能力，尤其是在有比较成熟的管理团队和技术队伍时。这种形式比较有利于经营已处于困境的饭店餐厅，此时达成承包合约的可能性也是最大的。

从投资者的角度来说，他们一般比较倾向于委托经营，一来可以培养自己的管理人员，二来还可以较好地监督资产的合理使用，防范资产被滥用的风险，同时在对餐厅经营前景不明朗且未失去信心时还有机会分享较大利润。这种形式比较适合新开业或者整体业绩比较平稳暂时没有亏损的饭店。

还有一种非常普遍的合约形式，那就是所谓的目标责任制，这实际是一种内部承包模式。饭店给内部产生的管理人才以一定权限和奖励承诺，同时限定一个业绩目标和递增式的弹性奖励办法。一般来说，这样的奖励幅度很小，而且为了调动更多员工的积极性，奖励范围通常会扩散到大部分员工，见者有份。这种方式比较适合经营状况非常稳定的饭店，尤其是一些在当地有明显竞争优势的饭店，因为只要稍加努力就可以获得这些奖励，同时即便付出更多努力得到的额外奖励也不会太多。所以，在这种方式中，管理者并没有得到有效激励。

四、信任、监督与道德风险

无论采取什么样的合约形式，都有可能为饭店餐厅的经营者提供足够的激励，或者说，并不存在所谓绝对有效的激励形式，只有能真正实现双方互相信任且能持续履行的合约才能从根本上解决经营者的激励问题。

关于合约的激励力度问题的探讨是饭店经理们特别热衷的话题，这里面反映了一个急功近利的经营原则——大家都希望能快速物色到一个万能的经理，给他合适的合约，然后坐等分红。事实上即便签订了最彻底的承包经营合约，甲方的任务也还有很多，为了建立双方间的信任，有效地防范道德风险，还远未到撒手不管的地步。

实践中，我们发现很多饭店餐饮的管理合约无论是托管还是承包，都很难做到善始善终，而且这些合约也越签越短，几乎都快成了“铁打的营盘流水的兵”了。为什么呢？原因很简单，在合约履行的过程中，双方始终没能建立完全的信任，在相互猜疑中矛盾日积月累，合作很快就会走向破裂。

引发信任危机的主要原因是委托者与代理者之间的信息交流与合作机制的不健全，实际经营过程中双方都希望了解到真实信息，但此时可能出现经营者有意蒙蔽或者经营者自己缺乏完善的资料汇总技术从而导致“想说也说不清楚”。比方说甲方希望即时了解每天的营业收入细节，散客多少，团队多少，毛利多少，折扣多少等等，乙方或者有所顾忌不愿如实汇报，或者没有配备相应的信息管理系统连自己都说不清楚。但无论是哪种情形，在甲方眼里都是不诚信的表现。在托管形式下，这会直接导致甲方加大干预力度；在承包形式下，这会使得甲方对承包基数的合理性产生质疑。

几乎所有类型的管理合约中，业主也就是委托方都会保留自己随时进行监督的权力，而且一般来说也会在资产使用和财务管理等环节上采取明确的监督措施。这本无可厚非，但实际运行起来，人们经常会发现很多在合约中无法明确的细节随时会引发监督措施的升级甚至导致合作关系的破裂。比如，在托管模式下，托管方想进行人事调整，信息反馈到甲方后，甲方担心这样会架空自己的权力从而进行粗暴干涉。又比如在承包模式下，承包方想粉饰财务报表以达到合理避税的目的，甲方担心这样会抽空自己的资产从而加以制止。至于在目标管理模式下，甲方的行政干预则更是随时随地都有可能进行——这种种行为都会导致双方合作的“蜜月期”迅速结束，从而进入互有猜忌的艰难时期。

信任与监督机制的关键在于两权分离时总是存在不同程度的道德风险，也就是说无论甲方如何努力，总是不能百分百地了解到经营者到底在做什么，也无法从根本上得知真实的经营状况和资产是否被合理使用。假设双方都是本着利益最大化原则进行决策的话,相互之间的博弈在信息不对称的情况下的确随时可能会导致不同程度的道德风险危机。

实践速描

饭店餐饮托管式经营的权力斗争

以双方共同参与的合作托管式经营为例,我们来看看问题可能会出现在哪些环节上:

1. 决策权争端

由于合作双方都有一定量的资本投入,因此对于经营管理过程的大小事务都会有不同程度的发言权。这些争端会体现在大到经营定位和资本运用,小到管理细节和具体流程上。因为没有绝对权威的引导,所以合作各方很容易在一些具体事务上产生争论,大家一直处于无休止的争论和妥协中。这些争端在餐厅业绩优异时尚不足以引发大的矛盾,但到了业绩滑坡时就很容易上升为深层次的权力斗争了。比如,在餐厅选择原材料供应商时,可能就会有人主张质量优先,有人主张价格优先。又比如,当餐厅准备做大型的促销推广时,到底投入多大,让利多少,都很容易出现意见不统一的情况。

2. 收益权争端

很多饭店餐厅往往在财务管理上存在很多不规范的地方。比如,原始单据不齐,利润测算不准确、不及时,或者费用列支不当等等,这些反映在会计报表上时就漏洞百出。事实证明,这会是对合作经营能否存续的重大考验,因为反映在日常的财务建账和进销存管理背后的更重要的问题是投资收益权之争。

合作各方间的信任指数与财务透明度是成正比的。比如,在双方核算初始投资额以确定分配比例时,几乎每一笔开支都必须做到账物相符、账账相符。这对于很多习惯了"口袋会计"式的餐厅经营者来说不能不算是高要求,但如果没有健全透明的财务体制的话,企业的合作是势必不能长久的,尤其是当企业出现亏损倾向时,一本烂账是绝对堵不住合作者的猜疑的。

3. 资源支配权争端

资源支配数争端就是人事权和财务权争端,这与前面说的决策权之争还不太相同,决策权争端总的来说还只是合作者对于做事的方式方法的质疑,但人权和财权之争就是真刀实枪的权力斗争了。为了能最大限度地保护自身利益,合作者往往希望能安排自己信任的人选来监控甚至直接掌管企业关键资源的使用,但重要职位资源终究是有限的,所以大家就会通过各种各样的手段来变相地扩大自己对于关键资源的发言权。

比如，对财务经理的工作屡屡提出质疑，或者对外聘经理屡屡发起弹劾等等，其真实用意往往并非针对具体的人和事，而只是希望能扩大自己在这些重大事务上的影响力，对合作者的权力进行力所能及的制约，以维持整个企业格局中权力的均衡。

道德风险的关键在于经营者的实际行为不能完全被委托者所监测。在饭店餐厅陷入严重经营危机时，委托方可能会抱着“死马当着活马医”的心态，完全放手给经营者去折腾，但只要经营状况回暖，委托者感觉到还有其他选择可以替代时，这种信息不对称情形就会引发无休止的猜疑，直至合作破裂。也正因为此，我们可以看到绝大多数的托管或承包经营都很难维持一年以上的时间。

延伸阅读

社会餐饮企业的“合伙经营”之痛

大多数社会餐饮企业在创业时都是个人所有制，此时企业普遍规模较小，就那么几张桌子，一两个包房，三五个员工，很地道很典型的小餐馆，经营范围也较窄，通常承接不了什么大型宴席。这样的企业(其实就是一个小馆)管理起来很省心，因为出资者既是企业的所有者(老板)，又是企业的经营管理者(老总)，决策顺畅，执行有力，没人抬杠，也没人添乱，实在经营不下去，想关张换地儿也很容易，自己想通了就行。

正是因为自主经营有这么多好处，所以很多社会餐馆是能不合伙就尽量不合伙，资金有缺口先想到的是银行贷款、私下借款，而不会是稀释股权。

但个人的力量终究是有限，在经历了艰难的创业并看到了美好的市场前景后，想再进一步扩大企业规模时就会发现资金缺口比以往要大得多，而素来“嫌贫爱富”的银行一般不会向个人企业发放大额贷款，别的不说，光是抵押担保手续很多企业就过不了关，无奈之下找合伙人共同经营就成了无奈的选择，很多时候寻求合伙者的目的就是缓解融资压力和分散经营风险。

当企业真的成了合伙制以后，问题一下子就变得麻烦了许多。首先是双方的股权比例、决策权大小和具体分工问题。一句话，就是到底谁说了算。紧接着的问题就是债务上的代理关系，这个说法有点学术化，意思就是当企业破产清算时，若合伙资本不足以清偿企业债务，个别合伙人无力偿债，则其他合伙人就有义务承担全部债务——现在很多餐饮企业都会随便拉几个身份证将自己注册成为名不副实的有限责任公司从而逃避无限偿债的危机。但是，代合伙人付账的事情还是很常见。也正因为有太多经济利益上的直接利害关系,合伙制总是让投资者和管理者都有些望而生畏。

合伙制餐饮企业还有一个缺点,就是一旦有合伙人发生意外或者退出,就有可能导致整个企业的解散。而且如果企业发展太快,资金始终存在大缺口,那就必须不断引进新的合伙人,这样一来,企业的不稳定性也就大大提高了。

当然,这种古典意义上的合伙制企业其实都已经经过了公司制包装,从而已经拥有了“公司制企业”之名,但却未必有“公司制”之实。完整意义上的公司制企业有两种典型形式:一是股份有限公司,一是有限责任公司,这两种形式的共同特征是股东承担有限责任且企业法人化。这就意味着投资者投入企业的资金已经成为股东资本金即权益资本,一经投入就不能抽回,公司在法律上也成了“永久性”的公司。破产清算时偿还债务也以这笔股本金为最高限额,陪完拉倒。这样一种相对稳定和均摊风险的体制安排能较好地保护股东利益,因而也就更能调动股东们的投资积极性,企业也就有了更通畅的融资渠道。

预计在今后很长一段时间里,合伙经营都将是大多数社会餐饮企业难以逾越的现实选择,那么立足现实,钻研合伙经营的秘诀,学会合作就是中国餐饮业主们的必修课程了。

从公司治理的角度来看,所有权与经营权两权分离(不管是完全分离还是部分分离)后,最大的制约因素就是信息的不公开、不透明和不对称,相互猜忌也就是从这一笔笔的糊涂账和肚皮官司开始的。

其实大部分的信息闭塞都不是有意为之,合伙人之间也未必都是钩心斗角的,但很多合伙经营者要么之前是做餐饮个体出身,习惯了“口头管理”、“口袋会计”的粗放式经营,没有精确度量、单据记录和报表分析的现代管理意识,要么就是干脆只认出钱啥都不懂的外行,但不懂并不意味着不参与,越是不懂有时还就是越较真。

要想解决这些麻烦,最有效的办法就是学会从口头管理走向笔头管理,将那些零零星星到处乱记的数字归拢到报表单据里来,少说废话,多做实事,让一切都有单可看,有据可查,有表可读,有档可阅。赢利多少,亏在哪里,成本几何,客多客少,一目了然,该在什么地方下什么功夫也就自然明白了。

只要一切都真正做到清清楚楚、明明白白了,那么多少人合伙、怎么个合伙法就都不是什么麻烦事了。这一点即便是放到大型跨国企业里也一样,证管部门对上市公司最重要的监管也无非就是督促其公开披露经营信息。

第二节 目标管理:计划制定、任务分配和分工协作的制度框架

餐饮企业的运转犹如一部高度精密的机器,每一个零部件都有其不可或缺的重要功能,但在快节奏的工作氛围下,人们很容易迷失在对局部目标和做事方法上的具体理解上。目标管理模式被实践证明是克服管理盲目性和随意性的有效框架,但很多餐饮企业在实施目标责任制时往往存在许多"似是而非"或者"简单粗暴"的误区,忽略了目标管理高度重视管理授权和挖掘潜能的特性,最终导致所谓的"目标责任制"名不副实。

一、目标管理过程中的"似是而非"

某酒店餐饮部的年度员工动员大会,场面非常壮观,全体员工满怀虔诚地聆听着餐饮总监的主题报告。当听到报告中提出的宏伟目标时群情激昂,与会者对来年的美好前景更是深信不疑。但此时总监极度煽情的演说并没有完全穿透所有人,因为人们看到坐在最前面一排的餐厅经理和总厨们或表情麻木,或垂头丧气,或左顾右盼,丝毫没有想象中的踌躇满志,这是为什么呢?

很快人们就找到了答案,在总监气势恢弘的演说终于结束后,会场里响起了雄壮的进行曲音乐,又一个重要的议程——目标责任状现场签字仪式开始了。十多位餐厅经理和厨师长依次上台接过责任状,并拍照留影……看来总监的宏伟目标已经直接分解成了每位餐厅经理或厨师长头上的压头的铁指标了。

这是几乎在每家酒店都能见到的所谓"目标责任制"管理的寻常一幕,但即便是已经成了行业通用的一种基本管理手段,经理们是否就已经很擅长于目标管理了呢?这些从上而下分摊下去的任务指标在年终核算时有多少能如愿完成呢?将绩效与奖励挂钩后,拟订的目标任务是否就有把握实现了呢?最关键的是,这些指标几乎最终都压在了餐厅经理头上,而与高层基层都不大挨边,"上不着天下不着地"的餐厅经理自然就成了被所有人期待又几乎肯定会被所有人抱怨的对象了。

要想回答这些问题自然不太容易,因为这些其实已经触及我们在酒店管理中的一些真正深层次的管理难题。这远比什么全员营销、质量活动月或者培训组织来得麻烦,因为它似乎没有那么明确的规程可以遵循,而又很容易犯一些"似是而非"的错误。

以目标任务额拟订来说,真正的目标管理思想是主张"自下而上,共同决策"的,但实践中我们往往是"自上而下,强行摊派"的,这种简单粗暴的做法绝

不是真正意义上的目标管理体系。

二、规范的目标管理制度框架及要领

那么规范的目标管理制度(MBO)到底是什么样的？它包含哪些要素？有什么样的典型步骤？目标到底是用来控制还是激励下级员工的？

作为一种相当普及的管理技术，目标管理(MBO)已经在饭店业应用了很多年头。早在半个世纪以前，现代管理学之父德鲁克就曾经在他的《管理实践》一书中提出了“目标管理”制度的基本思想，其核心在于“目标管理”能成为一种将组织的整体目标转换为组织单位和每个成员目标的有效方式。

对于饭店餐饮部门来说，无论上级下达经营目标的难度大小，都必须想方设法使这些目标能逐级分解，最终细化为所有员工清晰无误的个人目标。“天下兴亡，匹夫有责”，很显然，作为一个庞大的组织的一分子，任何单个的餐厅员工都无力去独立完成分外的任务，但如果不能做到“人人有活干”且“人人知道怎么干”的话，再宏伟的目标也终将是一纸空文。此时一味地强调奉献精神，还不如实实在在地告知每个员工他该干什么和怎么去完成。

表面上来看，大多数饭店餐饮部门的经营目标制定过程似乎无可非议，都是遵循这么一个基本过程：从整体的部门目标到各经营单位目标，再到班组目标，最后到个人目标，但是真正“似是而非”的地方就出现在这些目标额的设定原则上。比方说，“目标管理”主张用参与的方式来设定，就是说上下级之间存在一个协商的过程，这个过程不是简单的“讨价还价”，而是上下级在各自掌握了一定的信息资源后对未来的可能绩效和实现途径进行探讨。到底能达到什么高度？为什么能达到？又为什么无法再高一些？要达到这个高度的话，需要做些什么样的资源配置和工作努力？影响目标实现的不确定性因素有哪些？如何将这些不确定性考虑在目标中……至少相比传统的上司设定后直接分派给下级的方法来说，这样经过反复推敲后出来的目标更具可操作性，这样的协商过程本身就是下级参与决策即我们通常说的民主化管理的一部分。

一线案例

是目标定高了还是经理不听话

某四星级酒店的餐饮总监黄先生是酒店总经理当年的亲密战友，因为黄先生以前在部队后勤系统工作时曾经管理过一家规模不小的军队招待所，所以一转业后就被总经理挖来执掌酒店最重要的部门——餐饮部。餐饮部下设大小餐厅6个，年营业额约5000万元，一直以来是酒店的重要赢利部门。

然而，新官上任的黄总监一上来就碰了几个下属餐厅经理的软钉子，这不，新年将至，总经理提出来年餐饮部要力争创收6000万，黄总监看过往年几家餐厅的营业报表后，就自作主张地将这1000万的新增目标想当然地按比例分配给了这6家餐厅。

没料到的是这看似很平常的一个决定拿到经理例会上一宣布，下面几家餐厅经理齐声叫苦，一个个拉着哭脸说困难，从市场形势说到员工情绪，从餐厅规模说到部门配合，到最后结论就是一个：目标太高了！

军人出身的黄总监气不打一处来，铁青着脸，下了通牒："这是总经理定下来的指标，你们干得了就干，干不了就走人！"话音未落，几位餐厅经理齐刷刷地起身走人，临走还丢下一句"这是企业，不是军队！"……

事情就这么僵持了好几天，最后还是总经理出面，黄总监才和几位餐厅经理重新回到桌面上开会，看着总经理笑眯眯地听经理们诉苦，又非常认真地跟他们讨论如何才能增收，从引进人才到更新菜式，从增开新店到加大宣传，经理们在勉强接受新指标任务的同时又提出了很多条件，而总经理也逐一地分析，尽量地予以满足，实在不行的也给出了变通办法……黄总监这时才意识到这既不是目标定高了，也不是经理们不听话，要怪只能怪自己把问题考虑得太简单了，看来这目标管理的确不是简单的数字游戏。

还有一个"似是而非"的地方很突出，就是目标往往只能以数字甚至是产值的形式分派到部门和班组负责人一级，但真正决定企业业绩的往往是更基层的普通员工，得靠他们高水平地执行战略决策才会有业绩，但目标往往很难分解到这个层次，因为他们(服务员、厨师等等)往往执行的只是流程中的部分环节，无法与最终产出成果进行数量对应，所以所谓的目标管理往往是"雷声大，雨点小"，雨点小就小在因为它最终只能落到部门经理、业务主管或者厨师长这些人身上，对于广大基层员工基本上无能为力。

三、目标管理过程中的"简单粗暴"

这个问题似乎有点棘手，因为数字的确是最直观的目标载体，但它毕竟只是个结果，我们需要追根溯源，去寻找引致这些结果的驱动因素，这些可能包括员工士气、服务敏捷度、对顾客需求的快速反应等等。

在长期的餐饮管理探索中，人们已经发现大部分类似的指标其实是可以通过或直接或变通的方式加以衡量的，只要能沉下心来不难找到相应的解决办法。避免"简单粗暴"就应该从寻找和设定这些原因性指标入手。

目标管理带给很多人的一个误解可能就是这个方法只管制定目标而不管目标能否达成，因为那是要到工作结束后才能知道的事，这就好比是基建施工的决算一样。但目标管理真正厉害的地方就在这里，它特别强调绩效的即时或快速反馈。这套体系总是寻求不断地将实现目标的进展情况反馈给个人，以帮助他们不间断地调整自己的行动,这种连续性的反馈可能会对我们传统的饭店管理信息系统提出挑战。要做到这点我们会发现,很多工作远远谈不上精细,肯德基将主管们的凳子靠背统统锯掉,让他们不停地进行现场走动管理就是希望能获得更多的一手信息反馈。

当然,目标管理把目标额设得相对高一些的做法有没有道理呢?实践中,任何一个酒店的目标设计都是尽量往高里拔一点,至于能否实现那是另一回事。管理学家们对此的回答是比较明确的,当然也加了一些前提,那就是一般企业事实上都存在一定的可改进空间,因此将目标设定得略高于正常表现水平有助于激发出管理者的潜能,大量的统计分析也佐证了这一假设。至于人们担忧的,由于采用参与式决策即上下级共同确定指标会不会导致人们拈轻怕重,把目标往低里说呢?事实上这是没必要的,因为不论高低都必须建立在尊重客观规律的基础上,如果没有这样的研究分析过程,即便是拍胸脯打保票,那又有什么作用呢?

话又说回来,参与式决策的本质是上下级对目标问题进行共同研究,而不是简单的数字拉锯战。在实践中,很多时候问题是越辩论越清楚,对于实施问题的优势、劣势、机会和潜在威胁完全清楚了,该如何采取对策也就没那么盲目了,此时目标该实现多少可能就比较清楚了,其结果往往比最初设定的还要高,因为个人在一定的激励措施下也完全有可能去承担更困难的目标,只要他对问题的真实状况有了足够的认知的话。

实践速描

饭店餐饮目标管理计划制定的典型步骤

1. 制定组织的整体目标和战略

饭店高层管理者设定餐饮部门总目标是整个目标管理程序的开端,这些目标通常都具有战略性,既包括了定量指标如销售额、市场份额或者营业利润,也有定性指标如成为某个细分产品市场的领头羊或全面提高顾客满意度等等。只有当这些大的目标基本确立并经过了反复论证确实可行后,餐饮部门才能接着考虑如何组织下属各餐厅来完成这些目标。

2. 在各主要餐厅和营运部门(如酒水部、营业部)之间分配主要的目标

餐饮部根据经营计划将整体目标有机分解,并具体化为各下属餐厅及二级部门的初步目标,在与各业务单元负责人充分协商讨论后,再进行整体协调并最终将目标下发。各单元依照同样的方法逐层进行目标分解下发和协商,直至最基层的普通员工。因为这些目标中有一些是比较难以直接度量的定性指标,所以企业应该结合实际情况选择一些显性指标进行量化。

3. 各单元的管理者和他们的上级一起设定本单元的具体目标

目标自上而下的分解只是整个任务分配的第一回合，因为具体的实务部门和个人能否有信心完成还需要企业进一步去核实。管理者不能以行政压力简单地使下级屈服，因为最终失败的责任还是必须由他们悉数承担，所以任务下压是不可取的，只有在经过了充分的协商和论证，去除了对经营前景的盲目乐观或悲观，这样的指标才显得真实可信，同样，也只有真实可信的目标才能真正激发起各级员工的工作热情。

4. 管理者与下级共同商定如何实现目标的行动计划

管理者和团队成员确立了目标之后，必须一起来制定行动计划。因为所处职位的差异，不同级别和岗位的员工所掌握的资源和信息也不相同。在商讨具体的行动计划时，管理者可以充分收集不同的意见，然后进行综合统筹。在此过程中，管理者还可以将拟订的多种行动方案与预定目标之间进行比较，既能进一步论证目标的可行性，也能及时发现为完成目标需要进行什么样的资源调配，从而确保计划能顺利实现。

5. 定期检查实现目标的进展情况，并进行绩效评估和细节调整

评估频率是大家一致同意的时间间隔，如每月甚至每周一次。工作表现获得良好评价的员工，也就是基本完成分内目标的人。如果目标没有达到，管理者将和其他团队成员一起来会诊，看看问题到底出在什么地方以及该用什么样的方法来积极补救。如果出现的偏差是不可更改的，那么企业就必须对整个目标体系尤其是接下来几期的目标及时进行修正，也就是说目标管理过程可以贯穿企业运转的全过程。

四、目标管理的核心四要素

目标管理模式有四个最基本的核心要素，即明确目标、参与式决策、规定期限和及时的全程绩效反馈。

目标管理中的目标设定应当简明扼要，尽可能减少一些不知所云的定性目标，如提高餐厅服务质量或提升餐厅的品牌影响力等。遇到此类目标时一般需要找寻相应的显性指标进行度量，比如说提高服务质量的目标可以转换成为顾客投诉率下降多少个百分点，而品牌影响力也可以具体化为与对手在相同产品上的价格差距等等。

目标管理中的目标设定环节最忌讳的就是简单粗暴地运用职位权力直接下压，没有半点商量余地，下级只有接受和辞职的选择。真正合理的目标应该是参与式的，即上下级共同参与目标的选择，并对如何实现目标达成一致意见。在这个过程中，上下级之间应该是互相信任，开诚布公，来不得半点肚皮官司。

饭店餐厅经理们深知在激烈的市场竞争哪怕提高一个百分点的营业收入都是非常困难，尤其是在社会餐饮企业不断扩容的情况下，要维持以前的业绩也相

当困难。因此在为下级员工设定工作目标时一定要充分征求员工意见,把问题具体化为对服务条件的改善和对产品内容的调整,而不能带着情绪去下命令,这样即便员工一时屈服了,也断然不会有实质性成效。

每一个具体经营目标的完成,无论是大还是小,都必须有一个简单明确的时间期限,而且餐厅所有管理者和团队成员都应该非常清楚这个时间期限,所有的工作也不再拖拉延误,因为目标已经具体到人。因个人原因延误而影响团队的整体业绩,后果可能是谁都不愿面对的。以菜品创新为例,这里面牵涉到厨师研制、采购备料、推介菜单印制、营业部积极推广和服务员现场解说等很多环节。只有所有的工作都到位了,新菜的市场效果才能得以完全体现,如果某一环节出了差错,比如菜单没有赶印出来,或是服务员培训不到位没有有效推荐,甚至采购员没有备足关键原材料,都有可能影响到最终效果。

目标管理的最后一个要素是绩效的反馈。管理者们必须一手抓着任务单和时间表,另一手抓着进度表和业绩单,不时地将两者比较来比较去,几乎是全过程地监控着每一个目标的实现进度。这些信息无一例外地都会迅速回馈到个人,以便他们能及时调整自己的行动。这种不断的反馈还包含定期举行正式的评估会议、进度表公示以及信息系统的及时评分软件等。

延伸阅读

目标管理,重在管理而非目标

来自实践的对目标管理的调查结果显示,96%以上的企业在采用了目标管理模式后,工作效率都得到了显著改进,尤其值得注意的是,来自高层管理者的承诺与参与,是目标管理机制发挥作用的关键。

人们不禁要问,过去我们的"目标责任制"管理中高层也是一直在参与啊,为什么就不见饭店业绩能有大的长进呢?很多餐饮企业推行所谓的标准化、数字化管理,更是将目标细化到每个环节上,但效果也未必能好到哪里去,究其原因还是在于这些目标本身的可行性、合理性以及实现目标的技术支持等。

经理们总是想当然地认为只要能把员工的积极性调动起来了,员工们身上的潜力自然会迸发出来,那些看上去有点拔高了的目标在挖潜努力得当的前提下应该不是什么难事。按照这样的逻辑,管理者的工作重点就成了怎么去调动员工情绪了。

这里面隐含了一个严重的错误,那就是挖潜本身并不需要实质性的资源投入,多来一点感情投资员工们一激动就会嗷嗷叫着去挑战自我,管理工作也就顺理成章地成了“玩人”的工作了,目标管理过程一下子就被大大简化了。

这是一种对目标管理过程的复杂性和技术含量的严重误解。事实上,目标的设定尽管是人为的过程,但目标的上限却是客观存在的,它与员工的个人素质、可动用的资源以及其他部门的支持协作力度等条件相关。忽视了这些客观制约的目标再雄伟也没意义,即便员工信心再足,积极性再高,也只会是一场闹剧。

目标管理的过程要求上下级之间能够实事求是地就具体问题多来几次讨价还价,不要嫌员工嘴多,因为争辩的过程其实就是研究问题的过程,是消除信息不对称的过程,是讨论具体行动技术和细节的过程,是消除对形势判断水分的过程。这样的过程可能令人厌倦,令人晕眩,但却是提高管理水平不可缺少的一环。

目标管理的过程还意味着目标本身将成为评价工作质量的一把标尺,无论过程中充满多少诱人的细节,但管理本身却是从结果出发,原本笼统的大目标被按照时间和个人一丁一点地分列开来,管理者一下子就拥有了无数把小标尺可以去逐段逐段地丈量工作进程,员工们对于整体产品的边际贡献很快就一目了然。这为薪酬计算、职位选拔甚至技能培训等工作都提供了更进一步的依据。

目标管理,重在管理,而非目标。

第三节 权责体系:岗位设计、职务分析和责任制的建立

每当出现管理混乱、运转失灵时,人们总是会抱怨企业制度不够健全,管理尚欠规范。但制度并不是个筐,它是由两大类别即关于人的制度和关于事的制度构成。在完成了餐厅整体经营目标的初步设定之后,管理者还必须将“餐厅兴亡”的大任一丁一点地细化落实到所有“匹夫”身上。此时,制定一套关于每个工作岗位的任务和要求的标准,并以此标准来衡量员工的工作表现,最终确保权力和责任能精确落实到每个具体员工头上,有利于整体工作效率的提升。

让合适的人做合适的工作,让合适的工作有合适的人做。如果能真正做到这样的员工个人和工作岗位充分对应的话,管理就不再是困扰我们的难题了。但可惜的是,即使看上去这么简单的目标,实施起来却也非常的复杂,以至于“人不能尽其才,岗不能尽其责”成为很多餐饮企业的通病。

一、工作简单化是谁的过错

人力资源管理理论研究表明,在没有进行科学的岗位设计和职务分析之前,匆忙建立起来的岗位责任制形同虚设,反映在实践中就是分工不明和自发的工作简单化趋势。

实践速描

餐厅领班为什么会主动为自己"减负"

以餐厅领班为例,我们一起来看看工作简单化将对管理实务产生什么样的影响。

作为最基层的管理人员,大多数领班的分工内容是十分庞杂的。他们既要负责对属下员工的工作表现进行现场监督,对工作任务进行即时分配和调整,对服务技术进行跟踪指导和纠错,还要考虑在适当的时候分析员工的能力状况、心理状态和发展潜力,组织班组员工进行系统培训等等。这些种类繁多的工作中有一些是显而易见且不得不做的,但还有一些则是不那么明显,很容易被忽略的。实践证明,恰恰就是这样被忽略的工作才是领班们最重要的职责,如监控、评价员工的能力增长并及时采取培训、岗位调整或者撰写评估报告,就是领班作为一个服务团队的领导者最重要的工作。然而,他们大多忙于日常流程性的工作,将绝大部分精力放在了维护现场服务的流畅和稳定上了。

领班们在具体的工作环境下出现这样那样的疏忽,累积起来就会形成对自己分内职责的自发性削减,因为他们感觉到自己的工作量是饱和的,对于自己的报酬待遇来说自己已经问心无愧了,至于那些说不清道不明的所谓责任如负责团队员工的学习与成长,既然无法纳入明确的考核体系,自然是"多一事不如少一事"了。

不难看出,领班们自动为自己"减负",是钻了现行的绩效考核制度的漏洞,因为他们在绩效容易被考核的环节上加大投入,付出的努力都是看得见的,汗水都流在了明白之处,而在那些难以被考核的指标上,即便是应付敷衍一下,大抵也是没人能说三道四的。

问题似乎并不复杂,只要把绩效考核的指标体系设计调整一下,把考核方式往那些容易被忽视的环节上倾斜一下,领班们就会反思自己已经逐渐成型的工作方式了。但事实并非如此,因为绩效考核的最终依据还是在于岗位设计和职务分析上。

二、餐饮企业岗位设计应注意的问题

在基本确定企业的经营目标和组织结构形式后,接下来的任务就是设计好每个具体的工作岗位。如果说餐饮企业可供选择的组织结构类型非常有限的话，那么工作岗位的类别就相对要丰富多了，甚至每个企业都会有自己与众不同的岗位选择方案。

为了真正做到"人有其位"，杜绝"因人设岗"，我们在为餐饮企业设计工作岗位时应该注意以下几个问题：

第一，岗位设计的依据是分工的科学性和合理性，应该允许在一定程度上超出餐厅现有的人力资源配置。

我们在考虑餐厅到底需要什么样的岗位时，首先应该想到的不是餐厅自身是否有合适的人选，更不能以现有人员的能力或特长为模板来"量身定做"，而应当考虑需要完成的总体工作将被分解成什么样的不同工序，不同员工将分别负责完成其中的哪些具体工序。当然，这样的划分会导致一个千头万绪、线索杂乱的局面，我们需要将这些散布在各个工序流程上的分工再进行一个综合归类，以能力、责任或工作便利性为依据，将原本分布在不同工序上的若干工作聚合成为一个个具体岗位。

具体操作时，这个工作可以和部门设计一同进行，部门设置和岗位设置的目的都是为了能将任务总表上那些不得不做的事情尽可能明确地配置到具体的群体和个体。此时完全不需要考虑将来会是谁或者什么样的人去承担这些工作，你只需要把握一个原则——为了经营成功，这些都是非干不可的事情，少做一样就会为企业带来某个方面的不足和缺陷，因此即便是现在人手紧缺，这个活也还是得开列出来。

第二，岗位设计必须设身处地，从具体承担者的体力消耗、心理承受和职业前景等多方面考虑他们的工作满足感。

单纯用组织结构图来决定员工的工作内容未免有点草率，因为经过我们"唯效率论"式的分工组合后，很多岗位的实际工作负荷可能会变得十分夸张。比如洗碗工这个岗位，我们在大型餐厅里将其纳入管事部名下，但他们的工作内容十分单调、乏味，机械式的重复动作势必会影响其工作积极性。尽管从效率的角度来看，将部分器皿洗涤工作合并归口是个有效设计，但从员工的实际工作状态来看，这是一份很难长时间从事的苦差，企业有可能因此陷入员工每隔一段时间就厌倦工作、消极应付甚至辞职的困境。

其实，解决这个问题的方法很简单，那就是在岗位设计时尽量将洗碗工的工作内容丰富化，可以在更大范围如管事部范围内进行工种整合，如将洗碗、布草收发以及备餐间清洁等若干工作组合到一起，员工相互间可以进行工作轮换，就可以一定程度上避免单调重复的问题。

试想一下，如果不是在岗位设计上进行调整，而是通过传统的薪酬、谈话等手段来解决洗碗工的工作情绪问题，哪个效果会更理想呢？

第三，随着现代管理技术尤其是信息技术的应用，很多传统岗位可能会被裁撤，同时也会新增一些过去在餐饮业中没有的新岗位。

科学技术的发展极大地改变了我们印象中的餐饮管理方式，这主要表现为对传统流程的简化、信息分析技术的进步以及对创新的关注。比如，很多餐厅为了处理日渐增多的宴会订单，专门增设了营业部或者宴会设计师职位，营业部负责收集、整理和安排宴会运作，对宴会全过程从洽谈开始进行专项跟踪，并定期对宴会数据进行研究，指导制作部门进行产品设计和调整，帮助服务部门进行宴会服务改进等。又比如，随着现代财务软件如进销存管理系统的广泛使用，原来很多手工登记环节被节省，工作量明显减少，专职仓管等岗位可以改由其他员工兼任，既简化了工作流程，又提高了工作效率。

总的来说，岗位设计是在组织设计的整体框架下对分工设计的进一步细化。我们可以通过对岗位的职责分工和工种并撤，在技术进步和人事管理中找寻到新的平衡。

三、职位说明书绝非可有可无

在岗位设计基本完成后，还有一项非常艰巨但又不可或缺的工作必须跟进，这就是对我们整理划分出来的每一个岗位进行详尽细致的职务分析。这在过去一直是被我们严重忽视的一项基础工作，也是我们规范管理和制度化建设的重要突破口。

所谓职务分析，是近年来人力资源管理研究者们大力提倡的一种基本管理技术，其主题是指对每个岗位的工作内容、职责、流程、质量标准与命令汇报关系进行全面的分析、描述和记录，通过职务分析，所有员工都可以非常确定地知道自己在整个餐饮企业中所处的具体位置，自身承担职位与其他职位间的关系，以及如何才算是称职尽责等等。

职务分析是一个相当艰巨复杂的工作，其结果就是一份定义清晰、表达完整的职位说明书，这对防止企业内部常见的责任不明、相互推诿的现象十分有效。进一步来说，这样的说明文件还可以为员工招聘、培训、任免、晋升、调动以及人事考评提供“按图索骥”的依据。

在没有进行职务分析之前，我们的管理事实上处于非常原始的粗放状态，到底干好干坏、是否有效利用了管理资源以及是否按照正确的方式在做事等都无从判断。我们将太多这样的评价工作寄托在了“人盯人”式的经验管理上，间接助长了员工“勤于劳作，惰于创新”的习气，其结果就是“劳模漫天飞，管用的人一个也没有”。

职务分析不再将单纯的时间投入及勤奋程度作为唯一考核标准，而且不单是能对员工的工作结果进行考核，还可以对其工作过程逐一进行对比，从而找到问题产生的具体出处，避免了“眉毛胡子一把抓”式的简单粗暴。更重要的是，职务分析不但能轻松快速地找出基层员工工作疏忽，更能系统地考核管理者们的工作安排和任务完成情况。从这个意义上来说，职务分析不是可有可无的管理工作。

实践速描

某餐厅的备餐间领班的职位说明书

<table>
<tr><td>职位：备餐间领班</td><td>直接上级：餐厅主管
直接下级：传菜员</td></tr>
<tr><td colspan="2">主要任务：负责备餐间人员调配，检验并把关出品质量，现场管理并确保菜品传送……</td></tr>
<tr><td colspan="2">职责内容：
(1)督促本组员工做好餐前的容器、电器、餐具、用品和食品配料的准备工作；
(2)了解当天的工作任务及特殊任务，注意重要客人或宴会的传菜要求事项，上报餐厅经理每日厨房供应情况；
(3)协调与厨师长及其他相关班组和部门的工作关系，并配合工作；
(4)检查菜肴质量，控制传菜速度，保证传菜对准餐台号，不出现工作失误，对特殊品种配发辅助餐具；
(5)定期组织实施本班组员工培训，定期组织班会，对本班组员工进行绩效评估，向餐厅经理提出奖惩建议；
(6)每日下班前监督收回各种用具用品，检查各种电器电源关闭情况，并保证区域内卫生，做好交接班工作。
……
每日工作流程（略）
主要工作流程（略）</td></tr>
<tr><td colspan="2">素质要求：高中以上学历；熟悉餐厅的服务接待知识和程序，各种菜肴的名称和特点；掌握餐厅各种设备的使用方法和保养知识；有较强的应变能力、操作能力、管理能力、口头表达能力；从事餐饮工作2年以上……</td></tr>
</table>

四、岗位责任制：形式主义还是管理利器

长久以来，岗位责任制都被认为是企业基本制度的重要组成部分，但来自基层实务部门的很多员工却认为岗位责任制在很多时候已经沦落为“形式主义”，仅仅是在制度文件里晃上一晃，对实际工作谈不上什么约束，更算不上什么管理利器。

事实果真如此吗?

岗位责任制要发挥其应有的作用,关键有两条:一是必须要有科学的任务分析、组织设计和岗位职务分析为基础,道理很简单,针对具体岗位的这些职责要求是怎么得出来的?是纯粹经验的写照,还是针对具体任务的指标细化和具体化?如果在岗位责任上都是一些大而不当的废话,那么这些责任有没有实施到位又如何判别?是必须到出了严重事故后才能裁定为责任问题还是在过程中就凭直觉判断其运行过失……一言以蔽之,没有科学的任务分析和职位分析,责任确认及相应的奖惩机制都无从谈起。二是必须建立起以量化指标为依据的绩效考核和责任分析机制。这是使责任真正落实到个人名下,并形成内在激励动力的必经之路,

以对餐饮部营销经理的岗位责任制为例,很多企业的做法非常直接,明确将其每月必须完成的会议、宴席任务规定为考核依据。这样做的好处显而易见,因为它至少比笼统地规定什么"积极地拓展市场,开发新客户"之类的责任更易于操作。有了量化的考核依据,岗位责任就不再是像以前那么虚幻,至少迈出了克服形式主义的第一步,也是关键一步。

但光是这样还不足以真正促动营销经理正确履行其职责,因为这个会议和宴席任务指标的完成是整个餐厅各方共同努力的结果,出品部门和服务部门在其中都起了很大作用,很难分清楚到底是谁的努力更为关键。

这时,为了避免出现扯皮或者推诿,我们还需要建立一个基于整个餐厅工作流程的责任量化划分机制。具体说来,我们需要将不同部门在招徕客户的工作分工进行分别计量,出品部门的分值主要以顾客对菜品的满意度为指标,服务部门的分值主要以顾客对员工服务的满意度为指标。因为考虑到新开发客户很有可能是因为过去产品和服务的美誉带来的自然增长而非营销部门主动出击的成绩,所以此两项指标作为判定出品及服务部门贡献及比例的要素。

营销部门的努力主要体现在团队客户及具体营销活动的业绩变化上,如美食节活动带来的明显客流增长以及所承接的婚宴、会议等,至于除此以外的业绩增长,则原因有很多可能,或者是由于淡旺季的规律变化,或者是由于竞争对手失势引发的顾客分流,但不能将其笼统归为营销部门的业绩。

用量化指标考核岗位责任更重要的意义在于,除了对工作结果的评价外,我们还可以对工作过程进行考核,这样更能从本质上反映工作进行的客观规律是否得以遵循。比如说,同样是完成规定的指标任务,但进度控制不均匀,可能会引发严重的质量问题,但光是从结果上可能看不出大问题,此时就必须分阶段地逐步逐级考核了。在美食节的筹备过程中,因为各方进度不协调导致活动失败的例子很多,但各个部门似乎都在规定时间内完成了自己分内

的事情，只不过是协调不当，但若真能进行分阶段考核的话，责任就非常明确了。

为了使岗位责任制能真正成为管理利器，我们必须尊重客观规律，将任务分析、岗位设计和职位分析等工作都揽进来进行通盘考虑。

延伸阅读

制度建设从来都不是花架子

谁都清楚制度对于一个餐饮企业来说意味着什么，但当真的着手建立制度时，面对连篇累牍的文书工作，很多人会觉得这些舞文弄墨的工作对于真金白银的赢利来说没有什么实质性的作用，仅仅是一些花架子而已。

每当有餐厅在紧锣密鼓地忙乎着筹备时，经理都必须清醒地意识到，房子人人会盖，设备个个会买，但制度建设就未必都会不打折扣地进行了，而这些软件方面的筹备才是日后竞争分出高下的关键。

可惜的是，在热火朝天的大建设场面下，所有的经理们都被那份创业的激情所鼓舞，兴奋得红光满面的时候，人们的注意力早就被那些不断进场的设备、渐渐成形的装饰和厨师们试制出来的一道道精美菜肴所吸引，至于文字工作嘛，简单！找两个人，找两本书，比画几下，修改润色一番，印刷精美的制度大全就出笼了。我敢肯定，在此时的经理们心目中，所谓制度远不及一份菜单来得实在。

这可能就是有中国特色的餐饮企业了，所以我们永远看不起麦当劳和肯德基极其简单单一的花色品种，但我们也永远打不过他们，因为我们在起步时就已经输了。

制度建设从来就不是花架子，它需要我们实打实地去研究企业的经营战略，制定具体可行的竞争方案，做深入细致的调研分析工作，搜集大量的数据信息，设计系统的报表单据，并为贯彻制度进行高密度的连续培训。最关键的是，我们必须通过组织设计、岗位设计和职务分析，建立起科学量化的绩效考核体系，使得事情的进展始终能在我们的监测和控制之下。

所以，我们有必要一次又一次地提醒同行，不要真的到了局面一片混乱时才想起制度的价值，更不要自欺欺人地用走过场的态度对待制度建设。这些从来都不是花架子，在对制度原则的漠视中，失败的种子早已经开始生根发芽了。

尊重企业运行的客观规律，我们需要更实事求是地面对制度，成功的餐饮企业必须是两条腿都能走路的企业。

第四节　管理人员的工作角色、时间分配和管理效率调节

对于餐饮企业的高层管理人员来说,除了必须掌握相应的专业知识和管理技能外,更重要的是临场工作状态。餐饮业需要管理者投入大量时间用于现场管理,如何在高度紧张的工作节奏中合理分配时间、调节个人情绪和改善管理效率,是摆在每一位管理者面前的重要课题。任何时候我们都必须意识到,员工们对于管理制度的理解和执行离不开管理者的现场督导,所以管理人员的精神状态在本质上来说既是制度化管理的最后一道防线,也是饭店餐厅最重要的竞争力要素之一。

一、管理者到底在干些什么

对许多资深的餐厅经理来说,这似乎都算不上是个话题,“各司其职,各负其责”呗。但问题是所谓职责原本都是一些条条框框的东西,用来描述管理者的具体工作内容的话肯定是不够用的。就实践来说,我们更多时候是被问题和事件所推动,是被动地跟着一种我们自己也说不清楚的节奏在走。这也就难怪很多时候上级怎么看怎么觉得下级没干活没努力,而下级却委屈得很。因为他们是发自内心地想干好而且事实上也是忙碌得很。这中间牵涉到一个很深刻也有点晦涩的问题,那就是管理者们到底该干些什么?怎样才能既有苦劳,又有功劳呢?

事实上,管理学研究的主题就是从管理者的工作内容发端的。先是有法约尔提出的“管理职能说”,他认为管理者的工作内容可以概括为五大基本职能——组织、计划、指挥、协调和控制,后来学者们进一步深化其研究,将指挥和协调职能合并为更能反映管理本质的领导职能。这一观点非常简明直观,也为主流理论界共同认可。按说,用这几种职能已经能较好地描述管理者到底在干些什么这个问题了,但事实并非如此。

20 世纪 60 年代末期,著名的管理学家 H. 明茨伯格就曾经对 5 名总经理的工作进行了长达数年的有计划跟踪研究,他发现一个让我们大吃一惊然而又非常真实的结论:半数以上的管理者能持续做同一件事情的时间不多于 9 分钟。换句话说,实践中的管理者们从进入工作状态的第一分钟开始,他们就已经陷入了大量变化的、无一定模式的和短期的活动中,想静下心来专注思考某个问题是很奢侈的要求,因为他们的工作会经常被电话、汇报或者会议甚至纠纷所打断。这与我们餐饮业的经理们的生存状态很吻合,因为我们的工作似乎就是不断地

在解决突然冒出来的各种各样的大小问题。

因此，素有怪才之称的明茨伯格教授就提出了一种新的理论——“管理者角色”来说明管理者究竟在做什么这个难题。在这个令人耳目一新的理论中，他将管理者的工作以纲要的形式进行了分类整理，并最终将其归纳为10种不同但却是高度相关的角色。见表2-1。

表2-1 明茨伯格教授的管理者工作角色分类纲要

角色	描述	特征活动举例（以餐厅经理为例）
人际关系方面		
1. 挂名首脑	象征性的首脑，必须履行许多法律性的或社会性的例行义务	迎接卫生防疫办检查
2. 领导者	负责激励和动员下属。负责人员配备、培训和交往的职责	开年度表彰大会
3. 联络者	维护自行发展起来的外部接触和联系网络，向人们提供恩惠和信息	春节拜访老客户
信息传递方面		
4. 监听者	寻求和获取各种特定的信息（许多是即时的），以便透彻地了解组织与环境；作为组织内部和外部信息的神经中枢	与中基层员工谈心
5. 传播者	将从外部人员和下级那里获得的信息传递给组织的其他成员——有些是关于事实的信息，有些是解释和综合组织的有影响的人物的各种价值观点	会议传达上级指示
6. 发言人	向外界发布有关组织的计划、政策、行动和结果等信息；作为组织所在产业的专家	在顾客联谊会上发言
决策制定方面		
7. 企业家	寻求组织和环境中的机会，制定“改进方案”以发起变革，监督某些方案的策划	主持开发新菜品项目
8. 混乱驾驭者	当组织面临重大的、意外的动乱时，负责采取补救行动	应对业务紧急滑坡
9. 资源分配者	负责分配组织的各种资源，相当于批准所有重要的组织决策	安排员工进修机会
10. 谈判者	在重要的谈判中作为组织的代表	与客户进行业务洽谈

我们可以在很多问题的分析和判断上采用这个框架，比如，为什么很多优秀的基层领班被提拔为主管甚至部门经理后，尽管工作更加努力，但业绩却并不理想呢？因为低层管理者的主要角色定位是领导者，而中层管理者却要承担监听者、传播者、混乱驾驭者和资源分配者等更多更重要也更有技术含量的新角色。

这其中的转换不是一朝一夕能到位的，但知道角色转换是怎么个内容、怎么个转法后，被提拔的管理骨干肯定能成长得更为顺利。

在一家四星级酒店的培训活动中，笔者把明茨伯格教授的这张图表放映给众多管理人员看，并鼓动大家一起来思考自己每天每周甚至每月所做的工作到底对应上了哪些角色？确定了自己的角色定位后如何有意识地去开发自己的能力以使自己更好地扮演自己分内的角色？各级管理人员的管理工作质量如何以充任这些角色的好坏来衡量？自己的时间和精力该如何更合理地加以调整……效果如何不得而知，但很显然这些经理们陷入了前所未有的沉思，神情开始变得专注，目光也陡然间深邃了许多——这就意味着反思已经真正开始了。

二、如何提高管理效率

让我们对照明茨伯格的这张表格来检讨一下自己事实上的工作任务安排，看看我们是否将太多的职责一股脑儿地全揽在了自己头上，从而陷入了无休止的事务性工作中。如果可能的话，笔者建议每位管理者都将这张表格打印出来贴在办公室墙壁上，时不时地静下心来反思一下自己的工作设计合理与否。

一种比较流行的观点就是，传播者、挂名首脑、谈判者、联络者和发言人等角色，对于高层管理者要比低层管理者更重要。而与之相反，领导者角色对于低层管理者，要比中高层管理者重要得多。我们一定要避免“眉毛胡子一把抓”，把不该由自己承担的事务归到自己名下，那样的话受损失的将是整个工作效率。

关于如何提高管理效率，著名的管理学家、时间管理顾问温斯顿(S. Winston)就曾提出了很多宝贵建议，这些真知灼见对于餐饮企业来说也同样适用。

建议之一，低效管理最大的症结就是缺乏行动规划。

当管理者感觉到越忙碌的时候，其实也就是越没有效率的时候，此时决策也会缺乏正确的判断力。要想避免这种情况，可以尝试为每日工作制定一个相对较严格的时间表，什么时候该看报表，什么时候该下厨房，什么时候该审核采购记录，什么时候该召集主管领班会议等等，都应该有个明确规划，习惯了之后就形成了“生物钟时间”。

建议之二，对重大事项采取“限时解决”制，绝不让事情拖延。

作为高层管理人员，在管理上与其属下的中基层管理人员是有明确分工的。比如员工培训，何时启动、经费安排和计划审核是高管人员的分内事，但具体操作、授课和员工表现评估就必须授权其他人去做了。前者就是我们所谓的“重大事项”了。一般来说，企业里真正类似的重大任务不会很多，绝对不会多到让高管们忙得气喘吁吁。很多经理们感觉忙碌其实只是因为分工不合理，把很多原本属于中基层管理者的活全归到自己名下了。

一旦明确高管人员的任务就是集中解决重大事项后，就有必要把这些事情用笔记录下来，列出一张便于管理的工作清单。将这些事情的优先顺序排列出来，这就是一段时间内的工作重点了。当然最最关键的是必须在每件重大事项的后面标明最终解决期限。

限时解决，绝不拖延，这是提升管理效率的最佳捷径。

建议之三，在适当的时间和适当的工作地点集中处理有难度的工作。

这条建议应该说特别适用于餐饮企业，因为大多数管理人员在高强度的现场管理折磨下长时间处于筋疲力尽的状态，面对各类迎面而来的问题疲于应付，大脑时常处于缺氧状态。

必须承认，餐饮管理不同于制造型企业或者贸易型企业，现场管理本身就是其一大特色，而事务繁杂也是行业规律，再高明的管理者也无法保证自己随时随地都会有清醒的头脑和饱满的精神状态。换言之，管理者每天都会有一个工作状态的高峰期和低落期，同理也会存在一个相对舒适一些的工作时段，那么不妨选择一天中最有效率的时段来做那些相对比较棘手的工作，或者在处理这些复杂事务时找一个自己能集中精神的地点，暂时从混乱喧嚣的餐厅里脱离出来，即使只有短短的15分钟或半小时，也会换来决策效率的大幅度提升。

建议之四，认真观察自己到底每天是被哪些琐事打断了连续工作时间，然后建立新的管理机制来系统处理这些琐事。

打个比方，某位餐厅经理在餐厅里大权独揽，宣布所有物料采购，不管金额多少，都必须由他签字审批，财务才能放款。这条规定其实也不过分，餐饮企业财务一支笔是很正常的，但问题是餐厅每天需要采购的物品种类繁多，很多项目都是临时动议的，要起来还很急，所以员工成天得满世界找经理，一天下来光是这些零星申购找他审批就有几十起之多，他连出趟门都不安心，随时会被申请款项的电话打扰。

既要保证财务审批权限的集中，又要能将自己从事务中解放出来，怎么办？其实经理可以尝试一下重新设计申购审批机制，改“现申现购”为“隔日审批”，将“零星审批”改为“集中审批”，要求所有部门必须提前一天检查备料存货，尽量减少突发性申购，对于已经出现的、必须当日紧急采购的物品进行专题分析，找出缺货原因，采取相应对策将其纳入例行采购清单范围。这样一来，每天只需要早上一次性地对前一天的申购单进行审批就可以解决问题了，尽管多少还会有些零星的突发性申购，但总量已经少了很多，而且随着对申购制度和清单的研究，零星采购也越来越少了，经理也就不会被这类事务所困扰了。

建议之五，将一些相对不重要的工作尽可能地授权出去，让各级员工为管理者真正分忧解难。

高管人员之所以缺乏效率，很重要的原因就是因为身兼数职而又没有主动授权，导致没有效率。不妨认真比照明茨伯格的表格，想想自己最主要的工作目标是什么,哪些事情是必须亲力亲为,下级无法替代的,又有哪些事情是可以放手,完全不必越俎代庖的。

比如,在督促和激励厨师进行菜品研发创新时,餐厅经理和厨师长之间的分工就很微妙。在很多饭店餐厅里,经理们都非常重视厨房的菜品创新,很多人甚至每天把大部分时间都耗在厨房里。应该说其初衷是对的,重视菜品研发表明管理者已经意识到了餐饮企业竞争的本质,但就方法来说,就值得商榷了。毕竟经理的核心任务是建立一套关于菜品创新的激励和评价机制,他应该负责为菜品研究提供经费、制度和信息资源,但具体的技术工作就完全没必要亲自动手了。如果对厨师长的工作积极性不放心,完全可以在奖惩机制上想办法,通过对菜品的市场销售情况来衡量厨师长的工作表现,通过收集顾客和对手的动态来对厨师长的工作提要求……总之,亲自下厨房,与厨师长一起来实际操作是毫无必要的,其结果只能是助长了厨师长的惰性,更重要的是关于菜品创新成败的责任划分也就不清晰了。

要想切实提高管理效率,高管人员就必须牢记自己最重要的职责是什么,然后检视自己每天的工作安排,对任务分出轻重缓急,尽量减少杂事的干扰,学会在适当的时候和适当的地点做适当的事情。

延伸阅读

餐饮管理人员时间管理的20条原则

美国休斯敦大学希尔顿酒店管理学院的著名餐饮管理学教授斯塔茨(A. T. Stutts)曾经根据对美国若干饭店与餐饮企业的观察,提出了餐饮业管理人员有效分配工作时间的20条原则,这对于饭店餐饮管理者来说相当有借鉴价值。

1. 每天就必须完成的工作制定计划;
2. 定出每天、每周、每月和每年的经营管理目标;
3. 找出不同事务间的轻重缓急,分类进行处理;
4. 每天刻意安排两个小时在不受打扰的环境下静悄悄地工作;
5. 每天安排几个小时与别人在一起专题讨论的时间,必须有成文的研讨记录;
6. 任何一个文件都不要处理两次,一旦接手务必一次性解决;
7. 充分利用现代管理手段和办公设备,尤其是计算机辅助信息统计和经营分析;
8. 尽量缩短阅读公文时间,学会跳读,减少废话;

9. 每天只召集一个会议，集中处理最重要的问题，其他问题私下协商解决；

10. 利用喝茶休息及午餐时间办公（这条可能与国情不符合）；

11. 每天至少进行20分钟有氧运动；

12. 将所有事务性工作尽可能地授权下属代办，牢记自己的最关键工作是什么；

13. 集中精力处理问题，当感觉精力不济时暂时离开管理现场一会儿；

14. 记住当务之急是什么，必须把最重要的事情在最短时间内彻底解决；

15. 每日准备“备忘录”，详细记载工作进展情况；

16. 充分观察自己的工作规律，弄清楚自己的工作效率高峰与低谷时间；

17. 学会对一些毫无章法的管理决策说“不”，及时制止下属员工的错误行为；

18. 学会掌握时间，逐日逐时检讨自己的工作效率；

19. 妥善处理一些比较费时的事务，尽量避免后遗症；

20. 避免拖延时间，为所有列入工作计划的事情设置最后完成期限，“今日事，今日毕”。

第五节　管理沟通：让管理者从员工的现场监工转变成行动导师

影响饭店餐饮部门管理执行力的因素有很多，既有薪酬激励等体制层面的原因，也有一些如上下级沟通效率之类的技术性原因。很多中基层管理人员忠于职守，兢兢业业，但却总是缺乏对所辖团队的领导力，下级员工无论是从言语上还是行动上都不同程度地表现出对直接上司的抵触。管理者不知不觉中就将自己变成了其他员工的监督者而不是领路人，过于依赖职位权力而很少有意识去培养自己的人格魅力和知识感召力，这也是管理沟通过程中出现各种障碍的根本原因所在。

一、受困于沟通不畅的管理者

在饭店餐饮管理实践中，管理沟通效率偏低是几乎所有中基层管理人员都非常头疼的共同问题。

这与管理者心目中习以为常的一些工作方式有关系，他们总是将与下属之间的沟通看作一件非常简单而纯粹的事情，潜意识里认为自己的管理指令已经够清楚了，至少在自己的理解中已经不存在什么异议了，但不知为什么下属总是做不到位。他们私下里猜测，这到底是因为员工素质偏低不懂合作，还是员工们心存不满不愿合作？结论可能会有很多种，但彻底解决的办法却总是很难找到。

沟通不畅的情况有很多类型，有时是管理人员分配完任务却发现员工一脸茫然不知该如何下手，有时是一些技术动作无论教多少遍或一些技术要领无论怎么强调，员工们还是不停地犯老毛病，严重一些的甚至有管理人员和员工之间公开顶撞、争吵，势同水火……归结起来，最具共性的症结还是两条——指令贯彻不到位和技术教导没效果。

表面上看来，沟通效率低似乎主要是管理人员对员工心理状况了解不够，语言表达不够清晰明了，员工们听从管理指令的动力激励不足。但事情往往没有这么简单，因为有时即便管理人员花了很多时间去揣摩员工心理，跟他们交朋友，拉家常，语言表达非常清楚，甚至可以用文件条款来描述，同时也提供了足够的激励，如事成之后如何奖励之类的许诺，但结果却不尽如人意。这下经理们就纳闷了，因为他们原来的推测没有得到证实，相反他们能用的一些常规办法都落了空，接下来还能用什么招谁都心中没底，这才是最让他们头疼的地方。而且作为一个中基层管理人员，如果不能有效地发布管理指令，那么在其他方面再怎么努力也挽回不了其损失，毕竟这是衡量管理者水平的最关键的指标。

二、从现场监工到行动导师

一线案例

推广野生菌的故事

先看一个真实而又随处可见的案例。

某饭店餐厅最近新推出了一个野生菌特色菜品系列，为了突出宣传其营养均衡的主要卖点，餐厅特地组织员工进行了一个专题培训，将一些关于野生菌的营养知识一股脑儿地灌输给服务员，并要求她们不管新老顾客都必须主动推介这些新产品，尤其是要把这些营养学知识宣传开来。

本来这是一个很正常的新品上市时的基本推广流程，但到了实践中情况却很不乐观。

经理们首先是发现员工们大都不愿张嘴，大部分员工只是简单地将新品菜单往顾客手中一塞了事，于是赶紧召开会议，再三强调必须“有声服务，大胆推介”，对一些闷着脑袋点菜的员工作了公开批评。

不久之后，经理们又发现了新的问题，员工们倒是都开口了，声音也不小，但无一例外地都是照本宣科，将经理们浓缩了的一些精华宣传口号机械地向客人背诵一遍,无论客人提出什么新的问题,她们的答案翻来覆去都是那几句话,顾客们自然兴致不浓,怎么办?

再开会,经理们将训导的重点改为要员工们学会见机行事,给合适的客人推荐合适的新菜。这下麻烦更大了,员工们根本就弄不明白到底什么样的菜合适什么样的客人,只好按照价格从高到低的顺序来挨个促销……

到最后,经理们不再信任员工,直接将推荐新菜品的重任交给了现场主管,于是一副很奇怪的场景出现了——在员工们给客人点完菜后,主管再冲进来向顾客隆重推荐几道新菜,顾客们无不一头雾水。

新菜推广的案例只是沟通不畅的若干种情形之一,在此处选取这个案例其实目的在于,提示读者注意一个被很多人忽视却又是管理沟通核心的关键词汇——"知识"。

先分析一下大多数餐饮管理者冥思苦想却始终无法提高沟通效率的典型过程。

管理者首先是怀疑指令不够明确,或是话说得不够清楚,或者任务分配得不够具体。但即使改进了这一点效果也不会太明显,因为员工们似乎总是能找到完不成任务的理由,尤其是当很多人都不能完成时。"法不责众",管理者也只能干瞪眼。

接着管理者还会怀疑员工主观上不愿配合,直白点说就是"不买管理者的账"。于是管理者会很大度地放下架子,深入到员工中去,加大在八小时以外与员工交往密度,时不时地进行些"感情投资",直到将员工们完全收服为"自己的人"。但即便如此,员工们也会出现"有心无力",甚至"好心办坏事"的情形,更何况这种与员工私下交往过于频繁的工作方式后患无穷。

最后一招就是动用职位权力,来个软硬兼施,"金钱加大棒",听话的给加工资发红包,调皮捣蛋的就等着被收拾。但遗憾的是这招只适用于大是大非的场合,或者说只有当沟通过程中出现对立和冲突时才会奏效,绝大多数情况下员工们至少表面上还是顺从的。

话也说清楚了,关系也拉近乎了,金钱大棒也都使上了,管理沟通的效率就一定会提高吗?未必,因为我们可以观测到很多员工和管理者一样兢兢业业,但做起事来却"心有余力不足"的情形。考虑到就业市场的供需状况,我们应该相信大部分员工在本心上是非常乐于接受管理者训导的,但问题是他们往往从管理者那里只接收到做事的指令,却没有接收到如何做事的知识、技术和经验,简单点说,他们不是不想做好,而是不知道怎么才能做好。管理人员的若干办法所解决的都是次要问题,而最关键的问题却被搁置在了一旁。

也许有人会对此提出疑义,因为他们认为培训本身就是管理人员向员工传授知识的过程,管理人员的根本任务不是传授知识,而是安排、监督和保证生产服务活动的顺利进行。这种观点在竞争相对比较平缓的时期可能是对的,但在市场变化日新月异的新环境下却已经暴露出了其片面性。

一般来说,知识有两种类型。一种是可以通过书本、语言形式来清晰表达的显性知识,如员工们背诵的那些关于新菜品特点的介绍文字。这些知识可以通过集中培训甚至只需要发放一本知识手册就可以传授到位,而且员工也能掌握得很完整。另一种知识则不然,这主要是指那些只能意会很难言传的隐性知识,比如厨师们在炒菜时把握火候的直觉或老员工们平息顾客怒火的技巧。这些知识对于一线员工来说非常重要,但又无法通过常规途径进行传播。所以我们不难观察到很多员工往往会按照培训教材的要求照本宣科式的“说菜”,却几乎没有办法察言观色,根据顾客的具体情况来现场设计出不同的菜单组合。

就餐饮业来说,越到中基层,对这样的隐性知识的需求比例就越大,对服务质量的影响也越明显。很多餐厅都在极力追求个性化服务,但一直收效甚微,为什么呢?很简单,因为对顾客服务需求的现场判断和针对性的提供服务,都需要大量的隐性知识来帮助员工们在快节奏和高强度的工作环境下及时作出应对。很多有经验的老员工自己会做一些比较复杂的服务项目,但却不知道如何用言语的形式去教育其他员工,“言传身教”于是只剩下身教了,效果自然不会太理想。再回头看看,经理们一遇问题就马上组织进行的员工培训到底能有多大作用呢?

一线案例

不经培训就能直接上岗

举一个例子,在很多年前上大学时,笔者与几位同学被学校派到广州一家著名的五星级酒店做餐饮实习,因为此前从未接触过餐饮服务,脑子里完全是一片空白,心里很是忐忑不安,希望在正式上岗前酒店能来几天扎扎实实的技能训练,让我们掌握一些哪怕是最基本的服务技巧也好。但没料到一进酒店就被直接发到餐厅,经理抽了5分钟空,跟我们说了几句客套话后,便发给每人一个托盘,三言两语教会了我们怎么托盘子后就把我们撵到了顾客中间。当然,没有经过系统培训的我们倒也没出什么大错,因为经理为我们每人安排了一个师傅,师傅带徒弟,就这么手把手地带,我们很快就成了熟手。

对于一家全国闻名的五星级酒店,为什么会在一点培训都不做的情况下就把实习的大学生直接推到了服务一线?奇怪的是,这些从未接受过课堂服务知识学习的大学生还居然很快就合格了呢?

当然,对于实践界的朋友来说,这些问题其实很简单,因为当时真正使用的那些知识都是无法用黑板教学来传授的隐性知识。

回到管理沟通的话题上，当管理者的指令发布出去后，还有一个更重要的任务，那就是他必须想办法使接受这些指令的员工具备完成这些任务所需要的知识和能力。如果是需要补充显性知识如新菜品知识的话，那么就组织员工进行培训，如果是需要补充隐性知识如一些处理对客服务问题的判断力和应对复杂局面的能力的话，那么就必须采取更复杂的应对手段——或者是给员工们配备有相关经验的老员工压阵，或者是自己亲自进行细节跟踪和指导。事实上，大多数情况下，这些“万金油”式的、具有大量隐性知识的老员工大都已经成长为管理人员了，因此管理人员的基本职责就发生了重大变化——他们在分派任务的同时，还必须承担起传授实现任务所必需的隐性知识的责任。

总而言之，管理沟通的本质除了指令的下达外，还应该包括知识尤其是隐性知识的传授。管理者们也不再只是现场的监工，更应成为员工们行动的导师。

三、管理授权的“度”该如何把握

除了管理指令的发布和隐性知识的传授外，影响饭店餐饮部门管理沟通效率的另一个重要因素就是如何准确地把握管理授权的分寸和火候。

毫无疑问，授权是很多经营和管理活动得以有序进行的重要手段，很多看上去非常重要的事情并不一定非得要经理们亲自动手。比如餐厅出纳到银行存取大额现金，数额巨大，但并不因为重要性就一定需要经理亲自去操作。事实上，现代餐饮管理过程中，通过合理授权，管理者可以进一步把很多重要工作分配给那些有专业知识的人去操作，人尽其用。

问题就在于，员工们在从事这些业务活动时需要一定的权限，比如营销代表在争取一个大型会议订餐时，对方要求在总价格的基础上打一个很低的折扣，那么营销员能不能拍板？营销经理又能否拍板？是不是非得要总经理点头才能答应客户的要求？此时明确各级销售人员的临时处置权限就非常有必要。事实上，在餐厅内部几乎所有岗位上我们都需要进行不同程度的授权，比如说洗碗工在碰到一些有轻微破损的餐具时需要一定的权限决定是立即拣出来还是不予理会；采购员在选购时发现申购物品没有时需要一定的权限来决定是否采购其他的替代物品等等。

到底是完全放开式的“大放权”还是谨小慎微的事事监控，这个问题把握不当也会导致管理沟通过程中的效率损失，过于放权会导致管理者期望值太高，在员工不能完成任务时会非常失望；过于抓权又会引发员工不满，因为他们无法有效开展活动。关于权力的收与放，管理者和下属员工之间始终在进行博弈，而只要不能达到均衡，双方存在严重分歧，就势必会为管理沟通带来巨大障碍，员工们会抱怨经理“既要马儿跑，又要马儿不吃草”，经理们也会抱怨员工“明明是扶不起的刘阿斗，偏偏还要得寸进尺”。

正确把握管理授权的分寸与尺度，关键在于对授权对象知识和能力的判断。对于具备相当知识和能力的员工可以大胆放权，对于知识和能力比较缺乏的员工则只能有限度地放权，总之，要使员工所支配的资源大致与他的能力水平相适应。

打个比方，同是营销员在外跑业务，不同业务员的权限完全有可能不一样。那些对餐厅产品非常熟悉、对市场行情也很了解的员工自然可以有更大的现场拍板权力，甚至对于客户提出的一些非常规要求也可以用自己的知识和能力进行即时判断，看看是否对餐厅有利。很显然，相应的权力只能授予具有相应的知识和能力的员工，否则就有可能导致巨大的，甚至是无法挽回的损失。

管理者们要想做到高效率的沟通，就必须学会授权，这根本用不着太复杂的手段和计谋，只需要心里对员工的知识和能力水平有本清楚的账就行了，知道哪些员工擅长什么，擅长到什么程度，相对应地可以授予多大的权限就很容易估算出来了。

比如说，最基层的一个领班临时需要跟经理谈话，要离开餐厅现场一个小时左右，那么他肯定会招呼手下某个资深的老服务员临时照看一下现场，而且也一定会告诉他什么事情可以直接拍板，什么事情留待他回来再说。这个过程就是一个很典型的授权过程。而选择顶职员工以及明确审批范围就是根据对员工能力的了解所作出的自然选择。

延伸阅读

“能说会道”不等于有效沟通

几乎每个餐饮企业里都会有一批特能说会道的管理人员，自然也包括经理们自己。他们与人谈话时总是双目炯炯有神，出语口齿伶俐，推理逻辑严密，每次都能说得对方或哑口无言，心悦诚服。

但可惜的是，管理沟通不是言语上的辩论赛，也不是口才大展示，它的目的只有一个——安排并辅助员工去完成指定的任务。至于说经理们有多么善于演讲，这与完成任务并没有严格对应的内在逻辑联系。

当然，能有好的口才总好过没有，但必须要用在关键的地方上，“好钢要用在刀刃上”，否则就成了一个累赘，不但起不到正面的作用，还影响了上级领导的判断。

有效沟通首先必须要能清晰地发出管理指令，简明扼要，所有员工能听懂并真正理解。这时口才好会有些帮助，但要提防沉醉于自己的口才表演中不能自拔。实践中很多管理人员不是说得太少，而是说得太多了。

有效沟通的第二个要素是能够且有耐性做知识传授，尤其是中基层管理者，要乐于并且善于做员工们的行动导师，既能言传也能身教。此时口才好固然重要，但善于分析和归纳问题，能及时把自己的经验总结出来以指导员工才是最有意义的。很多经理们往往以为多说几遍，员工们就自然明白做事的方法，其实不然，因为经理们传授的知识是否有足够的条理性和现实性才是员工能否理解的前提，光是会用华丽的词汇或名言俗语并不解决问题。

有效沟通还有一点就是善于授权，支持员工不能光停留在嘴皮上，得为员工提供实质性的资源支持，该给钱就给钱，该放权就放权。此时维系上下级关系的是相互间的了解和信任，至于具体的操作过程则很可能“无声胜有声”，权力分配设计得当比再多的赞美和勉励都来得有意义。

学会沟通，是学会理解管理的本质，而不是简单地练练口才和耍耍嘴皮。

第六节　会议改革：优化和改善各级管理例会的效率和效果

在餐饮企业的日常营运管理过程中，经理们做得最多的事情就是开会，而最不擅长的恰恰也就是开会。很多管理会议拖拖拉拉、议而不决，参会者吞云吐雾、东拉西扯，主持人沉醉在官僚主义的形式满足感中，全然忘了会议的主题，会议最终拼凑出来的决议或者是和稀泥式的“找平衡”，或者是口号标语式的官样文章。饭店的管理精英们成天纠缠在这些没有效率的会议中，却又乐此不疲。

一、“鸡毛蒜皮”式的劣质会议

在餐饮企业里，不管是生性勤奋还是生性懒散的人，一旦成了某个级别的管理者，便会不由自主地喜欢上开会。而一旦管理人员形成了对会议的依赖症，这会议便会越开越多，越开越长，越开越乱，自然也越开越没有效率，上到总经理例会，下到最基层员工的班前班后会，莫不如此。

平心而论，没有人愿意把会议开成如此没有效率更没有效果的“劣质会议”，开会前大都还是对会议本身寄予厚望的。有问题时，大家希望能通过会议群策群力，找到解决问题的办法和出路；没问题时，还指望能集思广益，及时发现管理中的漏洞和缺陷。那为什么良好的愿望最终都演变成了“垃圾会议”呢？

大致上来说，将各种管理会议开成了低效率的拉家常会议原因有这么几条：

（一）会前准备工作不足，资料数据不齐全，决策过程全部集中到了会议时间中

很多会议开得都非常仓促，从产生想法到正式召集也就几个小时的工夫。召集人一时冲动成就了会议的主要议题，而匆忙赶来的参会者们往往对会议的目的和细节毫无准备，对会议所涉及问题的内容和数据资料一无所知，这么短的时间里召集人及其助手能准备的资料也很有限。就这样，大家在一片茫然中开始对一个酝酿构思极不成熟的话题展开了讨论，效果可想而知。

（二）会议节奏紊乱，时间设计不当，议题过于分散

很多饭店的餐厅经理以及主管一级员工几乎每天都在开会，大家也很自然地将开会当成了一种最基本的管理手段，甚至到了不开会就不知道该干什么的地步。人往会议室一坐，接下来该干吗就不再去琢磨了，跟着感觉走，或者说跟着主持人的目光走，到了自己头上该发表意见时就挤牙膏式地说几句。如果恰好讨论到了跟自己部门利益相关的话题，赶紧打起精神，来个寸土必争，等话题转开了又开始睁着眼睛打瞌睡。

因为事先没有充分的准备，而与会者也大都是即兴思考、即兴发言，图个嘴皮快活，往往一个话题被挑起来后，大家就跟着毫无节制地开始漫游。比如经理批评餐厅成本控制不力，采购部就怪各部门申购不及时，营业部门又说财务审批烦琐，财务回过头来批评说大家做的预算突破得太厉害……这很像物理学上所讲的“布朗运动”，会议渐渐地偏离了原来的主题，而且等到大家意识到已经跑题的时候，时间已经过去一大半。

（三）会议不能及时形成有强大约束力的决议，决议质量不高，缺乏配套的监控措施

既然是会议，为了达成目的，不论过程如何，最终是一定会形成若干决议的，但这些决议到底能对会议议题的解决起多大作用，决议能否被完美执行，是决定会议效率的重要因素。

单从会议的进程表来看，我们就有理由对决议的质量和最终效果提出质疑。因为会前没有准备，所以大家必须花很多时间来了解情况，有时光是相关人员介绍一遍还不够，还得有问有答地交流半天才让大家进入议题本身。

议题正式开始后，因为大家没有事先主动考虑过，自然就会不着边际地讨论半天才能找到问题的核心和关键。此时时间已经消耗了大半，等到会议行将结束时，大家也都自觉闭嘴，因为主持人要做总结，也就是要形成决议了。此时除非这个决议会对谁的利益有重大冲突，一般大家都会尽快点头，因为这样的程序早已成为惯例。

一群事先不了解情况，事中无法充分思考，事后却必须执行决议的管理者会对决议如何看待呢？答案是决议本身并不能推动管理者的行为，因为没有人会在乎那些空洞的口号如"加大培训力度"或者"大力改善服务质量"，人们在乎的是那些可以量化、可以观察、可以测评甚至可以公示进程的配套监控措施。但这些技术性手段恰恰在会议上没来得及讨论。

（四）会议逐渐成为企业制度惯例或者官僚主义的一部分，使管理人员养成了以会议推动工作的习惯

出现问题后，能不能解决其实是谁都没绝对把握，上司也不会因此怪罪下级管理人员，但如果没有动手做解决的努力，甚至连像样的尝试都没做一下的话，这麻烦可就大了。

于是，召开会议来商量和布置问题的解决方法就成了一种必然选择，这既可以理解为一种工作手段，也可以理解为一种做事的姿态，最起码可以在总结教训时说上一句"我们还是尽力了"，"我们曾专门为此开过好几次会议"等等，会议很自然地就成了一块"遮羞布"。

当有没有召开会议成了一种对管理者管理投入的评价标准时，劣质会议就成为企业隐性规则的一部分，以会议来推动工作就成了管理者的一种习俗。遗憾的是，这样的习俗有很强烈的传染性，用不了多长时间，整个企业就被淹没在这样的形式主义之中了。

二、功夫全在会场外

当前很多餐饮企业的管理例会已经普遍陷入了低效率的形式主义陷阱中。很多管理者都有过这样的体会，往往一些事关重大的决策通常只要几分钟就能迅速达成一致，效率奇高。倒是一些无关紧要的事情，本来只是随便议议，没想到大家都来劲了，你一言我一语，半天都没个完。管理学家帕金森专门研究过这种现象，并把它命名为"鸡毛蒜皮定律"（C. N. Parkinson，1957）。

会多并不等于在真正工作，更不能说明管理者有多么勤奋，相反，这极有可能是一种形式主义盛行的企业文化的显现。这么说的原因有很多，其中最关键的是我们很多管理者已经养成了"为开会而开会"的习惯，将开会本身当成了管理的全部过程，似乎只要我开了会，这个问题我就算是处理过了，结果如何那就不能算是我的责任了。这是很典型的会议形式主义，当管理者已经沦落到必须依靠会议来推动自身工作时，会议就已经失去了它作为一种管理工具的基本意义了。

高效率的会议尽管从形式上来看并没有太多的不同，但真正的区别都在会场之外。

一线案例

四星级酒店的"电子会议系统"

在广东某四星级酒店，管理高层曾对酒店的管理例会流程进行过专题诊断，最后推出了全新的"电子会议系统"以取代很多常规例会。

他们首先向各级管理人员发放不记名问卷，调查结论令所有人都大吃一惊，绝大多数管理人员都认为大部分管理例会的内容其实都可以通过公告或文件的形式传达而无须专人定时参加会议。而在每周一次的总经理例会上，由于部门众多、议题密集，很多问题只能是一笔带过。整体上来说，现行的沟通流程耗费了大量时间，关键问题往往不能得到圆满解决。

他们经过一番研究后，通过酒店内部的计算机局域网系统建立起了一个内部"BBS电子会议系统"，不同级别的管理人员通过自己的密码进入会议系统后可以迅速查阅与自己相关的会议信息，发表自己的见解，收发各级部门的重要通知，并共同探讨一些关乎酒店发展状况的重大议题。而这一切都可以在酒店任何地方、任何时间进行。

"电子会议系统"推出后，沟通效率提高了，会议用时减少了，各级管理者的联系反而更紧密了。

餐饮企业的会议，除了少数有特殊目的的会议如座谈会、信息通报及宣布决定外，大部分会议还是用于分析诊断问题并形成相应决策。既如此，决定会议效率的最重要因素就是用于决策的数据资料是否准确和全面。

高水平的管理者会将更多功夫下在会议召开前的材料准备、数据调查和方案酝酿上。比如餐饮部拟召开一次关于下季度菜品价格调整与否的会议，影响菜品价格的因素实在是太多，原材料价格上涨、顾客对用料的要求变化、竞争对手的价格变动以及餐厅本身的成本利润结构等都可能需要在菜品价格上有所反映。像这种技术性很强的决策，必须高度遵循定量研究的原则，而不能简单凭感觉行事，此时有关各方面资料数据的翔实程度就成了能否科学决策的关键点。

很多会议的议题原本并不需要太多部门和太多员工的参与，很多时候一些具有行政级别的管理者列席会议对事情本身并没有任何意义，但管理会议的形式主义倾向还是习惯将这些人拉进会场。

真正有效率的会议应该本着实事求是的原则，将会议过程还原为一个基本的问题研究决策过程。会议形式也可以灵活多样，可以是两三人的小讨论，也可以是报告形式的信息交流，甚至可以是小范围的局部试验，而不必事事都开会，更不能将基础调研、方案设计和数据分析等基础工作都放到会场里来现做现用。

管理会议还有一个重要功能就是进行任务分工或者资源分配,说到底就是利益和风险在不同部门和员工之间的分派。但这往往又是很难在公开场合解决的问题,尤其是在会议期间,时间紧迫,此类争议分歧要么被搁置起来,要么由最高领导以行政权力强行摊派下去。但无论是哪种做法,效果都不会太理想。

正确的做法应该是将这些可以预见的矛盾和冲突提前化解在会议之前和会议之外,正所谓“会外有会”,“大会之前有小会”。

就会议效率而言,一个极其重要的环节就是决议形成之后的执行环节。可以说决议本身的正确性只是解决问题的一个基本条件,问题能否真正解决还得看决议的执行水平。这个问题很多餐饮企业已经意识到了,这也就是业界现在非常流行的说法——执行力。

执行力在一定程度上取决于员工本身的积极性和能力水平,但更主要的还是在于决议形成后的相应保障措施是否全面细致,决议实施的过程是否可以监测,以及决议实施有没有相应的责任机制等。这些是否应该在会议期间就全部讨论到位,还是在会后另外着手制定并直接以文件形式下发落实呢?如果是前者,那么在有限的时间里,这些细节只能是被很粗略地提到;如果是后者,那么我们完全可以说,“功夫全在会场外”。

三、开好会议的八个要点

能否充分利用自己和他人的宝贵时间,有效提高会议效率,《哈佛管理沟通》杂志(Harvard Management Communication)为我们提供了一些很有价值的建议,具体内容如下:

实战经典

召开管理例会的八个要点

一、知道时间

为了尊重每个人的时间,开会必须尽量避免拖延现象,尤其是在一些经常性的例会上。对于一些悬而未决的问题,大家应该意识到不是由于会议本身时间不够,而是因为对该问题的调研准备不充分,导致无法快速进行科学分析和决断,继续干耗下去也没有实质意义,因此应该做好会前的准备工作,避免将太多的精力花费在没有意义的事务上。

二、牢记目的

任何会议都必须在之前有个明确的目的,即通过会议达成什么样的行动部署。如果会议没有形成任何行动决议,那么这样的会议就是浪费时间。有时会议本身可能会同时有很多议题，因为会议过程中主持人对会议节奏的控制不力，导致话题分散，很多事先拟订的目的不能达到，因此主持人必须时刻牢记该次会议的最终目的，避免将会议开成了“天马行空”式的座谈会或茶话会。

三、公开赞扬、私下批评

在出现意见分歧时，尽量避免带有感情色彩的公开批评，即便是非批评不可，也应该尽量就事论事，用事实和数据说话，并且帮助对方分析问题的成因，找出解决方法，而不能讽刺挖苦，更不能进行人身攻击。公开的赞扬和适当的赞扬是完全必要的，这对于融洽同事间关系很有意义。

四、不要在非上班时间开会

很多管理者喜欢利用晚上和周末休息时间开会，理由是时间集中且无人打扰，而且不占用正常的上班时间，不用耽误常规上班周期，其实这种做法并不可取。劳逸结合，适度的休息对于管理人员的状态调整很有帮助，因此除了非常紧急的事情，应尽量将会议安排正常的上班时间里，而且要尽量减少因会议而拖延下班的情形，因为高质量的会议的大部分基础工作在开会前就已经完成了。

五、不运用团体压力使决议通过

不能简单地搞什么“少数服从多数”的举手式表决，因为很多时候多数人可能都是不太懂业务甚至都不接触营运一线的管理人员，仅仅是因为他们的行政级别或者企业的管理惯例而将他们纳入了举手范围。他们的外行意见对于决策毫无价值，尤其是在这些答案比较复杂至少不能显而易见的决策中，外行们的多数可能意味着一个错误被官僚主义的形式给保护了起来。

六、不使用会议破坏他人职业生涯

你可以在会议上大胆表达你的意见，但不能以牺牲他人的职业前程为代价。有时候，对一些管理提案的否决并无所谓，但对提案人能力的贬低可能会导致很糟糕的结果，因此应该牢记会议议事时尽量“公平公开公正”、尽量“对事不对人”。

七、公私分明

餐饮企业内部存在着形形色色的大小帮派，各种私人关系甚至包括一些无形的圈子的存在都很正常，但在会议上不能因为这些私人关系的存在而影响决策的公正性，即便会议过程中有时需要一些社交手段，但也应适可而止。

八、会前明确议程，并在与会者间传阅

在开会前必须用书面形式将会议的主题、目的和发言顺序及时间安排写清楚，对汇报人及汇报时段有一个明确规定，并在会议召开之前发给大家传阅，这样既便于人们各自准备资料，提前思考议题，也有利于会议进程管理，避免出现过程失控。

延伸阅读

会议不是万能的

有一位在饭店当老总的朋友,每次拜见时都在主持会议,即便是周末也不例外。

朋友是个很务实的人,每天都在自己的餐厅里泡着,大脑24小时处于高速思考状态,一旦发现问题,哪怕是一秒钟前才发现,开会的指令就发出去了。

朋友除了喜欢召集会议之外,还喜欢开长会,经常把手下几员大将一留就是大半天。开完会出门,外面已是华灯初上,他便招呼着大家一起去吃大排档,他从不在自己饭店挥霍免费餐,这倒是个难得的优点。

朋友还是个极民主的人,每次会议都要让参会者说个够,渐渐地大家都习惯了,他一吆喝要开会,几个饭店的"常委"(他们自己的戏称)就自动自觉每人端着个超大号的茶杯去会议室报到,换过大概三道水之后,会议可能就近尾声了。

……

我几乎是每次见他,都要和他探讨一番:这么高强度高密度地开会到底有没有必要?对饭店的管理实务到底有多大帮助?压缩一半以上的会议时间会有多大的影响?

最近两年,他的会议瘾明显小了许多,上面那些他过去觉得都不能算问题的问题现在明显也纳入了他的思考范畴,他开始真正反思到底怎么样开会才能对管理有最大的帮助。

会议不是万能的,往往很多问题的分析和决策过程完全可以由少数专业人员以很快速度完成。但我们为了管理民主化或者说为了分担风险和责任,宁可把简单的事情无限复杂化,宁可把那管理的排场弄得跟衙门似的威武,一定要搬到会议上来让大家七嘴八舌,直至将专业的方案用外行的意见给它整个面目全非。

打个比方,某个讨论饭店季度预算的会议,尽管人们的主要议题只是几个枯燥的数字和简要的原则,但这些数字和原则背后反映的正是饭店的经营现状和发展取向,其中很多问题早已超出了仅凭经验和直觉来决策的范畴,因此无论会议上争辩得多少激烈,讨论得多么深入,对于事情本身来说并没有实质性的帮助。正确的做法应该是在会前就已经对预算原则、资金计划和经营方案进行了反复研究,对各种可能的经营风险和市场形势作了反复推演,而且所有参会的决策者都一直在跟踪这些事情,而不能等到走进会议室时才临时抱佛脚地开始做现场研究,也就是说,在某种意义上来说,会议只是一个连续决策过程的最后终结性的环节，有时甚至只相当于一个公开化的仪式，核心的决策过程其实在会前就已经大致完成了。

会议本来就只是大家聚集在一起讨论问题，但我们很多企业就把这么个简单的商量事情的形式弄成了树立管理者权威、要办公室政治甚至权力斗争的武器，于是会议的本质就发生了变化。

要想管好企业，或者说小点，要想开好会议，办法很简单，那就是——一切都实事求是，从实际出发，用事实说话。

第七节 常见的制度管理误区之“巧言陷阱”

大多数餐饮企业里都有一批能言善辩的“伪专业”人士，他们总是能挑出别人建议和方案中的错误，并用一套很复杂的语言逻辑表达自己的观点。这样的人往往能得到理想的管理职位，但他们似乎从来就不擅长亲自动手去解决这些他们亲自发现的问题，这种“知”得太多而又“行”得太少的作风会使餐饮企业陷入“光说不练”和“眼高手低”的陷阱中。成功的企业必须时不时地提防这种“巧言陷阱”，并积极倡导立足于解决问题的务实文化。

一、餐饮企业中“空谈误事”的浮夸作风

“空谈误事”的浮夸作风眼下在餐饮企业中似乎越来越盛行，其结果是造就了一批不需要真抓实干而只需要擅长开会、擅长发言就能获取高层信任的管理人员。打个比方，当餐厅利润下降、经理们想推行标准菜谱时，他们会站出来说，标准菜谱的确是个好办法，但中餐烹饪本来就有很大的随意性，厨师操作时不可能会脑袋里装着菜品配料数量或比例的概念，因此即便订出一些菜品配方，也没有什么实际意义。再者，弄这么个标准菜谱费时费力，餐厅的财务人员不懂烹饪知识，算出的所谓标准成本厨师们根本无法操作……辩论深入下去，结论通常只有一个，标准菜谱好是好，但“咱们做不了，也没必要做”。

这只是从管理实践中随意拈来的一个例子，我们还可以设想类似的讨论在其他专题或场合下是如何频繁地进行着。比如，营销人员建议搞一个美食节，加大宣传攻势，他们就会反驳说，美食节应该要从外界临时引入有高知名度的名厨，要采购大量稀有的原材料，要推出很多新品种，还要做多长时间的广告促销，而企业现在这些都办不到，所以美食节尽管是个好创意但没有可行性。再比如，

主管建议对服务员加大培训力度，就会有人马上跳出来说，员工流动频率太大，培训完了一走人的话就成了帮对手做了培训；财务主管建议进行客户信用等级审核，逐步减少坏账，就会有人说不许签单的话集团客户会全部走光……几乎任何一个寻求对现状进行改革的建议都会遭到这些"伪专家"们的反对，所以我们才会惊讶地发现，餐厅运转的时间越长，改进的力度就越小。

实践速描

活跃在餐饮界的"伪专业人士"

即便是在很多遭遇困境或运转不灵的餐饮企业里，我们也总是能发现一批看上去似乎很专业的管理高手。

他们分析起问题来总是头头是道，逻辑严密，有理有据，对于别人提出的各种建议和方案也总是能找到反驳的理由。

他们的口头禅通常是"你不了解我们企业"，"我们企业存在很多自己的不足，但你的建议也许更适合那些有实力的大企业"等等。

几乎每次开会时他们都会自然而然地把握住会议的主导权，并最终导致会议议而不决，或是反复地讨论分析、制定计划，但却从来都未能将一个哪怕是最简单的计划进行到底，直到企业最终彻底陷入困境。

大多数业内人士都知道，一个餐厅最有创新活力的时候往往就是刚开业的时候，因为此时任何新的尝试都将得到上级的鼓励和支持，更重要的是企业此时还没有被掌控在这些能言善辩的"伪专业"人员手里，经理们急于塑造与竞争对手的差异点，因此做起事来也愿意承受一些失败的风险，很多想法一经出台甚至都不需要拿到会议上去集体论证就已经风风火火地全面展开了。

随着餐厅渐渐稳定下来，人员磨合也逐步到位后，情况很快就有了质的变化。一批看上去很有信心、思路清晰且似乎对业务非常熟练的人逐渐成了企业骨干；经理们在局势稳定后开始下意识地追求降低成本和稳健经营；创新和冒险不再被提倡。人们开始学会用批评性的语言来分析问题，最终导致几乎所有的创新行动都无疾而终，而那些喜欢提出新点子和新思路的员工则遭到了人们的集体抵制，人们会冠之以"眼高手低"或"空想主义"，此时包括总经理们自己也都成了"反复思考，谨慎行动"的保守主义者。

二、为什么是"空谈"而不是"行动"

事实往往颇具讽刺意味，凡事都挑刺导致最后什么都没尝试的"巧言者"被人们认为是高度务实、成熟稳重，而总是想推陈出新、但在"巧言者"的阻挠下总是没有机会的“创新者”在大家心目中却“眼高手低”。

要知道,创新者之所以会“眼高手低”很大程度上是因为被“巧言者”们直接剥夺了做事的权利,自然也被剥夺了用创新成果来展示自己实力的机会。这是当前餐饮企业缺乏创新动力的重要原因,很值得高层管理者们反思。

问题是,我们都非常讨厌夸夸其谈的空谈作风,为什么最终还是被这些“巧言者”占了上风,而且整天跟着他们在转呢?

但凡管理者,都希望自己的手下能更聪明,更专业,如果他们的观点、看法听上去非常清晰完整且逻辑严密的话,管理者一定会另眼相看,尤其是当这些手下有自己的专业优势如财务知识、烹饪技巧或客户行情等时,他们的分析陈述会被管理者看作对自己知识盲点的有益补充。

而从下级员工的角度来看的话,他们真正展示自己专业实力的机会主要就是在会议上,在讨论问题时的发言。他们渐渐发现,当他们能在上级面前说得越多时,他就会显得越有价值。

实践速描

管理例会上的口才竞赛

在很多餐饮企业的管理例会上,我们经常会发现一个不成文的惯例,那就是无论讨论的话题是什么,不管与自己部门相关与否,几乎每个人都会要轮流发言。

比如说,厨师长会对服务员的服务态度提出批评,财务主管会对厨房菜品质量提出意见,办公室主任直接对营销方案进行点评等等,有时甚至当人们不想发言时,总经理还会主动问上门来,“某某,这件事情就你没发言了,你也谈谈看法吧”。

不客气地说,很多时候这种会议简直就像是一场口才竞赛,优胜者在企业的地位越来越牢固,暂时失利者也会寻思以后通过高水平的发言来夺回失地。

要想说得又多又专业,使领导听起来感觉更好,最好的办法就是批评他人而不是提创新建议。这个道理其实很好理解,比如说作家要想创作出一部经典名著从而展现自己实力,是非常困难的,但要想写一篇否定他人的书评却是非常容易的。

更关键的是“悲观主义往往听起来让人觉得深刻,而乐观主义听来则让人觉得肤浅”。在餐厅的经理例会上,如果有人表示接下来的销售旺季可能会比去年同期大有长进,人们会觉得他是在盲目乐观;而如果有人举出一堆的数据如本地竞争对手数量的急剧增加、餐厅近几个月的投诉率或者预订宴席数量大幅减少等以证明接下来的销售很可能会非常惨淡的话,几乎所有人都觉得他是实事求是，是真正在研究市场。

要想显得专业一些的话，另一个选择就是尽量把简单的事情说得复杂一些，本来三言两语能说清楚的事情非要给上升到一定的高度不可，最好还能挂上一些时髦的管理术语如“核心竞争力”或者“战略优势”什么的。

比如说，本来只需要调整一下排班，减少连续晚班的频率就可以解决的员工情绪问题，在开会时非得有人上升到员工的职业生涯设计高度。而餐饮企业尤其是中小型企业一旦遇到这类问题，基本上就是无解的难题了，问题一下子就变得无比复杂了，但能这样思考问题往往还被大家认为是目光长远、思想有深度。

“巧言者”并不是天生的，但在批评他人和将问题复杂化便能获取“专业人士”形象定位的激励下，越来越多的人很乐意成为能言善辩的人。而这样做的后果很简单，那就是所有的创新建议会在一片挑刺声中直接夭折，所有的改革尝试会被引入非常复杂的论证分析中而不了了之。

三、避开“巧言陷阱”的策略

警惕“巧言陷阱”，并不是说餐饮企业不能重用那些拥有出色的逻辑分析能力且能言善辩的管理者，相反，分析能力和表达能力是餐饮企业管理人员必备的基本素质。我们真正需要杜绝的是那些光会批评挑刺而不会真抓实干、每每用批评性的语言扼杀那些创新建议的“巧言者”。这些人的大量存在会使企业丧失创新的锐气，最终使企业栽倒在那些根本不值得维护的陈规陋习上。

管理学家们通过对那些既能严谨地分析问题，又能果断地付诸行动的企业进行特征研究后，得出了以下几条策略，对于根治餐饮企业的“巧言空谈”现象很有借鉴意义。

策略一：高层管理者勤下基层，成为行家里手，学会客观评价负面批评。

餐饮企业的运行非常复杂，对于任何一个问题，不同的人都可能有不同的看法和主张。批评性的语言尽管看上去更深刻，但因为缺陷的存在而直接否决一个创新提议的做法却比采纳一个不成熟提议的危害大得多。

在竞争形势异常严峻时，人们普遍倾向于稳健而非冒险，此时要能使一个创新提议转化为实际行动，管理者面临的压力是很大的，如果没有高层管理者的大力支持，可以预计这样的建议肯定会在一片质疑声中夭折。因此高层管理者要能在这些批评声和创新提议中形成自己的判断，而不是被那些似是而非的伪专业批评所左右，这就要求高管们本身必须充分地熟悉业务流程和市场变化。

勤下基层，用自己的眼睛去实地观察企业的真正实力与挑战所在，由此得来的经验使他们得以在将知识转化为行动中扮演重要的角色。因为这些高管们对企业的实际工作了如指掌，所以他们不太容易轻信那些花里胡哨的幼稚建议，同样也不会轻信那些“为了批评而批评”的质疑。

比如说，一些有厨师经历的餐厅经理们喜欢自己下厨房去观察厨师们的工作情况，对于厨师工作该如何改进有大量的一手资料。此时如果厨师长借口这样那样的原因拒绝实施标准菜谱，那么经理们不会被他的理由所左右，标准菜谱计划就有希望强行执行下去。反过来，如果经理们对厨房实际工作情况不够在行，无法反驳厨师长的借口，计划自然无法实施下去。

策略二：偏爱言简意赅的表达，拒绝用晦涩艰深的语言来谈论业务问题。

有些餐饮管理人员喜欢高谈阔论，而且经常使用一些时髦的管理术语，尽管自己对这些概念也是一知半解，比如什么"人本管理"、"个性化服务"或者"核心竞争力"之类的名词，大部分人都是望文生义、想当然地理解运用这些术语，而与最终的业务决策之间并没有太多的实质性联系。

这种风气一旦蔓延开来，整个餐饮企业就把这些术语当作流行语言，各级管理人员频繁使用，经常把原本简单明了的管理指令弄得无比复杂，到最后真正采取行动时大家仍然是一头雾水，无论如何也不知道在这些日常服务与生产过程中怎么去创造什么"核心竞争力"或"个性化服务"。对于行动者来说，他们需要的不是说教式的劝导，他们需要的是简单直白的管理指令。

简单明了的表达方式是有效率行动的基础，你可以不同意计划的本身，但至少你不会说我听不懂这个简单的指令。当前很多餐厅之所以效率低下，与管理者的指挥方式有关，很多管理人员更是喜欢大谈一番理论后，对实际行动安排只丢下一句话"你们去做吧，怎么做的我不管，我只要结果，不问过程"。

策略三：明确制止"为批评而批评"，要求人们在质疑问题时必须提出明确清晰的实际解决方案。

在批评文化盛行的企业里，没有人愿意提出建议，更没有人愿意采取行动，因为"不作为"的话还可以通过批评别人来巩固自己的地位，而一旦"作为"了，就成了所有人的靶子，不但事情做不成，还会成为别人口水中的"牺牲品"，这样的傻事了解企业的人是肯定不会做的。

为了避免这种批评文化的繁衍，企业必须采取非常强硬的措施，比如强行规定在会议上，员工可以对别人的意见提出批评，但必须同时提出如何克服这些障碍的具体建议，发言不能光是指出过错，还必须指出解决之道。

一线案例

批评可以，但必须说解决办法

在某饭店召开的关于餐饮部门的专题会议上，总经理在会前正式声明了几条纪律，如不能接听电话、不能开小会等，最令人惊讶的是，他以非常郑重的语气强调，"欢迎对别人的建议进行质疑，但必须同时提出相应的改进措施或解决方案,暂时想不清楚的不要急于发言,酝酿成熟了再说话”。

会议开得有些沉闷,不像过去那么热烈,但很明显人人都在动脑筋,因为他们在找别人岔子的同时还必须先想好填补漏洞的对策,这可比过去上嘴唇碰碰下嘴唇大放厥词难多了。尤其让人们有压力的是,总经理还一再声明,要求秘书详细记录所有人的建议,至于指出的问题则记个要点就可以了。

会议进行时,有几个部门经理老毛病发作,说起对餐饮部的批评性意见时喋喋不休,老总马上很干脆地打断,“说办法,问题大家都清楚,不需要翻来覆去了”。会场顿时肃静了许多,人们终于意识到不负责任地评头品足是一件多么轻松但又多么无聊的事情了。

策略四:主动防范空谈现象,为所有决议制定明确的跟踪公示制度。

不是所有的谈话都漫无目的,事实上很多言论都会成为会议决定,并付诸实施。但问题往往就出在这里,很多时候作出决定就是整个过程结束的时候。“说得多、做得少”的表现之一就是遇到问题时,人们都忙着讨论问题、形成决定和制定计划,并且把这些步骤本身就看作是实际的解决行动,会议结束之后决议再以文件的形式下发一次,所有的行动就基本结束了。

为了确保会议决定不至于流为官样文章,而是得到实际执行,企业应该指定专人负责并要求他们在管理例会上及时详细地汇报工作进度和结果,会议记录或者会后的文件会以极其醒目的方式提醒人们这件事情的最后期限,有时甚至可以将一些特别的重要的工作进展情况在企业的内部宣传栏上公布,让所有的同事都成为压力和动力的施加者。

延伸阅读

根治空谈,须从总经理做起

空谈误事,已成为很多餐饮企业的共识。但要彻底根治,必须从总经理开始,因为总经理本身的喜好很容易影响企业其他员工,员工们对老总作风的效仿不知不觉地就成了企业的基本风格。

老总们应该主动走出会议室,深入到企业运营一线,用自己的眼睛去观察一切细节,评估企业的实力和遇到的挑战。这样可以确保他在聆听员工汇报时作出客观理智的判断,不会被巧言者们的伪专业言论所迷惑。

老总们还应该主动树立“言必行,行必果”的管理文化,为所有以自己为关键责任人的任务项目设置时间期限,并请所有员工来监督工作进度,而不要一味地将工作下压,让自己成为一个除了开会就无所事事的人。

老总们还应该带头停止不负责任的批评言论,在挑刺的同时应该将讨论的重点转移到如何扫除障碍和创造条件上，而不是一味地像教师评价学生论文一样光顾着打分评级。

老总们最应该做的就是积极扶持创新，用小规模的创新试验来获取相关经验和知识。即便员工们的想法整体看来很幼稚，但只要进行修补和完善，在实践中就肯定可以找到使之成熟的机会。只要想法中有一个闪光点，都有可能为整个企业带来新的生机。

第八节　常见的制度管理误区之“救火式管理”

餐厅经理们似乎总是有忙不完的事情，每天在办公室、厨房和大厅间忙来忙去，经常是一件事还没理出个头绪来，就被另一件不期而至的事情给打断，本应该是非常严肃解决问题变成了敷衍了事的修修补补。经理们还经常像变戏法一样向不堪重负的员工频繁地分派任务。员工们为了应对一些迫在眉睫的紧急事务，不得不暂停手头的工作，最终导致几乎所有事情都没有得到圆满的解决。这种“头痛医头，脚痛医脚”的救火式管理几乎已经成为所有餐饮企业都非常痛恨但又无法回避的管理困境。

一、欲罢不能的“救火式管理”

所有的餐厅经理，不管其本身性格如何，也不论他们崇尚什么样的管理作风，在面对管理实务环境时，总是会不由自主地成为一个四处扑火的“救火队员”。他们每天眼睛里布满血丝，浑身充满疲惫，几乎是凭着顽强的意志在处理这些似乎永远也不会穷尽的大小问题。最令人难受的是似乎从来就没有哪件事情能真正一步到位，反复发作的“后遗症”使得谁也没办法能冷静地去思考一些肯定更为重要、更有意义的大事，如企业战略、产品创新或企业文化等，他们的雄心壮志和事业理想都被淹没在这些层出不穷而又铺天盖地的琐碎事务当中了。

餐饮企业陷入救火式管理而不能自拔，一般来说有以下几大症状。如果有人认为自己的管理还算从容，谈不上应急管理的话，不妨对照一下这些症状，看看是否真的已经摆脱了“救火式管理”的困扰。

症状一：没有足够的时间解决所有问题。

不管管理者如何足智多谋，问题似乎总是多过可以妥善解决问题的人。作为经理，总是会被下属突如其来的请示打断，你就像一个被问题推动的管理者，总是无法按照自己的时间表来开展工作，即便是在别人都已经准备下班交接了，你还在为今天没来得及解决好的很多麻烦烦恼不已。

症状二：解决方案都是临时将就，问题解决得从来就不够彻底。

因为问题的出现大都是突如其来，如服务主管反映客人对某道菜的分量少不满，或是厨师长跑来说采购员买来的海鲜质量等级不够等等，经理必须马上解决，否则问题可能会更严重。情急之下，经理也只能是简单地做些修补，事实上深层次的问题根源并未解决。但当你有意在事后进行跟踪，想彻底根治时，却又被其他琐事打断，渐渐地这个想法就被彻底搁置起来了。

曾经有人做过实地统计，餐厅经理能连续用于思考或处理一个问题而不被电话、请示所打断的时间很少超过 9 分钟，换句话说，经理们通常只有不到 10 分钟的短暂时间用于沉着处理同一个问题。

症状三：问题重复连续地发生，常常是"一波未平，一波又起"。

因为所有问题的解决都是出于化解燃眉之急的临时性解决，这些不彻底的解决方案必然会造成老问题重复发生，或者是在一个地方暂时缓解而在别的地方又会冒出来。

比如在一些薪资结构不合理的餐饮企业，经理们总是不停地给员工做思想工作，大道理小道理地讲上半天好不容易安抚了这几个员工，没想到另外部门的员工又闹起了情绪。只要薪资结构得不到实质性的改善，员工的心态随时会发生波动，经理们就算每天花费大量的时间挨个谈心也不会有太多效果。

症状四：紧迫性取代了重要性。

之所以将应急管理比喻为救火式管理，主要是因为这些问题一旦出现就显得非常紧迫，如果不立即采取措施的话，后果将不堪设想。也正因为如此，经理们明知暂时无法妥善处置也不得已临时将就一下。理想状态下，我们当然希望能按照事情的轻重缓急来系统地研究决策，但此时紧迫性已经取代了重要性，我们也就成了被问题推着走的被动型管理者。

症状五：很多问题累积下来，最终变成了危机。

问题一直在酝酿直到最终爆发，而且爆发常常发生在管理者心目中的最后期限之前，之后又需要付出巨大的努力才能解决。很多管理者其实对企业所面临的问题也心知肚明，并且暗自下了决心在适当时候腾出时间来彻底进行解决。这个解决问题的时间表在人们心目中是与他们对问题上升为危机的时间预测相关的，但事实往往比他们想象得更严峻，在他们的心理期限之前，这些问题已经成为不可回避的危机。

症状六：绩效下降。如此多的问题无法彻底解决，又抓不住机会，最终必然会导致总体绩效下降。

需要说明的是，尽管救火式的应急管理总是令管理者们身心疲惫，但它并不一定就是灾难性的。有些餐饮企业为了避免出现这种手忙脚乱的情形，可能会加大集权力度，规定所有突发性问题的解决都按照一定的程序来进行，层层汇报，反复研究，最终导致一无所成。

其实，即便是在很多管理有序的成功企业里，有时也会暂时性地陷入应急管理状态，而且还不会引起太多的连锁反应和不良后果。真正需要我们高度警觉的是，这种应急管理行为的频率不能太高，更不能成为餐厅解决问题的基本模式，因为一旦大家都习惯了被问题推着走，让问题来牵引我们的管理工作的话，企业就彻底陷入了恶性循环中无法自拔。

二、“救火式管理”真的是情非得已吗

救火式管理一定是无法彻底避免的吗？答案是否定的。仅从实践来看，我们就能找到很多成功企业的案例，它们无论是在工作量、内外部条件和人员能力上都与其他企业一样，但它们却从不采取应急管理。这样的企业一般都有很强大的“问题解决文化”，它们只有在理解了问题产生的根本原因并找到有效的解决办法后才着手处理问题。它们不是说就不会遇到一些紧急问题，但它们每次解决问题时都设置了合理的最后期限，并强调彻底的根治。最关键的是，在这样的企业里，应急管理行为从来就得不到什么奖励。

从理论上来说，应急管理的根源还是在于对问题解决的长短期效应的不同理解。我们打个简单的比方以分析为什么餐饮企业总是会有这么多看上去十万火急的麻烦。

假设一个餐饮企业的任务总量是一定的，也就是相同规模和条件的企业在一定时期内要干的活应该是差不多的，之所以有的企业管理人员很从容，有的企业经理们却总是在扑火，并不是因为企业大小或经营条件的差别，而是管理理念和管理风格的差异所造成的。

在基本相同的任务总量面前，一种企业的管理方法是“坐等问题上门”，事先不做预防，也不留专门的解决突发问题的预备队，甚至认为问题成群结队地冒出来就是餐饮企业的本来面目；而另一种企业的管理方法相对来说就主动得多，经理们会根据企业历史情况和其他企业信息，主动预测每天可能会出现意外问题的环节，并预先制定应急措施，甚至安排专门的管理人员全职处理这些“意料之外”但“情理之中”的问题。

在前一类等问题上门的企业中，因为没有足够的事先准备，所以每件事情的解决都不彻底，这些“半拉子”工程累积下来就变成大量的任务在那里排队，而且这个队列还越来越长，积压在队列中的问题也越来越顽固，越来越麻烦，根治的难度也越来越大。一般来说，当大多数工作都急于结束时，应对者工作的有效性和精确性就大大下降了，问题积压得越久，就有越多的事情陷于停顿。

除了整体工作的停顿以外，这种做法还有一个更令人头疼的地方，因为总是用修修补补和敷衍了事的方法进行临时处理，在某个环节上的随意性处理很容易造成其他环节上的连锁反应，从而使整个管理系统效率大大下降。从这个意义上来说，这些修补性的临时措施具有很大的破坏性。

一线案例

开业一个月，正式菜谱却始终没有印刷出来

有一家餐厅，开业将近一个月了，菜谱却始终没有印刷出来。你相信这样的咄咄怪事吗？

事件的起因是厨师招聘时的匆忙和菜式定位指导思想不明，餐厅经理为了便于管理，听取了一些同行的建议决定分开招聘也就是不直接聘用整个厨师班子，但到开业前几天才发现好的厨师几乎都自带班子，于是临时决定改聘一个整体班子。

因为时间紧迫，所以只能先由厨师长拿出一个菜单，但运行几天后顾客们普遍反映口味不适合本地人且菜价偏贵，经理只好将菜单全部撤下来，并增加了大量的本地菜式。但这班厨师是从外地聘请来的，对本地市场很不了解，改做本地菜式总是不到位。于是经理又将新菜单拿下来，并决定重新研制新菜品，每道菜都坚持厨师原来的特点并适当进行本地化改造，这样一来就必须花较长的时间来试菜，每天由厨房做出一些样品然后请一些本地客人来试吃。

本来按照这样的思路操作也无大碍，但很快就到了国庆黄金周，很多客人前来订餐，餐厅必须马上拿出可供预订的完整菜单，此时餐厅上下也非常忙碌，经理每天忙于各种事务，总是没有时间来最后为菜单定型，只好拉着厨师长挨个挨个地与前来订餐的客人商量具体菜谱，一个客人一个谈法。服务员手里拿着几种版本的新旧菜单无所适从，采购员每天都问到底买什么材料，厨师长还在犹豫到底该如何给菜肴口味定型。

整个餐厅一片忙乱，每次主管问经理菜单是否可以定下来，经理都觉得时机还没成熟，但又不能再拖延，只好仓促间先拿出一个临时菜单应付了事。

设想一下，在上面的案例中，如果餐厅能早一点定下来厨师招聘思路和经营菜式风格，在正式开业前就进行了系统的菜肴研制和顾客试吃，并且一次性地准备好本地口味和外地特色风味的几种菜谱的话，就不会出现上面这些问题。即便是在开业时问题才暴露出来，迫不得已用一份临时菜单应急，那么之后也必须集中人力物力和时间在限定期限之前把这些问题全面解决，即使因此错过了一些小型业务也不在乎。

三、避免应急管理的战术性方法和战略性方法

对于餐饮企业来说，根治“救火式”管理可以从战术层面和战略层面同时下手，标本兼治。

（一）战术性方法

就餐饮企业的业务特点来说，战术性的方法可以很快见效而不至于对高层管理者的基本决策产生影响。

1. 临时性地增设解决问题的专门人员

当餐厅意识到开始陷入杂事繁多、管理混乱时，临时性地增设一些专门人员以解决一些专项问题是个不错的短期解决办法。

比如，出菜速度慢是很多餐厅经常遭投诉的热点问题之一，而真正追究起来很多部门可能都脱不了干系，因此简单地批评或整改个别部门都无法彻底解决。最实用的办法就是在备餐间增设专门的协调员，负责处理厅部送入的点菜单，并根据厨师专长和轮空状况派发生产单，同时进行时间控制，在备餐间的排单黑板上，按台号清晰地标示着各台点菜和出菜时间。备餐间协调员可以根据实际情况进行现场调度。

当然，临时人员的设立有可能会造成成本的增加，而这些临时做法很可能会被固定下来成为常规做法。这样一来企业是否有更彻底的解决方法就没有人会真正在乎了。

2. 暂时停止业务流程

当一类问题出现的次数已经超出人们心理预期和承受能力时，继续在修补中维持这些流程的运行可能本身就是错误的选择，因为这样的修补只会为以后制造更多漏洞。此时不妨将这一类工作都暂停下来，集中人力和物力资源进行专项整改，直到将潜在的问题都解决了，再使工作延续下去。

比如，餐厅新增开了一个现场菜肴制作演示服务，创意很好，刚推出时顾客也很欢迎，但随着时间推移，管理人员发现问题成堆，比如花色品种单一且更新缓慢，现场烹制时的油烟处理困难，操作人员动作随意引发顾客反感以及食物保鲜度不够造成顾客投诉等。这些问题即便暂时解决了，但似乎很快又会冒出来其他的新问题。这就表明对这个服务项目研究仍然不太完善，必须暂时停下来对所有已经出现的问题进行系统研究，重新制定合理的操作流程和产品规范。

3. 采用分类处理法

当问题成群结队出现的时候，必须意识到不是所有问题都能马上解决的，应该承认，有些问题是暂时无法解决的。

比如仓库管理员提出要对仓库进行扩容并严格按干仓湿仓进行分类储存，这固然是个好建议，但餐厅可能暂时无力解决，因此只能进行冷处理。但如果仓

库管理员提出以后采购申请单可以先递交给仓管审核,以避免重复采购则可以马上采纳。

(二)战略性方法

尽管实施起来难度要大一些,而且见效时间也肯定要晚很多,但从战略层面进行管理改进更有利于从根本上制止不合理的应急管理行为。

1. 改变产品设计战略

很多餐饮企业不同程度地存在菜肴品种单一、更新缓慢的问题,这也一直是顾客们投诉的焦点,但光靠经理的叮嘱、厨师的自觉以及主管们似有似无的监督似乎是无法解决这些难题的。即便是每次开会老板们都把菜肴品种创新的问题作为头号议题,也不会让厨师们真正醒悟过来。

不妨尝试一下彻底改变这种靠"经理们推着厨师往前走"的产品设计战略,使菜品创新能成为厨师们积极主动去试验的基本职责。

一线案例

成功的菜品创新战略

有一家饭店餐厅推出了一项新的菜品设计战略,收到了奇效。其具体做法如下:

限定餐厅的总品种为60个,每周固定淘汰掉其中3道菜,同时补充3道新菜。厨师们必须在每周二下午拿出5道新菜基本方案并下单采购原材料。周三下午经理邀集专业人士和顾客代表进行试吃,并淘汰掉2道不太成功的菜,保留3道新菜以替换点单率最低的3道不受欢迎的菜品。

在新菜上市的一个月内,所有新菜的售价的10%归厨师收取,以作为他们的创新奖金。大约四五个月后,整个餐厅的菜单几乎已经全部换过一轮了。

这种产品战略上的改变极大地激发了厨师们的研发热情,也减少了顾客的投诉,并在市场上树立起了"勤于创新"的品牌形象。

2. 外包部分工作

很多琐碎的问题之所以频繁出现,可能与员工们的能力有关。

比如在一些较大型的餐厅里,厨房设备经常会出现这样那样的小故障,有时是厨房杂工自己动手,有时就只能跑去找经理要求换零件,久而久之,设备老化严重。这类的小事越来越多,严重时甚至影响厨房的正常运转。

此时餐厅完全可以与一些厨房设备专业安装公司签订维护协议,请这些公司定期来检查设备性能,及时做一些小的耗件更换并教授厨房工作人员合理的使用方法。餐厅可以很低的价格将所有厨房设备的维护包工包料全部承包给这些公司。这样既保证了设备的正常运转，不至于屡屡发生问题，也节省了聘请专门维护工人的成本。

3. 解决一类问题，而不是单个问题

很多时候餐厅频繁出现的一些问题其实在本质上都属于一类问题，只不过冒出来的时候是一个一个的。

比如员工毛手毛脚、动作频繁出错、遗失点菜单和撤换杯碟不及时等等，看起来的确令人心烦，但如果你总是在现场看见一样纠正一样的话，你可能会从早忙到晚。因为这些问题的根源都是一个——员工缺乏规范化服务的认知和训练，他们可能自己也搞不清楚正确的流程和规范到底是什么样，即便是领班们做过一些演示，他们可能也没有接受足够的强化训练，使这些流程规范完全内化为习惯。那么这个时候解决的办法就绝不应该是急急忙忙地去纠正，而应该调整新老员工"传帮带"结构，确保新员工在老员工的帮助下慢慢培养好习惯，并在餐间休息时组织高强度的习惯动作训练。

延伸阅读

彻底摈弃"救火式管理"思维模式

要想最彻底地杜绝救火式管理，最理想的方法应该是促成整个企业尤其是高层管理者行为方式的转变。

在过去，擅长于"救火"的管理者总是被委以重任，因为他们看上去很精干而且也的确在干活，但我们为什么总是会有那么多的"危机关头"或者"关键时刻"呢？餐厅管理原本应是有条理有章法，为什么非得弄得情势危急然后再去力挽狂澜呢？必须承认，救火式管理的盛行与一种拖泥带水的管理文化不无关系，也就是说，如果你的餐厅总是规律性地掉进救火式管理的旋涡中，就足以表明你的管理思维在骨子里就是容忍错误的应急管理。

如果想让这样的"危机关头"或"关键时刻"尽可能地少一些的话，不妨尝试一下以下管理原则：

不要容忍修补。修补从来就不是真正的解决方法，即便是暂时避免了灾难性后果的产生，企业也丝毫不能懈怠，因为漏洞并没有真正堵住，而只是被用一层很薄的纸暂时掩盖了而已。相反，由于问题已经错过了最好的解决时机，企业可能需要用更大的代价去弥补。很多餐厅的基层领班们喜欢用自己的勤奋去弥补服务员在餐间服务时的一些小失误，但也造就了员工们不刻意追求服务质量的惰性，因此绝不能容忍修补，即便是临时迫不得已的处理，事后也必须尽快采取系统性的全面解决措施。

不要不计代价地抢在最后期限前完成。很多管理者都非常崇尚工作效率,并为所下的管理指令标上最后时间期限。比如准时开业、准时出货、准时推出新产品或者准时清理完卫生等等。这原本是应该提倡的管理风格,而一旦这个时间期限设置得不科学不合理的话,人们就有可能不计代价地去抢这个最后期限,这样一来草草了事、藏头露尾的毛病就会流行起来,当大家在时间表前面开始违背事情的本来顺序和规律时,企业迟早会进入糟糕的应急管理状态。

不要奖励应急管理行为。这一点特别重要,同时也显得特别困难。因为能为企业排忧解难的员工终归是要受到褒奖的,但问题是当这个烂摊子在初露管理漏洞时,这些能干的经理们为什么不能及时发现?在问题可以以最小代价轻松解决时,他们为什么置之不理?为什么总是要将企业折腾到生死存亡的关键时刻呢?因此我们绝不能鼓励这些应急管理行为,即便这些经理们暂时平息了这些麻烦,也应该追究他们将企业推倒这些麻烦中去的责任。企业真正需要的是那些有深谋远虑、能积极主动地预测管理问题并早早地就采取了系统的预防措施和解决方案的经理们。

不必奖励那些解决了麻烦的管理者,因为他们本身就是麻烦的制造者或推动者。

第三章

饭店餐饮组织管理创新

导读

依据最经典的管理职能理论,我们可以很清晰地将饭店餐饮管理者的核心工作任务与其他各种类型的员工如技术人员、服务人员和销售人员区分开来。换句话说,餐饮部门的不同员工都有着符合其身份特点的基本分工,其中专属于管理者的就是组织、计划、领导和控制四大基本任务。管理人员是否称职,是否优秀,不在于他有多么勤奋或是多么熟悉技术细节,而在于他是否能有效运用这四种基本管理职能来帮助组织实现既定目标。

以组织职能为例,餐饮企业的管理人员应该学会通过构建和调整企业组织结构来提升管理效率。很多餐饮企业的高管人员都是从生产或服务一线成长起来的技术能手,在遭遇到经营困境时首先想到的往往是身先士卒,以一己之力来应对复杂的竞争形势。这在管理层次扁平或规模很小的餐饮企业里会有一定效果,但很显然不足以应对未来更为激烈的行业竞争。

管理者应该学会通过组织设计等各种现代管理手段来培育餐饮企业的核心竞争力,使整个企业能比竞争对手进步得更快,并最终建立起以优秀管理团队为核心的学习型组织。本章前三节分别论述关于餐饮企业如何进行组织设计、建设管理团队以及系统培育组织级的学习能力的问题。从某种意义上来说,这些尝试在以第一代职业经理人为主导的餐饮管理模式中并未得到应有的重视,这也是历次管理变革无法为企业带来质变的重要原因所在。

传统的餐饮管理模式之所以很难应对日益复杂的市场竞争,另一个重要的原因是对核心管理人员的经验和直觉的过分依赖。造成这种缺陷的最大症结就是落后的绩效评估模式。传统的以单纯财务

导 读

数据为核心的业绩考评办法促使管理者们过度关注产品工艺、服务质量和市场推广技巧,而忽略了一些更为重要的组织资源的建设,如企业的学习能力、客户资源和流程技术等。本章第四节专门介绍了平衡计分卡技术。这种技术在很多行业的成功应用已经证明,它是杜绝传统餐饮企业"强将弱兵"现象的理想工具。

组织职能的高水平履行除了体现在组织设计和团队建设等宏观层面外,还应表现在对中基层员工的有效激励和科学配置等微观环节上。本章从第五节开始将讨论重点转向中层和基层员工队伍管理,从最基本的员工招聘、员工离职管理到基层岗位的内容丰富化,从普通员工的激励到核心员工的薪酬,从常规的激励措施到股权激励体制。尽管单纯从形式上来看,这些环节已经引起了一线管理者的高度重视,但传统的经验管理和人情化管理习惯事实上已经阻碍了企业在这些方面的创新和努力。

餐饮企业的所有管理创新活动最终都将通过一定的组织技巧来转化为企业的组织知识和员工个人的行为习惯。对于现代产业环境下的餐饮管理者来说,能否有效地将企业从单纯追求数字效益的思维惯性转变到高度重视组织能力和成长性的管理范式上来,并将各种复杂新锐的管理理论转化为一线员工的高效率和高业绩表现,是衡量其管理水平高低的最终标准。

第一节 如何让组织设计成为核心竞争力的源泉

在很多管理者的心目中,餐饮企业的组织设计并没有什么大文章可做,大厅、厨房、后勤、财务和营销几大模块的结构似乎早已约定俗成,工作岗位则更是一个萝卜一个坑,来不得半点花哨。殊不知,在这看似平淡无奇的组织布局中却暗藏玄机,企业内部的信息交流、工作指令的上传下达、特定任务的高效实现以及永恒不变的创新尝试,这些都需要管理者们用现代组织理论和技巧来武装企业,而绝非简单地按部就班和随行就市。

一、餐饮企业管理人员的“七种武器”

餐饮企业的运行犹如一部精密机器，环环相扣，彼此关联。高强度的现场管理就像是对这部机器的即时监控和现场调试，丝毫不敢马虎，但即便是投入的时间再多，倾注的热情再高，光有现场管理这一招是不足以在这个日新月异的行业进行有效竞争的。作为餐饮企业的管理者，我们还需要掌握另外的“七种武器”。

（一）组织设计

组织设计是管理者的头号基本功，因为现代餐饮企业早已不是“一摊一桌，三两个人手”的规模，再勤奋的管理者也会有精力和能力所不能及的时候，授权分工是大势所趋。

但权力到底如何授让，分工如何到位，协作如何运行都需要我们在组织设计的过程中予以科学解决，必须把可以预见的很多规律性问题解决在体制层面，从而避免将所有的问题都留到具体业务流程中去解决。

（二）绩效评价

管理的科学性和公正性很多时候都必须通过令人信服的绩效评价来展示，员工并非一味的经济动物，他们更需要对自身能力和努力程度的公正评价，需要对内部竞争一视同仁的裁决机制。

目前很多餐饮企业的绩效评价权力过分下放给基层主管，评价手段和过程又充满了随意性和主观色彩，这不但会严重影响企业薪酬支付的准确，而且也会从根本上削弱员工的斗志和创造力。

一线案例

吃力又不讨好的领班

小汤是某饭店餐厅的资深领班，在做服务员时是远近闻名的服务标兵，提拔为领班后更是兢兢业业，全身心扑在了工作上，年年都被饭店评为先进工作者。但在最近一次的员工民主考评中，小汤却遭到了她手下员工的一致抨击，大家都不约而同地认为小汤不适合继续担任领班职务。原因很简单，那就是因为她为员工们打的月度考评分数很不公平。要知道这个分数可是与员工们的工资奖金直接挂钩的，对基层员工来说，这就是比天还大的事情。

小汤是个很善良的人，对个人待遇一向看得不重，自然也不希望因为自己手中的考评权力而损害了其他员工的利益。所以她一开始采取的就是“大锅饭”式的打分方法，除了考勤分是严格按照员工出勤情况给的以外，其他的分数项目是一律是平均主义，都给了自己能给的最高分。员工们尽管觉得有些不合理，但碍于同事面子，也都接受了这种"皆大欢喜"的评分办法。

餐厅经理在查看了小汤递交的评分表后大发雷霆，严令小汤下不为例。于是第二个月开始，小汤整个就换了个人似的，成天挑刺，几乎到了"逮谁咬谁"的地步。小汤最令员工们不满的地方就是她几乎只挑刺，而对员工们做得很好的一些地方视若无睹。一个月下来每个人的业绩表是都是一大堆的减分记录，却没有任何加分记录，因为在小汤的心目中做得好是应该的，而且比起自己当服务员时的表现来说，这些还不够好。

那么，以管理人员的眼光来看，你认为小汤前后判若两人的做法合理吗？

（三）薪酬杠杆

任何时候，管理者都不能忽视经济杠杆对于员工心理的影响，这与对企业文化建设的强调并不矛盾。

员工需要的并不是普天同庆式的虚高报酬，更多的是对自身努力和贡献的准确回报。薪酬总额未必需要不断突破企业底线，但员工的任何一点创造和奉献都应该及时在他们的工资表上体现出来，如果管理者事实上仍然将这理解为一场交易的话，那么管理者最大的责任就是保证这场交易的公正和准确。

（四）人事调配

企业在变化，员工在变化，员工与企业之间的契合程度也在不停地变化，管理者需要不间断地审视组织运行的效率，这最终落实下去就是各个岗位上的员工称职与否、有无潜力可挖掘。

管理者不应该只把注意力盯在产品和客户身上，应该更多地关注创造这些产品和服务这些顾客的员工，除了关注他们看得见的行为，还要揣摩他们的内心世界和工作欲望，真正做到"知根知底"，人尽其用。

（五）专项培训

做企业如行军打仗，很多问题只有在真刀真枪的实战中才能发现，也只有通过实际运行，问题暴露无遗后才有办法展开针对性培训。

考验管理者能力的是如何判断和分解眼前的具体问题，能否找到问题的真实原因，能否设计出恰如其分的培训计划。尽管培训本身并非万能，很多管理问题背后有着更深刻的原因，但培训本身就是一种强有力的解决问题的方式，是管理者所能运用的成本最低的武器之一，当然，要想标本兼治的话，我们还需要动用更多的管理资源和技术手段。

（六）效率会议

会议是管理者常用的方法，但效率会议却是完全不同的另一个概念。

普通会议往往准备不足，例行公事，漫无边际地瞎侃神吹，落不到实处。效率会议则不然，开会前必须设定明确的主题，并围绕主题做充分的资料调研，在私底下征求意见，交流沟通，在会议上思路明确，支持者反对者均有备而来，论述完整，论据齐全，能快速澄清错误认识，迅速达成共识，决策效率非常可观。

（七）制度规范

无规矩不成方圆，制度规则本身就是管理经验的浓缩和决策意志的体现。

制度本身就是一把双刃剑，其定立容易执行很难，树权力容易树权威很难。制度已经拟订，考验管理者的就是如何落实，如何细化，如何维护。只有在对制度的一丁一点的研究和强硬推行中，才能建立起“对事不对人”的管理氛围，也才能将管理者真正从“一事一议”的琐碎杂务中彻底解放出来。

……

综观管理者的七种常规武器，威力最大、效果最佳也最能阐释管理权威的武器就是组织设计了。通过对企业组织框架的重新构建，不但可以改变组织的汇报体制和分工模式，还可以消除实际流程中的很多潜在隐患。

二、餐饮企业组织的常见模式

要想玩转组织设计的魔方，不妨先了解一下餐饮业中常见的几种基本组织模式。

（一）模式一：简约直线型

大部分中小型餐饮企业都会采取相对简单的直线型结构，其特色是组织结构非常扁平，管理决策权集中在总经理一人手中，并且大部分的管理指令都以口头形式颁布，执行效率较高。

尽管这种方式有很多弊端，比如管理过程随意，管理资料缺乏规范积累，有时甚至会出现重复下令乃至朝令夕改等现象，但面对餐饮业顾客需求多变的特点，这种扁平式的组织仍然十分有效。决策者亲临现场，能够快速获取重要信息，迅速回应并解决问题。

当然，这种方式的适用范围很有限，而且对管理者的行业经验和专业素质尤其是临场状态都有很高要求。管理者通常都身兼数职，在高强度的工作节奏中能否保持清醒的头脑是个共性的问题。尤其是当企业规模扩张后，问题越来越多，此时光靠时间和精力投入是难以彻底规范的，必须改变组织模式。

（二）模式二：直线职能型

这种模式的好处是能同时发挥“直线制”控制严密的长处和“职能制”充分发挥专业人员作用的优点。

在餐饮企业内部有两条主线，一是负责主要经营业务运转的业务部门，这条线上依次是"经理—主管—领班—服务骨干—服务员"的链式分工;二是负责为主营业务提供智力支持和后勤保障的专业技术部门,如财务、采购、仓储、工程、营销和人事部门等。

这样一来,餐饮企业内部便形成了基本的业务分工,有人专职从事于产品制作和对客服务,有人专门负责研究产品改进、成本控制和市场推广,各自都能做到充分发挥自己的专业优势,提供自身范围内的最大效率,是一种真正意义上的分工—协作体系。

(三)模式三:产品分部型

这一模式主要运用在餐厅的后台制作部门,也就是厨房和酒水部门。

以中式厨房为例,行政总厨下可以根据餐厅类别分为若干厨师班组,若只有一个大型厨房,则可以依次分为红案、白案、凉菜、蒸菜、海鲜等班组。以产品线为依据进行的组织设计能最大限度地理清员工相互间的权责,避免出现质量责任相互推诿的事件,但也会在一定程度上造成协调困难和人员设备的重叠设置,造成成本上的浪费。

(四)模式四:项目小组型

这是借鉴当前很多高科技企业开发创新型产品的经验而逐步流行开来的组织形式,是对主要组织模式的一种灵活补充。

实践速描

企业级的美食节为何越来越盛行

近年来,越来越多的餐饮企业开始举办企业级的美食节。这与过去那种政府或行业协会主导的大型美食节有很大不同,因为除了市场造势的目的之外,这种企业独立主办的美食节还有一个更重要的目的,那就是通过美食节的运作来发挥项目管理小组的组织威力,使餐饮企业更好地挖掘自身潜力,强化自己在人才和技术上的竞争优势。

在筹办大型美食节或进行大型管理整改时,餐饮企业事实上已经突破了传统的科层式组织结构,这其中最核心的部分就是采取了项目管理模式,即由管理高层出面抽调各部门重要技术骨干组成一个临时的工作班子。这个班子的内部成员来自不同部门,可以是原来部门的负责人,也可以只是技术员工,但在新的项目小组里地位平等,且有着临时的分工和汇报模式。简单说来,就是在原有的组织结构基础上临时增设的一个跨部门小组,小组随着项目开始而成立,项目结束而终结,项目完成后成员们仍然回归原来的部门和岗位。

这种组织模式的最大优点就在于可以集中全企业的精华于一身,而无须再通过复杂烦琐的程序去沟通汇报审批，从而最大限度地激发了专业人才的创业激情和智慧。

这种"矩阵式"的组织结构可以更好地集中企业资源来完成一些传统部门无能为力的重要项目，而且又不会对原来的组织结构和岗位设置造成严重冲击，近年来开始在很多领域得到应用，相信在不久的将来也会成为餐饮业的基本模式选择之一。

（五）模式五：事业部型

这是在餐饮企业发展到相当规模后普遍采用的大型组织结构模式。单从组织形式、信息沟通、岗位设置和财务核算上来说，比过去的直线职能模式要复杂很多，但对于有明显的几大业务板块的餐厅来说却是非常实用，其优势也很明显。

比如说，某企业近年来发展十分迅猛，接连开辟了好几个新利润点，管理层为了便于管理，增设了几个事业部——火锅事业部、海鲜事业部、快餐事业部以及送餐事业部，每个部门都独立有自己下属的直线及职能部门，总部负责为各分部配置资金、人才、设备以及整体营销推广等等。这种多元化格局一经形成，原来的眉毛胡子一把抓式的传统结构肯定不再适用，各个不同事业部在产品工艺、客户定位上的显著差异也宣告了原来那种组织模式的过时。

事业部制的优缺点都十分明显，最大的挑战来自管理分权，独立核算运营的事业部要求总部尽可能地下放管理决策权，因为市场变化不容许他们按照缓慢的官僚程序来反复地申报、审批和讨论，但该不该放权、如何放权以及放了以后如何监督和制约都是管理者必须先解决的重大难题，否则事业部设置就极有可能"徒有其名"了。

三、餐饮企业组织管理的"十四条原则"

法国管理学家亨利·法约尔是现代组织理论的创始者，他在1916年提出的关于组织管理的"十四条原则"。即便过去了近一个世纪，却仍然被誉为管理经典。对于餐饮企业来说，这些原则中的每一条都值得我们在实践中反复思考和不断探索。

（一）分工原则

当任务的强度和复杂性达到一定程度后，管理者就必须主动进行专业化分工，避免让个别员工同时从事太多不同性质的复杂工作，从而达到充分发挥各自能力和知识优势的目的。这对于中基层员工来说，是从根本上降低其失误率的关键所在。

比如在餐厅管理时，基层领班普遍工作负荷较大，此时我们就可以将许多原本由他们做的工作分配给一些老服务员即服务骨干来承担。

一线案例

一个篱笆三个桩，一个好汉三个帮

某宾馆餐饮部最近实行了“副领班制度”改革，员工们反映良好，顾客也明显感受到了餐厅服务质量的明显好转。对于这种新制度的好处，餐厅经理用了一句俗语来形容，“一个篱笆三个桩，一个好汉三个帮”。

所谓“副领班制度”，并不是说餐厅又增加了一批新的管理人员，而是对传统的基层领班职责进行了调整，下放了一些事务性的工作给一些资深服务员，相应地简化了领班的工作内容，以保证他们能将更多精力放在一些重要事务上。

比如过去每餐开餐前，领班要下到厨房去了解当天厨房的生产备料计划和主推品种，然后再在班前会上向员工做相应布置。现在这个工作已经转交给一位曾在备餐间工作过的老服务员。又比如以前餐厅的物品设备报修都必须由领班亲自填写报修单，并到饭店工程部去交涉。现在餐厅确定了由一个老员工做“报修员”，不但要负责填单、送单，还必须主动检查餐厅的设备维护情况。

（二）权责对等原则

权力可区分为管理人员的职务权力和个人权力，其中职务权力是由职位产生的，个人权力则是指由担任职务者的个性、经验、道德品质以及能使下属努力工作的其他个人特性而产生的权力。个人权力是职务权力不可缺少的条件。法约尔特别强调权力与责任的统一。有责任必须有权力，有权力就必然产生责任。

很多餐厅管理人员喜欢动用自己的职务权力，喜欢下达命令，员工完成任务时是自己指挥得当，员工完不成任务是员工能力不济，这是一种很典型的“权责不对等”思想。

（三）纪律原则

纪律是餐饮企业贯彻各项管理指令的基础，纪律松弛本身就是领导不力的必然结果。很多餐饮企业有成套的制度，对各个主要的技术环节也有相应的明确规定，但大部分都停留在纸面上，究其原因就是配套的监督和纪律约束手段不到位，久而久之就降低了制度原本应有的权威性。

（四）管理层次原则

一个人的管理能力和管理范围是有限的，不能无视个人能力和精力的局限。每一个管理人员能直接管理的员工即管理幅度必须与其工作性质、管理对象和组织目标一致，而管理幅度本身也是管理层次即金字塔高度的决定因素。

（五）等级链原则

等级链即从最上级到最下级各层权力联成的等级结构。它是一条权力线，用以贯彻执行统一的命令和保证信息传递的秩序。

（六）个人利益服从整体利益原则

该原则主张消除“无知、野心、自私、懒惰、软弱和人类所有的情欲”，因为当某个人或某个集团企图控制组织时，这些毛病即会引起冲突。

（七）公平原则

这个原则是针对处理工资、福利和利润分成等问题的。报酬必须公平合理，尽可能使职工和公司双方满意。对贡献大，活动方向正确的职工要给予奖赏。

（八）集权和分权原则

在餐饮企业里，集权或分权的程度应视管理人员的个性、道德品质、下级人员的可靠性以及企业的规模、条件等情况而定。一般来说，极端的集权或者过度的分权都不利于企业管理。

（九）统一指挥原则

在一个企业里，管理人员只能有一个直接上级，也只接受一个直接上级的具体指令，否则将会使企业陷入多头管理或双重命令的麻烦，使执行者无所适从。

实践速描

“绝对权威”不等于“见人就管”

喜欢亲临一线是很多餐厅经理的一贯作风，他们的管理准则是“事无巨细，亲力亲为”，但一不小心，他们就犯上了越级管理的毛病，置很多中层和基层的主管于不顾，一直将管理指令下到了最基层的普通员工。

毫无疑问，作为餐厅经营的最高决策者，经理们有无可置疑的“绝对权威”，但这并不等于他们就可以时时事事都插手，更不等于他们可以“见人就管”。

不同层级和不同岗位的管理者在管理对象上是有明确分工的，最高层的经理应该主管餐厅的组织设计、战略规划和其他重大业务事项，而最基层的领班才是指挥普通员工日常操作的直接督导者。对于任何一个员工来说，他有很多上级，但真正能指挥他的则只有一个，那就是他的“顶头上司”。在这里，“顶头上司”不是指职位最高的顶级上司，而是指和他职务关系最靠近的直接上司。

（十）有序原则

餐厅要进行高质量、高标准的服务，就必须维持良好的人和物的秩序。要做到“人有其位，位有其人；物有其位，位有其物”，所有的员工都应有明确的岗位，所有物资都有明确的存放位置和管理技术方案。

（十一）平等原则

即以亲切、友好、公正的态度严格执行规章制度。员工们受到平等的对待后，会以忠诚和献身的精神去完成他们的任务。

（十二）稳定性原则

好的企业都会有一批稳定的员工。稳定意味着对周边环境和技术流程的熟悉，意味着管理团队相互间的配合默契，还意味着员工对企业的忠诚和奉献精神。

（十三）主动性原则

给人以发挥主动性的机会是一种强大的推动力量。必须大力提倡、鼓励员工认真思考问题和创新的精神，同时也应使员工的主动性受到等级链和纪律的限制。

（十四）集体精神原则

职工的融洽、团结可以使企业产生巨大的力量。实现集体精神最有效的手段是统一命令。在安排工作、实行奖励时不要引起嫉妒，以避免破坏融洽的关系。

延伸阅读

用最简单的办法解决最复杂的问题

乱世当用重典，快刀可斩乱麻。

当餐厅陷入一片混乱后，身为最高管理者的你，会想到从哪下手去解决眼前成堆的问题呢？是暴跳如雷，杀气腾腾？还是将问题下放，让手下们去自己折腾？或者干脆一推了之，恨不能再找一个人，把这些麻烦全部承揽过去呢？

事实上，这些都不是办法，越是复杂的局面，解决的办法倒可能越是简单，因为此时出的问题已经可以肯定不再是具体流程、工艺或者个别员工身上的小问题，而是制度层面、组织层面的大麻烦了。那么此时可供选择的唯一方案就是动大手术。

下这样的决心不容易，操作这样的手术就更难了。于是很多人会打退堂鼓，更换一两个员工，行不行？重新培训一下，行不行？修改一下制度，行不行？开几个会议，行不行？

答案是不行。有可能这些治标的办法能收到一时的效果，缓解一时的困境，但如果问题真是到了那种“剪不断，理还乱”的地步的话，可以断定是组织结构和制度体系出了问题，换言之，就是到了必须“治本”的时候了。

比如，有家餐厅的员工服务基本功很差，几乎所有的桌面摆台都跟大排档一样，员工们全凭客人吆喝去进行服务，全无服务流程和规范可言。人们的判断是，培训不到位，因为所谓培训仅仅是在员工进店时以老带新做过几天，主管集中讲了几次课。但这是主管们的错吗?

整个餐厅没有高管人员分工主抓培训，主管抓培训怎么抓、什么时候抓、抓到什么份上，都没有任何详细的制度、文件或者会议纪要予以明确。那么主管在忙着里里外外一大堆事情的同时能有几个心思好好盘算这件事呢？即便他知道该怎么去做好这个培训，但他有这个动力去做吗?

所以，说到底这是都是制度的问题，是组织设计的问题，根子全在管理高层身上，不能彻底解决的原因也就很清楚了。

组织的病，自然只能用组织管理的办法去解决了。看似极其复杂的大麻烦，药方就是这么简单。

第二节　学习型组织：如何能比竞争对手学习得更快

惰性是创新的天敌。餐饮企业管理者最不愿看到的局面就是员工失去了学习和思考的主动性，一味地躺在过去的经验里抱残守缺，从而将学习和创新的任务留给了少数真正有责任感的高层管理人员。打破这种僵局的有效对策就是创建学习型组织，使整个企业能形成全新、前瞻而开阔的思考方式，从而不断突破自身的能力上限，全力实现共同的愿景。但学习型组织尽管听上去非常诱人，却远非简单的尝试就能一蹴而就，业界对此的认识存在太多“望文生义”和“断章取义”的谬误，这些都会导致我们在餐饮管理实践中误入歧途。

一、学习型组织理论的来龙去脉

作为近年来最流行的管理术语，“学习型组织”一词已经深入人心。各种各样的专题培训、书籍和讲座层出不穷，企业家们也不遗余力地尝试着以此为目标来改造自己的企业。餐饮业也不例外，在多次企业专题讲座和培训中主动咨询“学习型组织”概念和具体技术途径的餐厅经理们多不胜数。

如此旺盛的势头自然有管理学者们极力宣讲的功劳，也有咨询培训公司大肆炒作的苦劳，然而冷静下来我们却发现，对基本原理和概念的浅尝辄止使得学习型组织浪潮终于还是陷入了“雷声大，雨点小”的尴尬境地，很少有餐饮企业真正从中实质性受益，更谈不上建成名副其实的学习型企业了，这一切看上去越来越像一场闹剧。

要想了解学习型组织到底是怎么回事，就必须回顾一下有关“学习型组织”理论的来龙去脉，只有掌握了更多的背景知识，才能避免以讹传讹和望文生义的错误。

长久以来，管理学对于企业运行机制和过程的研究都是以实证观察为主，作为一门实用性科学，管理学自身并没有发展出像经济学那么严谨的解释工具，很少能从原理层面来解释企业到底为什么会如此运转。于是以心理学、社会学和系统科学为基础，从20世纪60年代开始，美国麻省理工学院的一批学者们成立了针对组织学习现象的研究机构。

这个研究机构陆陆续续地产出了一批很有价值的研究成果，彼得·圣吉的“学习型组织——五项修炼”就是其中最有影响力的。这项成果诞生于20世纪80年代初，当时整个西方管理学界正忙乎着解释日本企业成功的奥秘，来自丰田等一些企业的实践研究极大地震撼了一直以来自以为是的西方企业家们。学习型组织理论可以被看作是在这个时代最具解释力的理论工具之一。此外还有很多管理技术如“TQM（全面质量管理）”、“JIT（即时生产技术）”以及精益管理等也非常流行。

实践速描

学习型组织理论为何大红大紫

出乎所有人的意料，学习型组织理论在20世纪90年代初流入中国后，竟然会如此炙手可热，毕竟这一理论在学术角度来看尚属于半成品，从实践应用来看也远未成熟。其核心内容——五项修炼只是对企业动力机制的一种阐释，但要想达到预期目标，显然需要开发更多的、更具操作性的管理工具与之配套。

真正使学习型组织理论能如此大红大紫的关键是，市场已经全面进入了靠知识资本、靠智力资产取胜的新经济时代，企业相互间的竞争不再只是有形资源或者社会资本的比拼，而是那些难以管理甚至难以度量的无形资源在起着关键作用，比如微软的崛起，又比如日本企业的全面超越。

相形之下，餐饮业属于相当典型的传统产业，近年来迫于竞争压力，很多企业开始加大了员工培训力度，并且有意识地开始塑造管理团队和建设企业文化，这是产业进步的表现，也是竞争升级的信号。

如果说之前还有一些餐饮企业只是将“学习型组织”单纯理解为一种培训与企业氛围的营造，那么在以后的竞争中我们就必须认真地开始研究什么是真正的“学习型组织”，而不再是赶时髦了。

二、什么是学习型组织

所谓学习型组织，是指通过培养弥漫于整个组织的学习气氛、充分发挥员工的创造性思维能力而建立起来的一种有机的、高度柔性的、扁平的组织。这种组织具有持续学习的能力，具有高于个人绩效总和的综合绩效。

需要澄清的一个常见错误是，学习型组织并不仅仅指组织的每一个成员都在各自学习，更重要的是指以提高团队核心竞争力的共同学习，是一种团队中员工之间有充分的互相交流、能产生可持续性绩效的学习，是能使个人和企业取得快速回报的学习。

结合餐饮业的竞争形势和企业现状，我们一起来探讨理想中的学习型组织应该具有哪些特征。

（一）共同愿景

所谓组织的共同愿景（Shared Vision），就是将组织的奋斗目标以图景的形式呈现在所有员工的心目中，它不再是空洞的口号和枯燥的指标，而是一幅大家都能正确理解并且能激发奋斗热情的画卷，生动丰富而又符合企业发展规划。

一线案例

人人都有机会成为新餐厅的总经理

某餐厅提出基于其在火锅系列产品上的特色，迅速发展成为连锁企业，现有员工都有机会成为新拓展店面的主要股东。

企业新近推出了一系列的高强度培训和创新实验活动，鼓励中层和基层员工都学会从业主的高度来分析客户心理、市场竞争动态和成本控制技术，并且规定每天选拔一名员工临时跟随总经理学习餐厅全面管理……

这些不同寻常的管理手段得到了全体员工的高度拥护，基层员工们也开始学会用总经理的方式去思考问题了。

（二）自主团队

在学习型组织中，团体而不是个人被确立为最基本的学习单位，组织的所有目标都是直接或间接地通过团体的努力来达到的。在所有正式或非正式的员工团队中，“自主管理”成了使组织成员能边工作边学习并使工作和学习紧密结合的最主要方法。通过自主管理，组织成员可以自己发现工作中的问题，自己选择伙伴组成团队，自己选定改革进取的目标，自己进行现状调查，自己分析原因，自己制定对策，自己组织实施，自己检查效果，自己评定总结。

一线案例

营销策划部被改组成为三个营销团队

某大型餐饮企业最近将它的营销策划部进行了组织机构改革。

具体办法是由员工们自由组合成为三个营销团队，每个团队不设负责人而只设一名联络人，每个团队自己制定营销计划，并设定超额完成任务指标。

在一些重大营销时段，三个小组各自提出一个主题计划和辅助计划，三组之间进行公开竞争，中标者可以在全店范围内主持主题营销活动，落选者则继续实施自己的辅助计划。

（三）共享交流

学习型组织固然需要高度重视员工的各种学习方式，无论是学习形式还是学习强度都有别于传统型组织，但这些都不是学习型组织的核心特征。真正使学习型组织能比对手学习得更快的关键是员工的学习过程。员工们在团队学习时应该主动放弃潜意识中的戒备性思维模式，勇于承认自己的错误，并且勇于指出别人的不足。成员间不设置任何人为的和先入为主的障碍，当感觉到存在沟通障碍时，企业应主动采取措施，组织员工相互进行深度汇谈。只有经过这样的系统思维和集体分析，才能真正破除那些束缚决策科学性的前提假设。

一线案例

畅所欲言的饭店内部局域网

某饭店在企业内部建立了局域网，员工们可以自由访问站点上的一些业务讨论论坛，并选择以实名或匿名方式参与业务讨论，也可以自己提出一些话题发起讨论。

最绝的是，一些较重要的决策出台之前，企业会将草案贴在网上征求意见，而一些很尖锐的问题，员工们还可以指名道姓要求哪些高管人员明确答复，如果答复得不明确还会一直追问下去。

（四）以客户为中心的学习和创新

团队学习的焦点，是要以客户为中心，以对客户要求作出最快速的响应、以最迅速解决客户的问题来组织学习。餐饮企业要在竞争中取胜，就必须最快速有效地获知顾客的消费兴趣变化，了解顾客真实的消费心理和期望。这样一来，企业原来的流程和组织形式都打破了，每个人的角色都在转换，新的运作模式下每个人都需要重新学习，而且，组织学习的目标也更明确，就是要奔着为了满足客户的需求而去。

一线案例

顾客消费趋势研究小组

某餐厅近来推出一个新的管理举措，就是由服务主管、营销主管和厨师长等骨干组成顾客消费趋势研究小组，每两天碰头开短会，研究顾客对本餐厅产品服务的意见、市场新菜品和服务技术动态以及点单率分析。

刚开始时小组成员们兴趣不大，每次都敷衍了事，后来总经理亲自参与，并规定每次会议轮流主持，管理高层集体列席但不发表意见，以免误导和堵塞言路。

时间长了，这项制度的效果就出来了，企业的产品和服务结构迅速得到了改善，这就是以客户为中心的学习机制的效果。

（五）容忍错误，拒绝保守

学习型组织的创建与明哲保身的管理哲学是水火不容的，企业之所以能不断进步，关键在于不停顿地创新尝试，不断地探索市场的敏感点并迅速采取对策，这就不可避免地会增加犯错和失败的概率，但这些错误恰恰就是获得创新灵感和获取成功经验的基础，因噎废食的保守主义只能使企业永远成为市场的跟随者，永远无法拥有自己的竞争优势。

很多餐厅经理都非常“谨慎”，在他们看来，一动不如一静，没有绝对把握和十分必要的话，在很多方面的投入都应该慎之又慎。但问题是很多时候“慎之又慎”就成了事实上的保守主义，一些创新举动因为保守心态，往往浅尝辄止，这样的话其实比不投入还糟糕。创建学习型组织的话，这样的心态是必须要彻底改变的，因为保护和鼓励团队的创新激情本身比控制风险更关键。

三、五项修炼：创建学习型组织的基本步骤

五项修炼是美国麻省理工学院彼得·圣吉博士提出的创建学习型组织的基本途径，分别是——自我超越、改善心智模式、建立共同愿景、团队学习和系统思考。其中系统思考是五项修炼的核心，其他四项修炼都要以系统思考为内核，置身系统的全面、动态、本质的思考下开展修炼。

下面我们就结合餐饮企业的管理实践谈一谈创建学习型组织的基本步骤。

（一）自我超越

自我超越是指突破极限的自我超越或技巧的精熟。它是以磨炼个人才能为基础，却又超乎此项目标；以精神的成长为发展方向，却又超乎精神层面。自我

超越的意义在于以创造的现实来面对自己的生活和人生，并在此创造的基础上，将个人融入整个组织之中。自我超越是个人的学习修炼，是一个人对真心所向的目标不断重新聚焦、不断自我增强的过程。如果用有形的标准来看，它是指在专业上具有某一水准的熟练程度。生活中各个方面都需要自我超越的技能，无论是专业方面或自我成长。自我超越的意义，在于创造，在于将自己融入整个世界。

解读：餐饮企业的长期成长和全面超越必须建立在员工和团队的自我超越基础上，比如在由店面向公司、由单店向连锁拓展的过程中，很多企业并不存在资本和客源上的障碍，但员工素质尤其是管理层的素质可能会成为关键阻力，此时应该营造鼓励创新的变革文化，减少管理者对过去经验的依赖，尤其是不能动辄以"过去怎么怎么样"为借口来拒绝改革。

（二）改善心智模式

心智模式是根深蒂固于人们心中，并影响人们如何了解世界，如何采取行动的许多假设、成见、思维方式，甚至可以是图像或印象。这个名词一方面是指人们长期记忆中隐含的关于世界的心灵地图，另一方面，也是指人们日常推理过程中一些短暂的理解。其特点是：根深蒂固、深植于每个人的心中、不易改变。人无完人，每个人的心智模式都有缺陷，但自己往往毫无察觉，大多数人自我感觉良好。同时，心智模式具有实效性，易落伍于时代的发展，需要不断地解放思想，更新观念。

解读：人们在长期的管理实践中，会形成一套关于做人做事的基本主张，这些都将成为管理决策时的真实依据。就影响力而言，心智模式比所谓的经验更重要。比如，很多长期担任服务领班职务的基层管理人员在提升到较高层管理职务后往往不能改变其做事习惯，还总是习惯从具体的流程实务中分析问题，缺乏全局观念尤其是战略观。

（三）建立共同愿景

共同愿景是大家共同愿望的景象，也是组织中人们所共同持有的意象或景象，它在人们心中是一股令人深受感召的力量。它能创造出众人一体的感觉，并遍布组织全面的活动，还使各种不同的活动融合起来。共同愿景的力量源自共同的关切，让人难以抗拒，以至没有人愿意放弃它。它包含了三个方面的要素：一是组织目标，是立足于组织生存发展的需要，为组织"量身定做"的某一时期或某一发展阶段的规划或远景。二是组织价值观，是组织成员在实现既定目标的过程中所遵从的行为方式和价值趋向，是帮助人们迈向共同目标的行为指南。三是组织使命感，让组织成员明确自身在实现奋斗目标中所肩负的使命和职责，从而对组织产生忠诚的归属感。

解读：空洞的企业目标、奋斗口号和单纯的经济刺激都不足以让员工长时间地持续努力，员工手册上那些单调的标语式语言估计连拟订者自己都不会有兴趣阅读。应该使员工的头脑里出现一幅幅生动丰富而又切实可行的目标图景，最关键的是所有员工的头脑里的图景还可以相互对接，内容基本一致，只是细节上有略微差异而已。

（四）团队学习

团队是以整个组织学习为一个学习单位。团队学习的过程是发展团队成员整体搭配与实现共同目标的能力，其作用是发挥团队智慧，使学习转化为现实生产力。组织中众多的团队都变成整个组织的学习单位，并建立起整个企业的组织学习，进而构建成学习型组织这一组织管理模式的基础。团队学习的目的是使团队智商大于个人智商，使个人成长速度更快，并使学习能力迅速转化为生产力。

解读：团队而不是个人应该成为企业管理的一个基本单元，我们在餐饮企业里进行职位设计、岗位设计和业绩评估时都应该意识到团队才是创新的主体，基于团队的学习才具有真正的现实经济意义，也才能真正上升为组织的无形资本，从而减少企业对个别员工的技术依赖和资源倚重。

（五）系统思考

按照系统思考去研究处理事务，就应把所处理的事务看作一个系统，既要看到其中的组成部分（元素或子系统），还要看到这些组成部分之间的相互作用，并从总体的角度对系统中的人、物、能量、信息加以处理和协调，不能只见“树木”不见“森林”，也不能只见“森林”不见“树木”。为真正有效地研究解决包括企业管理在内的各类实际问题，应做到既有分析，又有综合；既有分解，又有协调。实践中，人们用系统思考求解实际问题通常有三个方法，即看长期处理近期，看全局掌握局部，看动态把握静态。

解读：餐饮管理实践中的小山头主义比比皆是，比如大厅与厨房、新老员工以及不同班组之间都存在完全从自身角度出发的利益主张，这些也就成了管理者每天必须花费大量时间精力予以协调的问题。而学习型组织的最高境界就是能使整个企业像一个人一样去思考，能最大限度地占有决策信息，从而不会被一时或者某些具体的假象所迷惑。

延伸阅读

学习型组织不等于天天培训

在餐饮业界，学习型组织的热度让管理学家们都始料未及，几乎每次企业培训时，都会有人们发问——“如何将我的企业建成学习型企业”？

近年来的学习型组织推广实践表明,从理论到实践之间还有很长的路要走,比如心智模式,即一种思维惯例是如何形成的,团队学习应该与什么样的组织设计和信息通路设计相对应,以及团队工作的绩效如何评估等等,都需要我们进一步开发更多的实用工具和方法。

当然,学习型组织理论和方法的研究近些年来取得了巨大的进展,尤其是随着对人力资本和知识管理理论研究的不断突破,现代信息技术的广泛应用都为我们提供了很多有利条件,更何况在餐饮业业务结构相对简单、信息采集相对比较容易的情况下,我们完全可以着手尝试使自己的企业向学习型组织转变。

在实践中,我们却已经看到很多企业充当了急先锋,早就大张旗鼓地宣布开始创建学习型组织了,然而在详细浏览了他们的方案后,你会惊讶地发现,所谓的"学习型组织"在他们的策划设计下已经变成了标准的"全面培训"计划了,除了内容上高度强调培训外,连对学习型组织的描述都是反复强调所谓"学习力"之类的似是而非的概念。这样的学习型组织不建也罢。

学习型组织不等于全员读书,更不等于天天培训,它是对组织运行的内在动力机制的一种形象化归纳,如果一定要非常直白地将其按照管理实务的形式进行描述的话,我们可以将之理解为一种高度共享、信息通畅、等级模糊、鼓励创新且高度容忍失误的企业文化,理解为为了消除管理惯例影响而刻意进取,保持对环境和客户高灵敏度的一种组织手段。

不要再赶"人云亦云"的时髦,更不要再犯"望文生义"的错误。

第三节 核心管理团队的建设、配置和团队式管理的精髓

对于所有的餐饮管理者来说,在经营过程中最匮乏的往往不是资金,不是技术,也不是客户资源,而是管理上的规范框架和成熟文化,这一点最直接的表现就是一个高水平的核心管理团队尚未形成。我们经常对餐饮企业的一些管理骨干的能力感到失望,企业也始终在不停地更换高管人员,但这些并不能改变我们"将到用时方恨少"的尴尬。解决这些问题的出路应该是立足企业和市场实际,精心配置和建设属于自己的核心管理团队。

一、核心管理团队:永续经营的基础

几乎每一个餐饮业主都有做"百年餐饮"的梦想,但事实上能存活三到五年

的企业都非常罕见。对于餐饮企业来说，一时的红火可以靠市场造势或者人脉经营，而永续经营的成功却必须建立在一个优秀的核心管理团队多年如一日的辛勤劳作之上。

很多管理大师都以其名下的管理团队为荣，如早年的美国钢铁大王卡耐基就曾说过，"我可以在一夜之间失去所有资产，包括厂房、设备等等，但只要我的团队骨干都还在，5 年之内我还可以再建一个美国钢铁公司"。

对于中国的企业家来说，我们也曾目睹一个东山再起的现代版本，曾经在"巨人"汉卡上起家又倒在"巨人"大厦项目上的史玉柱就是依靠着一直跟随着他的核心团队，在破产后凭借着朋友友情支援的 50 万元资金和团队骨干们的私人积蓄重新起步，才有了今天的"脑白金"奇迹。在史玉柱成功"翻身"后的媒体感言中，他无数次地提到他最大的资本就是一直跟随着他的不离不弃、高度默契的创业团队。

二、核心管理团队的基本特征

核心团队绝不等于普通的工作团体。一个只是按部就班、忠于职守的管理班子是很容易组建的，但餐饮企业真正缺乏的是"teamwork"式的团队，这样的团队应该具有这么些特征：

（一）人员稳定

餐饮企业不比大规模制造型企业，其管理核心团队人员量少质精，一般在 2～5 人，每人都有着非常明确的分工且能独当一面，一旦有人员变动如跳槽或者休病假，其工作空缺很难找到合适人选顶替，所以团队成员相互间都知根知底，配合默契，要么高度稳定，要么同进同退。

（二）能力互补

团队成员相互间的默契不是建立在知识能力结构同质化的基础上，而是因为意识到各自在知识和阅历上的不同和互补之处，合作才会真正达到"1＋1＋1＞3"的目的。一般来说，餐饮企业的核心团队成员既有技术上的能手，也有管理上的好手；既有精通市场行情的里手，也有熟悉企业流程的熟手。

实践速描

为什么"人多力量却不大"

在餐饮管理实践中，我们可以看到很多餐饮企业的高管人员都很精干，但绑在一起却成不了事，其中一个很重要的原因就是他们的精干往往都局限于相同的方面，结果造成团队整体能力的方向性偏差。

某餐厅的高层全部都是厨师出身，他们中间的每一个人都获得过国家级的金奖，也是当地烹饪界最有影响力的名厨师，这样的组合在业界被认为是“豪华得有些奢侈”的“航空母舰”。

名厨云集的餐厅在出品质量和菜式创新上的确无可挑剔，慕名而来的食客们络绎不绝，但名厨们也有自己的缺点，他们对于餐厅的进销存即基本的财务管理流程比较陌生，而对于大型的主题营销活动策划、连锁经营的资本运作以及餐厅赢利模式的变革等等就更谈不上擅长了，而所有这些问题在越来越多的外地知名连锁餐饮企业进入本地市场后终于全部显露了出来。

经过几年的红火后，曾经辉煌的金字招牌餐厅终于褪去了华丽的外衣，最终走向了没落。

（三）配合默契

在高水平的管理团队中，拆开来看单个人的履历，未必是很突出，其能力在同行中甚至算不上出类拔萃，但一旦整合在团队里，以团队的形式来操作项目或管理企业则威力倍增。一个成熟的团队往往是经历了较长时间的斗争、辩论、沟通和合作后才会逐步成型。

很多餐厅开业之初精诚团结的局面往往只是短暂的，因为人们可能是隐忍了自己的个性甚至委屈自己来成全大局，但矛盾迟早是要爆发的，有问题也终究是要呈现的。只有经历了“团结——矛盾酝酿——解决——团结”的多次循环，对彼此的人品、个性、能力和做事风格都高度了解后，团队才算是基本磨合到位了。

（四）奉献精神

区别核心团队和普通的职业团体的一个重要标志就是团队成员的奉献精神。

实践速描

开业筹备团队为何都不能“长治久安”

熟悉餐饮业市场的人都知道在社会市场上有很多专门从事开业筹备的职业经理人团队，水平参差不齐，他们随时在寻找新的工作机遇。

就能力而言，这些职业经理人团队都具有一定的专业素质和历练，彼此间有长期配合，比较默契，有较高的工作效率，往往能在短时间内将一个尚在起步摸索中的餐饮企业梳理得风调雨顺，快速地建立起一套管理规范和制度体系。

但“好景不常在”，这样的团队与投资者心目中的理想团队是有绝对差距的，他们最缺乏的就是与企业同进退的奉献精神，缺乏“巨人”倒下后核心层员工几年不领工资陪着史玉柱二次创业的奉献精神。

这也就解释了很多成功企业的管理高层看似不怎么起眼，也缺乏在国内外知名企业的管理经验，但就是实用好用，因为能力是可以随着时间逐步提高，知识可以随着时间逐步积累，而奉献精神却不是说有就能有的。

（五）乐于创新

稳定忠诚的管理团队并不是餐饮企业成功的全部保证，很多总经理一开始就很注意培养自己的班子，不管事业如何起伏，始终都会留几个亲信心腹在身边的。

一般来说，这样的员工在人品、责任心和奉献精神上都是绝对可以信赖的，其能力在企业开创之初也是基本够用的，问题往往出在随着企业本身和竞争环境的变化发展，其知识结构不能及时更新，其专业视野不能与时俱进，面对市场信号反应迟钝，对竞争格局的变化极不敏感或无能为力。

很多老牌的餐饮企业如全聚德、东来顺等在其战略转型的过程中都曾面临核心团队成员知识结构陈旧，无法适应资本运作和连锁经营扩展的要求。而一些快速崛起的新兴品牌如小肥羊、谭鱼头等则能较好地解决这个问题。

很多餐饮企业高层普遍擅长于日常运营管理，但在策划大型主题活动、菜品有计划大规模创新研发以及连锁拓展等方面却“心有余而力不足”。很多在单店经营中获得了巨大成功的企业都会遭遇到“由店面向公司转变”时的种种障碍。

三、核心管理团队的人员构成

就时下我国餐饮企业的发展现状而言，竞争已经由单纯的产品竞争、资本竞争上升为全方位的战略竞争和人才竞争。面对这样的竞争形势，核心团队的成员构成自然有着与过去截然不同的新要求。一个高水平的餐饮企业管理团队除了必须擅长基本的运营管理，具备扎实的管理基本功之外，还必须是一个乐于创新的创业型团队，其成员的知识结构也应较传统经营模式更多元化、现代化。

一个理想的餐饮企业核心管理团队，其人员组成应该遵循以下专业知识结构：

核心管理团队＝战略规划主脑＋企业理财能手＋菜品研发主持＋市场营销主管＋服务管理熟手

（一）战略规划主脑

这一般是特指总经理应该扮演的角色。

餐饮企业长期以来看重的是经验管理，立足于“开一家店便做好一家店，做稳了一家再开下一家”，但事实上企业到底选择什么样的客户，定位于什么样的市场，设计什么样的产品方案以及弘扬什么样的特色等等都需要周密的计划和不停的调整。每天将有限的精力耗费在日常营运管理的总经理是不合格的，因为有更多更重要的问题需要他去关注和思考。

（二）企业理财能手

在大多数餐饮企业中，从物品材料的申购开始到打烊后的会计核算，财务管理的基本功都很不扎实。很多餐厅的原始单据不健全，报账不及时，仓储不科学，损耗不合理，既没有准确测算出毛利率、保本点，也没有制作标准食谱，规范菜品酒水的材料成本结构。

很多企业长期陷入应收账款过多，现金流量短缺的困境，这些都是因为企业缺乏一个真正意义上的理财能手。一个懂得现代进销存管理、熟悉资本运作的财务经理，这是普通会计和简单意义上的勤俭节约所不能替代的。

（三）菜品研发主持

一个好的厨师长是众望所归，但如果你对餐厅有更高的期望的话，那么这个厨师长的职能还得再上一个台阶，他必须成为企业的菜品研发的主持者。

餐饮业的竞争之残酷，淘汰率之高都源于顾客口味上的“见异思迁”，只有既能始终保持高强度的创新力度，又能在产品的升级换代过程中逐步提炼形成鲜明的自有特色的餐厅才能抵挡住其他企业的新产品攻势，才能化解对手的模仿竞争，才能始终领导行业的消费潮流。

（四）市场营销主管

除了极少数顶级特色品牌之外，绝大多数餐饮企业都没有资格“等客上门”，即便有些餐厅眼下生意红火，但只要换个地段和环境，生意马上就下来了。市场拓展缺乏针对性，营销手段缺乏战略性，是很多餐饮企业的通病，尤其是很多产品本身有特色但却始终火不起来的餐厅都必须认真检讨一下自己的市场战略和营销规划。

很多餐厅也配备了专职的营销人员，但其职责定位主要是招徕客户即“拉单”，而没有从企业运行的高度上去思考产品的定位、客户的定位和客户行为，更没有以此为基础去策划有针对性的营销主题活动。一言以蔽之，因为没有高水平的营销主管，大多数的餐饮企业仍然停留在单纯“人员推销阶段”，所谓的“营销经理”充其量也就是个“推销小队长”而已。

（五）服务管理熟手

原本以为这可能是核心管理团队中最易配置到位的人选，事实上每个餐厅也都会有这么个主管员工服务和日常事务的“内当家”。但如今很多餐厅的服务基本功水平下降非常明显，服务质量很不稳定，原因大都出在这个人身上，尽管他非常勤奋，非常敬业，但有时勤并不能补拙，他作为整个餐厅的服务技术源头，本身必须精于此道、乐于此道，必须能紧跟行业发展趋势，积极引进新的服务技术和设备，而现在的很多餐厅主管却将更多的精力放在了现场管理和毫无意义的事务处理上。

延伸阅读

警惕团队建设中的"权术阴谋"

经常会有一些餐饮企业的老总津津乐道于他们如何与自己的高管人员间"斗智斗勇"的故事，如怎样收服桀骜不驯的厨师长，怎样"看穿"外聘餐厅经理在采购上要小聪明的诡计，怎样刻意利用经理主管间的矛盾来促进他们间的相互竞争等等。

实际上，这并非明智之举，在核心管理团队建设中应该多一些坦诚和信任，少一点猜忌和心眼，因为这样的"权术阴谋"无论最后谁赢谁输，受损失的只会是企业本身。在我国，大多数餐饮企业的管理模式基本上还停留在粗放式的经验管理，高管人员的归宿感和奉献精神仍然对企业的可持续经营有着决定性影响。

一个真正打算"做大做强"的餐饮企业必须有一个能力知识甚至是做事风格和个性都能高度互补而又配合默契的核心管理团队。这样的团队无论最初是怎么走到一起的，但要真正捏合成为一个整体，需要企业领袖足够的耐心和诚意。

团队成员能力素质的异质性和互补性决定了这样的磨合将会是个很艰难的过程，也一定会有很多的矛盾和冲突发生。比如财务总监和行政总厨关于标准食谱的测算；又比如营销总监和服务主管关于服务质量的评价等等。这些矛盾起初一定是在工作层面，只有在缺乏引导甚至被误导时才会演变成为个人间的矛盾甚至是相互诋毁。

此时企业领袖要担任的就不只是"裁判员"或者"调解员"的角色了，他必须以开阔的胸襟和制度的力量将争端重新引导回技术层面。如果大家对其中的方法和技巧感觉难以把握的话，不妨看看《三国演义》，细细品味一下刘备是如何将诸葛亮、张飞以及关羽等一帮文臣武将捏合成一个富有战斗力的集体的。

不要沉溺于将手下玩弄于股掌间的权术游戏，这是领导者最容易上瘾的陋习，也是创建百年企业的头等大敌。

第四节 平衡计分卡:将绩效评估和战略管理延伸到所有部门和个人

对于餐饮企业而言,绩效评价是很多组织管理工作的基础,薪酬支付必须以绩效考评为依据,晋升选拔要以业绩贡献来服人,就连培训设计也要从绩效评价过程所发现的问题入手。但过去我们习惯使用的财务指标评估法已经越来越不适应现代企业竞争的需要,无法对各个层面员工以及非营业部门的贡献进行有效衡量,使得一系列基础管理活动都无法有效展开。更重要的是财务指标考评法只能对已经发生过的事情做事后评价,而无法从活动评价中发现餐厅的未来发展趋势。平衡计分卡就是一种为了解决这些缺陷而创造出来的新方法。

一、平衡计分卡,为什么

西方发达国家的很多企业在20世纪后半叶先后尝试了很多新式管理工具和技术,从MRP(作业计划)到ERP(企业资源计划),从TQM(全面质量管理)到6σ(六西格玛)等等,但都是对部分流程和局部工作的有限改良,这也就直接导致了从80年代开始全面流程再造(BPR)风潮的兴起,越来越多的企业家意识到小打小闹式的修补并不能为企业带来具有战略意义的竞争优势,企业必须从根本上重塑价值流程,但遗憾的是BPR技术是"只破不立",所谓全面推倒重来后的全新流程未必能使企业比过去有更好的业绩,在很多著名企业的BPR工程实施了若干年后,人们发现真正能从中获益的企业并不多。由于没有科学的绩效评估办法的支持,所以流程的任何改变都无法与实际效果紧密联系起来,这不但影响了再造操作时的科学性,也无法坚定管理者们坚持到底的信心。

平衡计分卡(BSC)方法自1992年诞生以来,迅速风靡全球,成为企业绩效管理和战略实施的利器。与传统的基于财务指标体系的企业绩效考核方法有着本质区别的平衡计分卡技术更侧重关注那些对构建企业战略优势有着关键贡献的重要指标(KPI),其指标体系的设计围绕着四个基本层面即财务、客户、内部业务流程和学习与成长展开,从而提供了一套能将战略切实转化为各个层级所有员工的具体行动的系统工具。

而反观基于传统财会指标的考核模式,它至少有两大弊端是被餐饮业界所共知的。

其一,会计指标反映的是企业过去的数据,而这已经成为既成事实,并不能必然地代表企业的未来发展趋势,甚至可能会诱发企业为了达到单纯的财务数据指标,而采取一系列的短期行为。

比如，很多餐饮企业经常犯的一个错误，就是将营销指标直接分解到每个管理者和普通员工身上，致使大家都无心本职工作，全部忙乎着去完成这些指标了。

其二，会计指标是一种静态的表层指标，它对财务资源的反映是精确具体的，但对企业的无形资产和智力资产却是一筹莫展，依仗现有的财务技术我们可以肯定无法为企业估算出一个无形资产的准确价值。

在信息时代，这些无形资产的作用可能比有形资产大得多，如我们已经领教过的麦当劳的品牌战略、跨国饭店的客户资源优势等等都是明证，但对此我们"知易行难"，光知道这些很重要，就是没有办法去实实在在解决。

二、平衡计分卡，是什么

"如果你无法衡量，那么你就无法管理"。这是平衡计分卡的发明者卡普兰和诺顿博士为平衡计分卡技术的设计初衷做的一个注解。我们很多餐饮企业之所以无法将自己的品牌建成谭鱼头、喜来登，一个最基本的原因就在于我们从来就搞不清自己的品牌资产到底有多少，这是再好的财务总监也算不明白的东西。既然谁都说不清到底是多少，那么如何建设、如何投入、如何管理也就是一句空话了。

推而广之，我们在实践中不能衡量的东西还有很多，比如我们的员工能力到底怎么样？我们的中层骨干到底为部门建设做了什么？我们的顾客到底有多满意多忠诚？职能部门到底为营业部门提供了多少支持……说实话，餐饮企业管理过程中像这样说不清楚的地方实在是举不胜举。但问题是，这些东西真的就不需要衡量吗？

管理经典

平衡计分卡的基本指标体系

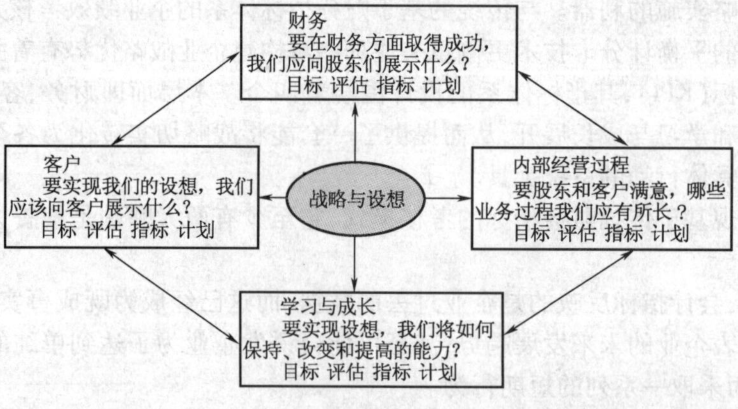

答案显然是否定的，餐饮业竞争来竞争去，到了今天这种形势，已经不再单纯是比谁资本雄厚、设施豪华，而是比无形的东西，客户、员工、技能、品牌和创新能力。但当你真的要在这些无形资产上大量投资时，心里多少会是有点不托底的，因为此时传统的财务指标已经发挥不了导航和评价的作用。你会越来越强烈地有将钱往水坑里砸的感觉，日子一久，你的投资力度就会很自然地小了下来。

平衡记分卡从四个不同的视角，提供了一种考察价值创造的战略方法：

(1)财务视角：从股东角度来看，企业增长、利润率以及风险战略。

(2)顾客视角：从顾客角度来看，企业创造价值和差异化的战略。

(3)内部运作流程视角：使各种业务流程满足顾客和股东需求的优先战略。

(4)学习和成长：优先创造一种支持企业变化、革新和成长的气候。

利用平衡记分卡，餐饮企业的管理人员现在可以测量自己的企业如何为当前以及未来的顾客创造价值了。在保持对财务业绩关注的同时，平衡记分卡清楚地表明了卓越而长期的价值和竞争业绩的驱动因素。

这种"测量"已经超出了仅仅对过去的业绩进行报告的范围。因为管理人员所选择的测量方法能告知企业什么是重要的，所以测量工作把焦点放在了未来。为了充分利用这种优势，应该把测量方法整合成一个管理体系。因此，我们要把平衡记分卡这个概念加以改进，并且表明它是如何超越了一个业绩测量体系而成为一种战略管理体系的组织框架的(见上页图)。一个战略记分卡代替预算成为了管理过程的核心。事实上，平衡记分卡成了新战略管理过程的运作体系。

平衡计分卡当然不是万能的，但它抓住了一个关键，那就是采用衡量未来业绩的驱动因素指标来弥补仅仅衡量过去业绩的财务指标的不足。简单地说，就是我既然不能直接衡量未来业绩和无形资产，那么我就去研究、去分析到底是哪些因素会与未来业绩有因果关联。按照这样的思路，一线员工就必须真正了解他们的决策和行动将造成的财务后果，而高层管理者也必须明确长期的财务成功是由哪些因素驱动的。

三、平衡计分卡，怎么做

平衡计分卡的关键有两点，一是重点计量关键业绩指标(KPI)而非所有指标，很多餐饮企业都会错以为平衡计分卡是全面取代原有指标体系，其实不然。传统的目标管理体系依然有效，针对服务质量的一些考评办法照样能用，财务数据报表也还是每天得看，企业只不过是在传统的全面绩效考核基础上增加了一套新的重点关注企业战略核心流程的特殊指标而已。二是"平衡"，除了关注一些基于过去业务行为的绩效指标外，更要将一些可能会影响未来业绩的动因性指标纳入进来，简单说来就是既要度量"果"还要度量"因"。按照这种思路，财务指标只是“果”，而其他来自客户、员工能力以及业务流程方面的更多指标才是“因”，尤其是困扰业界多时的、很多无法直接度量的指标都用这样的思路进行处理，从而使得显示性指标发挥了意想不到的作用。

总结成功实施平衡计分企业的经验，可以将平衡计分卡的实施概括为以下步骤：

（一）建立餐饮企业的愿景与战略

确定企业的整体竞争环境，找到当前的位置以及未来的目标，可采用“SWOT 分析”（竞争环境分析法，S-strengths，W-weakness，O-opportunity，T-threaten）或者“PEST 分析”（宏观环境分析法，P-politics，E-economics，S-society，T-technology）等方法。企业的愿景与战略要简单明了，尤其重要的是便于设计和采用一些业绩衡量指标。

（二）构建或确定企业的构思与战略

企业可以成立专门的平衡计分卡小组（绩效管理领导小组）去解释企业的愿景和战略，并建立财务、顾客、内部业务、学习与成长等四类具体的具体目标。这些衡量点应该明白易懂，出于战略的考虑也可以增加其他方面的目标，在餐饮企业中，我们可以将产品研发等单独作为一个大的门类进行考评。

（三）确定成功的关键因素

为四类具体的目标找出关键业绩衡量指标（KPI）。采用系统思考的方法，充分考虑不同指标间的相互影响，确保它们能全面而又长远地反映所需考虑的各方面。

（四）加强企业内部沟通与教育

利用各种不同沟通渠道促使各层管理人员以及员工充分了解企业的愿景、战略、目标与业绩衡量指标，在高度一致的基础上制定具体行动计划。这些计划必须细化为每年、每季甚至每月 KPI 的具体数字，并与餐饮企业的整体计划和预算紧密结合。设计和宣讲指标时应高度注意各类指标间的因果关系、驱动关系与连接关系，确保它们既包含短期目标，也包含长期目标。

（五）执行和评价

按照行动计划的优先级进行执行，将每年的报酬奖励制度与平衡计分卡挂钩。

（六）反馈与调整

经常采用员工意见修正平衡计分卡衡量指标并改进企业战略。

通过平衡计分卡技术，餐饮企业可以在以下几个方面发挥传统绩效管理方法所不能起的平衡作用：

（1）外部衡量和内部衡量之间的平衡——将评价的视线范围由传统上的只

注重企业内部评价，扩大到企业外部；同时以全新的眼光重新认识企业内部，将以往只看内部结果，扩展到同时还注意企业内部流程及企业的学习和成长这种企业的无形资产。

(2)所要求的成果和这些成果的执行动因之间的平衡——清楚其所追求的成果(如利润、市场占有率)和产生这些成果的原因即动因(如新产品开发投资、员工训练、信息更新)，正确地找到这些动因，通过平衡记分卡的实施而有效地获得所要的成果。

(3)强调定量衡量和强调定性衡量之间的平衡——通过平衡计分卡引入定性的指标以弥补定量指标的缺陷，使绩效评价体系具有新的实际应用价值。

(4)短期目标和长期目标之间的平衡——企业发展的速度越来越快，现实要求企业不但要注意短期目标(如利润)，而且还必须将未来看得更远些，以制定出长期目标(如顾客满意度、员工训练成本与次数)，通过平衡记分卡监督企业在向未来目标前进的过程中的位置和方向的指标。

延伸阅读

平衡计分卡，餐饮企业该注意些什么

对于餐饮企业来说，要想成功地实施平衡计分卡是一项巨大的挑战，需要投入相当的成本。

首先从时间投入上来说，导入平衡计分卡系统至少需要5~6个月，而要使其全面发挥效用，还需要反复调试和修正，总的开发时间大概需要一年甚至更长的时间。这对于习惯于以季度为业绩考评时长的餐饮企业来说，的确有些难度。

其次是用于平衡记分卡的衡量指标通常很多，如果餐饮企业本身没有鲜明的市场定位和清晰的发展战略的话，如何选择适用的指标就成了一个大难题。平衡计分卡作为一种绩效评估方法，并不是对传统绩效评价方法的全面取代，而是更关注于餐饮企业核心利益的评价方法，但问题是必须先明确什么才是企业的核心利益。

第三个问题来自经营管理信息的精细度和质量，这会在很大程度上影响到平衡计分卡应用的效果。大多数餐饮企业都没有完全意义上的管理信息系统，这使得很多数据和资料的获取必须依靠员工的自觉和专业意识。这在高强度的工作环境下显然不容易实现。如何减少非相关信息，抓住信息统计的关键数据是对管理者的全新挑战。

餐饮企业财务效益的产生往往滞后于管理整改，这使人们对投入与产出、

成本与效益之间的比较很可能出现严重偏差。比如,餐饮企业应用平衡计分卡后,往往会出现客户满意度提高,员工满意度提高,效率也提高,但财务指标下降的情况。这里面关键的问题就是如何将非财务指标的改善转化为对未来财务指标改善的分析依据。也就是说,我们应该坚定信心,近期的顾客满意度或员工满意度的提升必然会导致以后的财务指标提升。

第五节 员工队伍的招聘离职管理和供需动态平衡

一支稳定的员工队伍,一批招之即来、来之能战的合格员工和一个知根知底、与企业一同成长的基层团队,这是每一位餐饮业主都梦寐以求的经营基础。但在实践中,管理者们总是会面临很多来自中基层员工人事管理的困惑——如很难招聘到合适的员工,或者找到了却又很难留住他们的心;又比如,企业总是非常被动地接到员工的辞呈而左右为难,有意培养选拔基层员工参与管理效果却总是差强人意,最可怕的是遇上员工以集体辞职为要挟而企业却无力应对,只得一次次妥协。解决这些日常组织管理过程难题的出路就在与有效维持好员工队伍的供需动态平衡。

一、基层人事管理的八大"短视症"

很多餐饮企业在基层人事管理过程中总是存在这样那样的"短视现象"。归根结底,这些在员工队伍建设和管理中所遇到的问题其根子还是思想上不够重视,总是下意识地将这些基层的服务和技术人员当作挣钱糊口的廉价劳力,招之即来,挥之即去;制度上不够规范,对员工的进出和培养总是凭意气用事,没有系统的制度和长远的规划可以遵循。

反映在实践上,管理者总是很难提前预见到各种问题的产生,而只能是被动地等着麻烦上门,出现一个解决一个,"按下葫芦起了瓢"。

细数下来,这些来自基层人事管理的问题大概有以下几种典型形态:

(一)症状之一,"临时抱佛脚"

企业没有系统的人力资源规划和完善的员工招聘网络,总是在出现了职位空缺后急急忙忙地四处托人物色和胡乱招聘,不管合适与否,先拉来上岗了再说。

(二)症状之二,"试用期陷阱"

有些企业的员工队伍一直处在变动之中,每过一段时间员工面孔就会换掉一大半。员工们相互之间配合生疏，岗位培训不够系统，原因就在于大家差不多都是试用期员工。试用期越来越长，从一个月到三个月甚至半年，工资倒是省下来了，但人心却是从来就没安稳过。

（三）症状之三，“宁选丑女，勿要靓妹”

“宁选丑女，勿要靓妹”，是时下很多饭店真实的用人原则。道理很简单，因为外貌出众、素质一流的员工心眼总是很活，跳槽走人的概率很高，所以与其花高工资请这帮“这山望着那山高”的高水平员工还不如选一些条件一般、老实听话的员工，使唤起来没那么多顾忌，也不用担心她们会为工资低或者加班多而造反。

一线案例

终于没人跳槽了

杜经理是小吃店老板出身，但不久前在某三星饭店的餐饮部经营招标中他开出的价码最高，从而一举中标，成了承包经营的餐饮部经理。

接手餐饮部不久，杜经理就接连遭遇几次规模不小的“员工离职风波”。很多员工因为对杜经理沿用小吃店的落后管理模式非常不满，在领到第一个月工资后，不约而同地递交了辞职信。

接下来几个月，杜经理几乎为稳定员工队伍操碎了心，员工们也是走马灯式地换个不停。一些老主顾们开玩笑说，你这里都快成火车站了，每次来吃饭见到的服务员面孔都是新的。

痛定思痛，杜经理细细琢磨了一番，最后得出一个结论，那就是这些员工之所以老爱跳槽，就是因为他们自以为了不起，看不起他这个小吃店老板出身的经理，于是一气之下，也不管饭店关于员工素质的规定了，直接从自己的小吃店调了几名服务员来。

之后杜经理又陆续从自己老家招聘了几批员工。与一般餐饮企业不同的是，他选人的原则是模样不要太好，文化不要太高，反应不要太快。原因很简单，因为这样子的员工干不了几天肯定会跳槽的。

重新组建后的餐饮部员工队伍终于稳定了下来，半年时间下来也没有人再跳槽，但服务质量从此也下来了，投诉率也节节攀升。杜经理很快又将有新的烦恼了。

（四）症状之四，“进门容易出门难”

为了能稳定员工心思，让他们安心工作，不要“见异思迁”，很多餐饮企业爱出“高招”，总是要求员工缴纳高额押金，扣押其重要证件如身份证、学历证等，交不起押金也没关系，首月工资就算是给抵押了。有了这些抵押物在手，再想走就没那么简单了，不折腾你个心力交瘁，不克扣得你颗粒无收，是绝不会放行的。

（五）症状之五，"匆忙上岗，自学成才"

说是有很长的实习期，其实也就是个发低工资的借口，实习期内员工基本上就按照正式员工的要求在干活，所谓的培训也就是走走过场，企业很少有循序渐进的系统培训计划，员工也只能靠自己的聪明和勤奋在实践中自己琢磨，自学成才了。

（六）症状之六，"加班加点没商量"

国家是有劳动法，地区也有劳动监察部门，但量员工也没那个胆，现在劳动力市场僧多粥少，有份工作也不容易。所以业主们安排加班加点也就没什么顾忌了，一周六天，每天十小时，爱干不干，有的是人愿意干。在早些年餐饮业工资水平相对还算不错时，这种没休止的加班现象几乎成为行规了。

（七）症状之七，"人浮于事，想开就开"

餐饮企业到底该配备多少名员工？这个看似简单的问题很多企业从来就没计算清楚过，因为员工能力有大小，工作效率有高低，更重要的是企业生意也会淡旺不均，所以如何设计员工排班，如何尽快提高员工熟练程度就成了基层管理者的基本功了。但一些技术含量较高的工作很多管理者就是做不来，他们的办法大致就是生意好时就要求饭店增招人手，而一旦生意回落就只能挖空心思请员工走人。

（八）症状之八，"简单粗暴，歇斯底里"

基层管理的工作重心之一就是研究服务技术，改进服务流程，技术的优化和流程的改进才是提高服务质量的关键。这些观察、分析和研究工作是不能指望基层服务员工能自发自觉地完成的，因为他们既没有这个职责也没有动力。基层管理者尽管有这个职责，却未必懂得如何系统地去规划和实施服务质量的技术研究，因此没有了技术，就只剩下了责任，工作方法自然就成了"简单粗暴"的"吆喝"和"训斥"了，到极点时自然就有那么点"歇斯底里"的味道了。

二、基层人力资源总量规划

在大型餐饮企业里，人力资源的总体规划通常是由专职的人力资源部门来运作实施，如果餐饮企业没有独立设置人事部门，则可以由分管的高管人员在助手的配合下履行其职能。这里简单地介绍一下餐饮企业人力资源规划的程序、原则和基本技术。

基本程序如下：

（一）盘查家底，核查并评价企业现有人力资源

很多餐饮企业都建立了简单的员工人事档案，但几乎都是一些简单的个人信息和证件复印件，这离真正意义上的人力资源信息系统还有很大差距。企业有必要进一步弄清现有人员的数量、质量、结构以及人员分布状况，最终都汇总成为企业组织结构图和人力资源配置表格。

为了能更好地反映员工能力和工作表现，我们需要建立健全员工的个人信息库，包括员工的个人自然情况、录用资料、工资状况、工作经历及表现、绩效考核记录、职务及离职记录、工作态度、培训和教育情况、奖惩记录等等。

这些信息和情况应该做到随时可以从员工的个人档案和相关记录中调阅，并由基层管理人员定期进行评估和更新。

（二）以企业发展战略规划和预期市场业绩变化为依据，测算企业在今后较长时期内的员工总数及职位分布情况

根据企业经营状况的变化趋势，准确预测未来较长时期内企业发展需要补充和更新的人员数量及质量，这其中包括了企业规模的扩大、连锁拓展计划、经营重点的转向以及业务淡旺季的分布等因素的可能影响。

我们可以尝试按照时间表来开列不同时间点上企业可能需要的员工数量及能力素质要求，比照现有人员家底，很容易就可以估算出在未来不同时期的员工更替计划，并力争将员工的吐故纳新做在前面，在可控制的前提下实施员工的有计划更新。

（三）根据现有人员预计变动情况，关注企业招聘网络信息，测算员工离职和缺口数量及职位分布情况

根据前面预测到的企业不同发展时间点上的员工需求量和供给量，确定人员的质量、数量、结构和分布状况，进行精确对比，从而得出企业发展过程中每个阶段的理想人力资源配置和净需求量。

企业重点培养哪些员工、保留哪些员工以及更新哪些岗位都应当有非常系统的计划，当然那些处在更新边缘上的员工可能会因此有思想浮动，但只要企业能为其设计好合理的工作转向计划和妥善安置，员工应该会乐于接受。但不管员工个人是否接受，以企业前景和竞争形势为依据作出的人员更新计划是必须按步骤予以实施的，不得随意变更，这是对经营规律的尊重，也可以避免“因人设岗，因人设事”。

（四）制定具体的人力资源补充即员工进出的基本政策，并通过招聘网络予以落实

根据供求以及员工净需求量的要求，企业需要主动制定一系列有关员工进

出即招聘、晋升和离职的管理规定，并拟订一些原则用以处理员工队伍变动事件。当然，最终落实这些计划还必须依靠企业在漫长的经营过程中逐步累积起来的招聘网络资源和人才库。

一般来说，理想的员工队伍建设策略应该是以自有人员为基础，外围人员为辅助，立足培养现有人员，加大培训力度，逐步改善薪酬，稳定员工队伍，有计划有步骤地逐步更新，避免出现长时间的员工过量或不足，从根本上杜绝集体跳槽或人事斗争等恶性事件。

实战经典

餐饮企业的员工补缺及离职管理原则

对于让很多管理者颇为头疼的员工补充及离职管理政策，餐饮部门可以考虑参照以下原则来设计：

(1)培训本企业员工，对受过培训的员工根据情况择优提拔补缺并相应提高工资待遇。

(2)进行同级别岗位轮换，适当进行转岗训练。

(3)适当延长员工工时和加大工作定量标准，但同时必须给予员工基本满意的超负荷工作奖励。

(4)大量雇用各种兼职员工，并按计时工资予以计酬，这方面最常用的办法就是吸纳大中专院校对口专业实习生，在配套其教学实习要求的同时适当缓解企业用人压力。

(5)改进服务技术，优化服务流程，重新设计工作模式，妥善安排班次轮换，全面提高工作效率。

(6)利用招聘网络的资源，扩大选聘范围，精心研究岗位实际用人需求，适当吸纳下岗职工，或者进行跨地区跨行业人才选聘。

(7)对于不符合人力资源计划要求的员工，应实行逐步转岗、重新培训和外派进修，在作出辞退决定前应审慎估计其负面影响，当有一定数量的员工需要清退时，应制定逐步离职、妥善安置，在时间和频率上主动控制，避免大进大出的局面。

三、员工的招聘渠道和离职管理

一般来说，通过媒体广告、劳务市场和熟人引荐是大多数餐厅经常选用的招聘方式，但这些渠道往往效率较低，选才范围广而杂，最让人揪心的还是用这种方式招聘员工在职位出现急缺时往往不能奏效。有长远眼光的餐饮企业还需要开辟更多的招聘渠道以应对潜在的人员危机。

餐饮企业在常规渠道招聘以外,不妨再尝试一下这些渠道:

（一）校园招聘

在国外,很多餐馆都会吸纳大量的大学生临时就业,当然国情有别,但眼下这的确是一座尚未认真开采的人才矿藏。

除了学校主动联系的实习外,企业还可以考虑直接与学生签订假期临时工作合同或双休日计时工作合同,在举办大型促销活动如美食节时还可以考虑邀请部分学生参与做课程实习。当然,如果企业能拿出较有吸引力的职业生涯设计方案的话,也完全可以吸纳到一些大学生正式就业的。

（二）内部员工推荐

内部推荐与熟人引荐略有差别,熟人在这里其实是特指管理者的社会关系而非专业中介,那么他们推荐的未必就适合而且还有一个情面的问题在里面,日后管理时也多少会有些影响。

内部员工推荐是一种在传统餐饮业常用的招聘方法,其优点是能更好地调动在店员工与新进员工的积极性,增强其责任感和归宿感。而且内部员工本身作为业内人士其社交圈中的好友大多也是同业人员,他们之间也很容易形成配合。至于管理者们担心的会不会形成小圈子的问题则另当别论了。

（三）互联网招聘

很显然,在目前网上招聘方式还远未成为主流,但假以时日,这种方式在员工招聘上将逐步显示出其优越性。眼下在一些连锁饭店与餐饮企业的招聘网页中,咨询者和填写申请资料的人就渐渐地多了起来。这种招聘方式的好处是在正式面试前双方可以就企业和员工的基本信息做非常全面深入的了解,员工可以仔细浏览企业网站和招聘细则,企业可以认真审核员工资料,从而缩短了双方相互了解的过程,极大地提高了招聘效率。已经开通了自己网站的餐饮企业不妨考虑尝试一下。

（四）行业协会推荐

很多城市都已经建立起了各种各样的行业协会,名称五花八门,有烹饪协会、餐饮业商会和酒店餐饮行业协会等等。这些协会大多会成为专业人才的联络站,企业不妨考虑加入这些协会并加强日常往来,这样会获得更多的行业资讯和人才信息。

很多餐饮企业在员工招聘上的确是下足了工夫,甚至可以说是“天天有空位,一直在招聘”,但这种现象未必就是正常的,因为好的企业不应该有大量的职位空缺,他们普遍会对员工的离职进行主动的专项管理,从而最大限度地降低员工主动离职的可能性。

概括起来,成功企业为降低员工的辞职率和预防大面积的员工异动现象通常会采取以下措施：

（1）人员的有计划主动更新：去意已定，拦自然是拦不住的，但有可能会在一段时间内提出辞呈的人其实都是有征兆的，只要稍加留意就会发现，或者即便不能发现也大致可以判断其稳定性和职业期望。如此一来，企业就可以根据对人员变动离职的预测主动作出纳新计划，抢在他们提出辞呈前作好候补人选安排。

（2）有提前量的离职审批程序：员工申请离职往往有多种原因，有因为家庭或身体等个人原因的，有因为升学或改行等事业考虑的，其中最值得警惕的是被竞争对手直接挖墙脚。但不管出于哪种原因，一个精心设计的、有提前量的离职审批程序可以将其负面影响降低到最小。这个程序本身就是人事制度的重要组成部分，而且也会被写进员工手册，并在员工进企业签约时反复告知。程序的核心内容就是申请离职必须提前多长时间通知企业，承诺离职后不在直接竞争对手企业就职等等。如果是厨师或者营销经理等重要岗位还需附加经济赔偿和同业公告警示等条款。

（3）重要岗位员工的梯次配备：餐饮企业的很多重要岗位向来都是人才奇缺的，挖墙脚之风在业内颇为盛行，一般人都会认为这是“此消彼长”，是增强自己、打压对手的妙计。为了防范这种“釜底抽薪”的恶意竞争，企业必须在所有有技术壁垒的重要岗位上梯次配备员工，这是企业的基本制度。如果一些有专业技术特长的员工不愿意接受助手，那么企业就只能和这些员工进行短期合作或者具体的项目合作，他们要想成为企业的正式技术骨干就必须承担为企业培养后备人才的责任，这也是高额薪酬的一部分。一旦企业拥有了在这些岗位上的“双保险”之后，“釜底抽薪”的悲剧也就不会上演了。

延伸阅读

建设属于餐饮企业自己的“人才储备库”

手中有粮，心中不慌。如果将餐饮业的激烈竞争比喻为一场旷日持久的战争的话，那么企业间真正比拼的就是资金、技术和人才，而其中具有决定性意义的要素就是人才。

笔者曾经作为人力资源顾问参加过多家餐饮企业的员工招聘，每次测评结束后，我都会问人事经理们同一个问题：你们准备如何处理那些落选者的资料？他们也几乎都会回答说：保存建档，以备日后有合适职位时再通知他们。这个想法自然很好，但遗憾的是迄今为止，我还很少见到有企业真这么操作了，因为每当出现职位空缺时，他们还是会重敲锣鼓再搞一次招聘。

与上面这些餐饮企业对所谓“储备人才”的不闻不问相比，一些高科技行业的企业对储备人才的争夺却不遗余力，他们经常会出钱赞助一些在校学生，有时甚至是整个班级，赞助方式有很多，如设立奖学金，为一些优秀学生提供外出进修和实习的机会，出钱请知名专家为学生讲授教学计划之外的一些前沿课程。作为回报，企业将优先选择所赞助的学生，将他们延揽于自己名下，作为企业未来的技术力量储备，尽管最终只有部分学生能真正进入该企业，但只要有几个学生能成长起来，企业的目的也就达到了，尤其是当这些企业与很多高校都进行了类似项目合作的话，他们的选材范围实在是广阔得难以想象。

类似的做法在酒店和餐饮业也有成功的实践，比如锦江集团就专门建立了自己的酒店管理学院，并面向社会公开招生，还有很多企业干脆与传统高校联合建设酒店管理或餐饮管理类院系，如美国休斯敦大学与希尔顿集团联合创办的希尔顿酒店管理学院就成为了全球希尔顿集团最可靠的高级人才库。

传统的“缺人时就招聘，满员时就关门”的管理思路显然太过被动，是时候构建属于企业自己的大型人才库了。只有真正解决了员工供给来源问题，企业才有可能建立高水平的员工队伍。

第六节　通过职务丰富化有效降低员工流失率

长久以来，中基层员工的高流失率一直是困扰餐饮业界的老大难问题，管理者们试图从薪酬福利、培训进修以及企业文化建设等多方面入手来提高员工尤其是骨干员工对企业的忠诚度，但效果都不尽如人意。这是在传统的职务专业化设计原则下很难彻底解决的一道难题，根源就在于职务本身因为过度专业而引发的员工心理变化甚至反感。在不大幅度增加薪酬成本的前提下，我们建议企业通过变革职务设计原则，运用职务丰富化技术来达到有效降低餐饮业员工高流失率的目的。

一、职务专业化设计的尴尬

引发餐饮企业员工高流失率的原因很多，职业前景、工作强度、薪资待遇乃至人际关系等都可能会成为员工跳槽的直接诱因，但即便企业经理在所有这些环节上都进行了针对性的部署和改善，员工还是很有可能会周期性地对餐饮工作心生倦怠，这是由职务背后的具体内容和隐含的内在激励问题所决定的。

职务专业化设计说起来可是大有来由，不但在理论上得到了经济学和管理学的强力支持，如亚当·斯密和泰勒等人提出的指导思想，即便在实践中，专业化设计也得到了制造业和服务业的一致认同。著名电影大师卓别林在其代表作《摩登时代》里就曾经扮演了一个只会简单的扭螺丝动作的产业工人，因为每天大量地重复同一个简单的机械动作最终导致精神崩溃。

一线案例

麦当劳的"一人多能"

如果麦当劳的每一家特许经营店都需要专业厨师，它的规模就不可能像现在这么庞大了，事实上，麦当劳的员工人人都可以做到"一人多能"，尽管快餐店本身的工作内容是高度标准化的，但员工们的工作并不让人觉得单调乏味。

新来的员工会被要求学会各种不同的专业技能，如制作汉堡和炸薯条，处理顾客现场订单和推销新品种，巡视店面并及时清理卫生，甚至还包括如何带领小朋友做游戏等等。

员工们"一人多能"为管理者灵活安排岗位班次提供了便利，也避免了长期从事单一工作带来的枯燥感。从管理的角度来看，企业甚至还可以因为这种"一人多能"的员工素质结构而节约大量的工资，因为被简化了的专业工作正由这些只拿底薪的新员工而不是昂贵的专业厨师在承担。

职务专业化设计的优点和缺点都很显然。

专业分工会极大地降低总体任务的复杂性，具体员工只需要承担其中有限的环节，从而可以在大量的重复操作过程中很快变得熟练起来，这对企业来说也是一举多得的好事。

但我们更应该看到的是，在过度专业化的职务设计背后隐藏着的是几乎规律性的员工情绪低落、沮丧直至反感。试想，面对着一大堆洗涤设施的洗碗工会在每天数以千计的剩菜残汤面前感觉到快乐吗？仓库管理员每天在阴暗冷清的库房里面对着那些坛坛罐罐会真的开心吗？餐厅迎宾员在大门口一站就是好几个小时，日晒雨淋的，会一点都没有怨言吗……

比这些更重要的是，很多员工在熟练掌握了某个职位的全部技术后，职位所带来的挑战性和新鲜感就随之消失了，此时企业若不能及时察觉到员工的心理变化，一场离职风暴就会随时爆发。

二、最初的尝试：晋升、轮换和职务扩大化

人力资源学者一直主张，对员工最强大的激励是来自工作本身的，包括工作

内容、工作目标以及工作过程等等，这些观点也得到了现代心理学家的支持。正是基于对这一主张的认可，很多企业开始尝试对职务设计本身进行改革，餐饮业也不例外。

最能从根子上调动员工积极性的手段当然是职位的晋升了，这既是对员工过去工作的高度肯定，又是对未来工作的巨大挑战。得到晋升的员工能掌握和运用更多资源，也能加快自己的职业生涯计划的实现。可惜的是，在“金字塔”式的组织结构里，越往上职位越少，而且很多员工在较低一级的岗位上干得出色并不意味着他晋升后也能胜任。

相比晋升来说，横向的职位轮换显然更具可操作性，它可以使员工的工作内容多样化，避免产生厌倦，更重要的是，它有助于培养员工多方面的能力，丰富其知识结构和行业阅历，加深其对整个企业运行机制的理解。

一线案例

酒店岗位轮换制的困惑

某酒店有一个延续多年的不成文的惯例，所有的中层干部即部门经理除财务与工程两个技术性部门外，其他职位人员大致都两年一个大调换，餐饮部经理去了客房部，客房部经理到了人力资源部，人力资源经理到了办公室，办公室主任去了营销部……这样的传统在下面的各个部门也自然得到遵从，主管、领班之间的工作调换也是差不多半年就有一次轮换，至于基层服务员之间的工种调换和岗位轮换则更是家常便饭了。

但久而久之，酒店发现这种过于频繁的职位轮换也存在很多问题。首先是员工转岗，总是会面临一个再培训、再磨合和再适应的过程，这会在一定时期内导致培训成本的增加和工作效率的暂时下降，而从全局来看，大范围的工种轮换，很有可能将一些非常有经验的员工配置到他们不熟悉的岗位上，从而造成对员工才能的浪费，甚至会打击某些进取心强又确实很有才华的员工的积极性，因为他们更盼望纵向的轮换，即晋升。

除了晋升和职位轮换外，餐饮企业还有一种常见的增加员工工作吸引力的方法，那就是职务扩大化。职务扩大化的要点是使职务范围增大，即增加一项职务所需要完成的不同任务数目，并减少了职务循环重复的频率。比如说，洗碗工原来的工作任务就是单纯的洗涤，现在将洗碗组与公卫组合并，每人的工作内容都兼具洗碗和公共清洁两样，轮流排班，员工们的职务范围适当扩大，工作也相对没那么单调枯燥了。

在餐饮业中对职务进行的扩大化是很有效果的，比如有些中小餐厅在收银岗位上做的职务扩大化，收银员除了做收银、出纳工作外，还经常需要承担采购入库的验收、点菜单资料的统计分析或每餐经营报表的填写等任务。这使得这个职位在对企业的成本控制和现金管理上的地位大大得以提升，员工普遍也很乐意看到自己各方面能力的长进。

但职务扩大化尝试不成功的例子似乎更多，比如很多大厅服务员就经常抱怨她们除了基本的餐前准备和席间服务外，还得在下午做大量的公共清洁，有时甚至是仓库整理工作。此时员工不但丝毫没有职务范围扩大后的喜悦，反而会抱怨“以前，我只有一份烦人的工作，现在，因为职务扩大化，我一下子有了好几份烦人的工作了”。

实践中，我们发现，所有类似对于员工工作非自愿的职务轮换和职位扩大化，都可能会导致旷工甚至质量事故的增加，在克服了职务过度专业化的弊端的同时，又为员工增添了新的烦恼。最重要的是，所有这些努力对于增加工作的内在挑战性都没有太多实质性的意义。

三、职务激励潜力公式和职务丰富化

了解和认识职务对于员工的吸引力是成功的职务内容设计的关键，当然，这也是餐饮管理实践中一个老生常谈的焦点话题。很多餐厅经理们也在实践中逐渐意识到，很多员工对于职务的真实感受比他们预计的要复杂很多，一些看上去极其简单的工作之所以会出现执行走样、偷工减料甚至是敷衍了事，原因就在于员工已经在骨子里产生了深深的厌倦。

管理经典

怎样测算具体岗位对员工的吸引力

管理学家们曾经对如何分析和比较职务的真实吸引力做了大量的实证研究，并总结出了一些有趣的分析方法。下面我们就一起来研究对具体岗位激励潜力的计算方法，各位也可以结合自己企业的实际情况对一些基层岗位进行类似分析。

岗位激励潜力（MPS）得分 =（技能多样性 + 任务同一性 + 任务重要性）/3 × 自主性 × 反馈

这个公式中所罗列的五个项目是来自于“职务特征模型（JCM）”中的核心维度，可以用来分析具体职务对员工生产率、工作动力和满足感的影响。

技能多样性：指一项职务要求员工使用各种技术和才能从事多种不同活动的程度，如营销代表就应该同时具备市场调研、信息采集、同行竞争、情报刺探、客户开发、产品宣讲、业务细节策划、营销活动策划与组织、社会公关等多项技能，属于很典型的技能多样性工种，员工也大多很喜欢其中的挑战性。

任务同一性：指一项职务要求完成一项完整的和具有同一性任务的程度。这个提法有点费解，其大意是说一个人就能独立完成一项工作的全部流程环节的程度。比如说调酒师的工作从酒水选型到设备保养，从材料申购到现场勾兑，几乎全部的环节都由他一个职务包办。

任务重要性：指一项职务对其他人的工作和生活具有实质性影响的程度。这一点很好理解，如采购肩负着为全餐厅按时按质量提供材料和设备的任务，他的工作质量直接关系到很多其他工作，是很多关键流程的起点，其任务重要性程度非常高。

自主性：指一项职务给予任职者在安排工作进度和决定从事工作具体使用方法时的实质性的自由、独立和自主的程度，也就是指员工在自己职责范围内的决策权限的大小和可调用资源的多少。比如仓库管理员尽管工作性质非常重要，但并没有什么自主权。他不能自己决定上班时间，不能自己决定库存摆放内容，而只能接受相关指令安排。

反馈：指个人为从事职务所要求工作活动所需要获得的有关其绩效信息的直接和清晰程度，也就是说，他能在多大程度上了解到自己所付出努力的实际效果如何。这反映了员工能否有机会客观量化地直接观测到自己的工作业绩，而避免被其他人主观臆断地进行评价。比如对于厨师来说，这就是很值得关注的一个指标。

以上述公式为依据，我们可以对职务的具体内涵进行更具技术含量的剖析，比如我们可以考虑增加其职务深度，允许员工对其工作施加更大的控制，这就是职务丰富化技术的初衷。在餐饮企业里，我们可以将职务丰富化理解为批准员工（尤其是基层员工）做一些通常是由他们上级管理人员完成的任务，这其中最能吸引员工的是允许甚至督促他们自己去计划和评价自己的工作。

比如，餐厅领班可以在自己班组范围内决定如何开展月度员工培训计划，可以自行决定具体设计培训科目、教材，安排培训时间，以及组织培训考核的方式，甚至可以宣布考核结果将影响班组员工岗位的调整等等。而在过去，这些都是餐厅主管或经理直接安排好了以后公开宣布，再由领班负责在班组具体落实的。领班个人对培训的看法对培训计划无足轻重。

丰富化后的职务设计将给员工带来更大的自主权、独立性和责任感，并鼓励员工们尽可能从头到尾地去操作一件完整的活动，更重要的是，前后连贯起来并且由一个员工或小组主导完成的任务更容易衡量其绩效水平，方便员工们清晰地评价和改进自己的工作。

比如在营销部，很多饭店现在开始尝试采用“项目经理制”，即由员工们针对具体的营销时段如高考录取开始或者十一黄金周等，分别提出自己的全盘营销活动策划案，并且由中标者担任项目经理，以营销业务经理的身份直接会同各部门抽调人员一道组成项目小组并负责协调指挥，项目最终业绩水平与其个人效益紧密挂钩。

又比如在厨房内部，不同技术班组间也可以进行类似调整，比如有些餐厅将蒸菜师傅单立出来，自主管理，独立核算，其工资结算也与厨房独立开来，效果相当不错，很多新式菜品迅速被挖掘出来。

四、值得尝试的职务设计模式：自我管理工作小组或团队

有很多职务设计导致员工厌倦的重要原因就是对任务规定得太仔细、太具体，尽管这避免了具体操作时的理解偏差，但也极大地限制了员工的自主性。更重要的是，实际情况可能和职务设计时的考虑不太一致，此时太精确的职务设计反而显得多余。

比如在某次关于宴会外卖的谈判中，营销经理原本应承担关于宴会设计的所有内容，因为这是其职责范围，但宴会外卖毕竟不同于普通宴会，需要充分考虑场地和运输等问题，尤其是关于报价问题，更是需要联合出品和财务部门一起核算后方能定夺。此时应该派出的就是谈判小组，由几个不同专业人士联合组成，既可以十分专业地解答客户提出的技术性问题，又可以共同协调不同部门找出更好的整体技术方案。

当职务设计不是围绕个人，而是围绕小组来进行时，结果就形成了工作团队，这可能不太容易理解，毕竟在餐饮业以团队来进行工作设计还不太多见，但它代表了一种日益盛行的职务设计方案。

一线案例

特立独行的厨房蒸菜小组

在湘菜菜系中，蒸菜向来以味道浓、出菜快见长，几乎每次客人点菜都会有一两道蒸菜，更重要的是，作为一种最主要的烹饪手法，蒸菜品种繁多，已经自成体系。

三湘情餐厅的蒸菜一直是其招牌品种，在食客们心中认同度很高。他们在蒸菜经营上的巨大成功，得益于其独特的管理办法：

餐厅将整个蒸菜小组作为一个整体来看，蒸菜小组除了有一个组长有相对较为明确的职责外，其余的餐厅一概不管。蒸菜组内部独立经营，独立核算，按销售提成来获取自己的收入。餐厅只为他们提供基本的工作生活条件，至于他们出什么菜品、怎么选购材料、加工质量管理甚至聘请几名员工，餐厅都一概不干涉。

在蒸菜小组内部，分工也不一定是固定不变的，他们可以根据每天的客流变

化以及促销时机的变化等临时决定如何分工，而且在尽可能低成本高效益的前提下，他们可能会连助手、打杂的人都省略掉了，几个人精干而又全能，彼此间没有什么领导与被领导的关系，仅仅是因为特长不一才组成的互补型团队，此时的组长也只是因为管理和信息联络上的便利而设置的名义职务。

随着餐饮经营模式的变化，类似蒸菜小组式的自我管理团队越来越多，比如曾经一度非常流行的"大婶厨娘"，就是一些身怀绝技的民间家常菜高手，以加盟形式在正规餐厅里临时开摊设点，餐厅提供场地，并和她们分成。

即使是在企业内部，这样的自我管理小组也渐渐多了起来，如有些餐厅将基层服务员直接排成几个服务小组，每个领班各带一组，直接将排班、培训以及质量管理等事务性工作下放到各小组，并鼓励各小组之间展开竞赛……

延伸阅读

员工心，并非海底针

在经历近一个月的员工内讧、争吵直至最终集体走人后，某餐厅经理心力交瘁，无奈感叹道，"员工心啊，真是海底针，摸不透啊"。在他看来，一切都是那么不可思议。餐厅的生意不错，给的薪水也算不低，但不论怎样，这些员工始终就没有定下心来好好干。

其实，员工的心思说简单就简单，说复杂也还真是有点复杂，关键在于有没有为他们设计好一个合适的工作环境，让他们从工作中找到乐趣。只有员工们从内心觉得快乐，对工作感到满意，才会有真正快乐的企业和满意的顾客。员工们相互间的内讧争执很多时候还是由于管理层在岗位设计和工作安排上的失误引起的。

为什么员工们会起内讧？有两种可能。

一是分工不当，很多岗位相互间责任不明，造成员工在工作时出现相互推诿、相互抱怨的现象。这些本来是针对工作的矛盾在高度紧张的工作氛围中一经放大就蔓延成为私人恩怨了，毕竟他们在刚进企业时彼此间并没有什么说不清的瓜葛。二是岗位设计太在意工作效率了，把每个员工的职责都局限在十分狭窄的范围内，他们的工作实在是太单调了，加上餐厅本身定位是经济型，薄利多销，员工工作强度很大，此时员工的工作情绪就像火药包，一点就爆。如果能意识到员工们此时心理承受能力很差的话，应该尽快想办法，采取一些措施来帮助他们消除对工作本身的厌倦。比如，可以考虑对某些员工的岗位进行轮换，或者将有些工种的内容稍作调整，能让员工们在自己工作范围内多一些自主权。如果可以的话，还可以将一些具有潜力的员工抽调出来从事一些创新性的工作,如项目策划、市场推广等。

当然,员工情绪管理本身就是一个很复杂的课题,但至少我们应该意识到要使员工们始终保持高昂斗志的话,就必须从丰富其职务内容、增加工作本身吸引力上入手。

第七节 餐饮企业核心员工的薪酬及股权激励方案

对于餐饮企业来说,员工流动是一件再正常不过的事情,不正常的是往往"该走的没走,该留的却走光了"。一些业务熟练、能独当一面甚至对企业发展举足轻重的核心员工对于企业的薪酬甚至股权激励有着不同于普通员工的要求,在初步展示了自己的能力和价值后,一场艰苦的待遇拉锯战事实上已经展开了。此时的餐饮管理者该如何应对?是漠视不理,还是一味迎合?是边打边谈,还是一步到位?是真诚透明,还是施以权术呢?

一、到底谁才是不可或缺的核心员工

在管理学界,有一个应用颇广的"二八定律",意思是说大部分至关重要的资源往往由少数人在支配,大部分的企业业绩往往由少数人在主导,比如80%的餐饮销售额往往由20%的老顾客创造,80%的企业产值往往是由20%的核心员工决定。

尽管这只是一个经验性的估计,但无论是在实证检验还是理论解释上却都是能站得住脚的结论,这也很符合辩证唯物主义的核心观点——两点论与重点论的统一,事物的发展任何时候都不是均衡的。

于是,核心员工的问题就浮现了出来。我们应该清醒地意识到,餐厅几十上百号员工尽管都非常努力,但对企业最终业绩的贡献却不是简单地用流了多少汗、吃了多少苦来计算的,即便是在相同的职级上,骨干员工与普通员工的区别也是相当显著,有时甚至是天壤之别。这个道理其实很好理解,就好比是在学校里,一个班上的学生也会很自然地有优秀与平庸的区别。

核心即骨干员工未必都是高层管理人员,他们可以是管理骨干如餐厅经理、主管,也可以是技术骨干如首席点心师、宴会设计师,还可以是服务骨干如资深服务员、调酒师。他们不但支撑起了整个企业的产品与服务体系,使企业运行得有声有色,还是企业进一步发展的中流砥柱,是企业创新和战略实施的实际承担

者。可以说，“管理高层是导演排戏的，核心员工是挑梁唱戏的，普通员工是跟着配戏的，顾客们则是专管看戏的”。

如何甄别核心员工不是一件轻而易举的事。很多员工只因为是投资者的亲属而自然而然地占据着重要的管理职位，或者有些员工过去曾经有过贡献现在也自然以功臣元老自居，甚至有时一些能说会道的员工光靠耍嘴皮子也能捞个一官半职……这些人都很有可能成为老板心目中的“核心员工”。按照这样的标准来估算的话，一家餐饮企业的核心员工数量也就多得不可胜数了，老板们一不小心可能就形成了“人才济济”的错觉。

实战经典

谁才是餐饮企业的核心员工

这里我们简单地谈三条标准，用以判断员工是否够得上核心员工这个定位，是否需要对他们在薪酬待遇上“另眼相看”。

标准之一，看员工的实际能力与实际贡献大小。

在餐饮企业内部，员工由于个人能力及技术经验等方面的差异，对企业创造的价值是不一样的。

如优秀的营销代表善于开发新客户，能独立进行关于大型宴会或营销活动的谈判，为餐厅争取到大量订单；有些喜欢钻研技术的优秀厨师总是能推陈出新，为餐厅推出很多新品菜肴，紧跟行业发展潮流；又比如收银员掌握了一定水平的财务知识，能熟练使用餐厅引进的餐饮管理软件，每天能及时登录数据并输出详细营业报表等等。这些员工的工作成果对企业经营的成功都有着直接贡献，也是企业战略得以高水平实施贯彻的基础。

标准之二，看员工的岗位重要性程度大小。

员工是否属于核心员工与其所在的岗位也有很大关系。一些关键岗位如财务总监、行政总厨、大厅主管或者营销总监等，自然必须由核心员工担任，但这里需要澄清的是这些只是关键岗位，只有真正具备了相应的任职资格和能力的人，才能算得上核心员工。

很多合伙经营制的餐厅里，大家像分馒头一样地分配了这些职位，以至大部分管理者都不称职，这些员工就谈不上核心员工了。

标准之三，看员工类型的稀缺性程度大小。

在餐饮企业里，还有一些技术性的岗位如调酒、雕刻、特色厨师以及专业营销策划人员等，尽管从职位来看不是特别关键，但“物以稀为贵”，这些技术性工种在劳动力市场上存在明显的“供少于求”现象，而且在企业的整个产品体系中也是很重要的因素。

比如，某以民间乡土菜肴为特色的餐厅，其瓦罐煨汤是一大特色，颇受顾客好评，总经理当即决定将煨汤厨师从厨房系列中单列出来，享受厨师组长待遇，其工资不在厨房承包金里计算，而改由财务单独发放。

二、慎谈股权，不等于不谈股权

在餐饮业界，职业经理人们普遍都有过从“蜜月”到“分手”的惨痛经历，当然经历的次数多了，也就习以为常了，只不过从此主雇双方间都多了一些防备，少了一些真诚。

实践速描

餐饮职业经理人的“蜜月”与“离婚”

餐饮企业聘请高水平的职业经理人已经渐成行规，但这些经理人与企业的合作却经常是不欢而散。

故事的版本有很多种，但其主线往往都是这样的：

刚开始时，餐厅用人之急，对职业经理人抱以厚望，不惜开出高薪甚至股权红利，双方一拍即合，是为“蜜月期”；

合作开始一段时间后，矛盾产生，摩擦在各个层面都有所显现，是为“摩擦期”；

合作接近尾声时，无论是赚是赔，双方都会大打出手，顶多也只是“貌合神离”，此时结果无非两种，要么赚了，股份值钱了，老板不舍得分，趁机找麻烦，找岔子，胳膊拧不过大腿，让经理人知难而退。要么赔了，股份自然免谈了，损失你也赔不起，那就在薪水上拖欠一下，打个几折，最终扫地出门，是为“分手期”。

于是很多同行们得出结论，轻易不要许诺，尤其不要拿股份和红利这些关乎产权的敏感话题来许诺，在谈薪水、职务和福利待遇这些条件也要慎重，因为说了不做到的话后果会比不说更严重。

这就引发了现实中的一系列管理难题——到底拿什么去吸引那些真正有能力的员工？什么都不能谈的情况下，核心员工会不会被那些开出了诱人条件(不管其能否兑现)的对手给生生挖走？适当赠予一点干股，不是挺好的办法吗？反正他不努力就挣不着，他努力了也该得一些嘛。

其实，在管理中原本并不存在什么禁区，股权、红利甚至期权等分配手段之所以成为谈判筹码自有其理由，问题不是出在这些筹码身上，而是我们对如何使用筹码的方式方法掌握不到位而已。

慎谈股权，绝不等于不谈股权。

对于急速发展中的餐饮企业来说，员工持股或者期权激励等新型分配形式也很有借鉴意义，尽管目前对于非上市企业来说，股权激励在实施上还有很多具体障碍，技术上也很不完善，但这在很多行业已经被证明是一种趋势。

当然，在餐饮业实行员工持股或者期权激励难度比一些高科技企业大得多，因为企业没有建立健全公司治理制度，很难以市场数据来表达其企业价值的增加量，直接从财务报表上核算收益也比较困难，因此即便很多企业为部分核心员工提供了干股即没有财产处置权的分红股，但实际操作起来还是缺乏必要的透明度，这样的股份还不如定额分红来得可靠。

在一些由国有企业改制而来的股份合作制餐饮企业里，员工持股制实施得比较到位，但随着时间推移，职工们越来越发现过分分散的股权并不利于管理，于是大多经过议价协商后，由一些资本实力较雄厚的员工进行收购，企业体制重新向传统模式发展。

至于期权激励，难度就更大了，因为期权的本意就是不参与现期分配，从而避免核心员工的短期行为，但因为餐饮企业普遍没有进入资本市场，所以实施起来非常复杂，对于权益的货币界定不易操作。

从某种意义上来说，核心员工的股权更多地只能体现在具体项目或者部分承包经营者身上，只有在完全的两权分离情况下才能谈得上真正意义上的股权激励，而这通常只局限在核心管理层成员，并没有扩展到全体核心员工身上。作为一些专门技术的拥有者，有些核心员工可以在具体项目或者产品上享受股权，但那属于智力入股性质，应另当别论。目前我们在业界见到的其他一些员工持股，大多是名义上的红利分配权，更多的是对员工的一种褒奖。

三、以核心员工为本的薪酬机制

有必要再次强调的是，核心员工不等于核心管理团队，薪酬仍然是对这部分员工进行激励的主要手段，建设以核心员工为本的薪酬制度在某种意义上来说是餐饮企业管理的一项基本功。

很多餐饮企业因为平时在这项基本功上下的工夫不够，没能仔细研究核心员工的心理特征，并设计出富有针对性的薪酬机制，直到出现危机了才想到要花大代价去“亡羊补牢”，这时便有了股权、期权和红利之类承诺的泛滥。

建立以核心员工为本的薪酬机制，应该注意以下几点：

（一）以能力为导向，实行弹性工资制度

在餐饮企业内部，不同员工的边际贡献有很大差异。为了能引导员工不断提高岗位技能和专业水平，我们应该设计以能力为导向且能对员工能力增长作出及时反应的薪酬方案。

比如，在基层服务员中设立定期等级考核制度，在配套以高密度的岗位培训的同时，聘请外围专家对员工进行半年一次的岗位技能测试，测试成绩结合平时表现将成为员工岗位定级的依据。此时的员工岗位设计可以有一定的层次，如特级服务师、高级服务员、中级服务员和初级服务员等，拉开不同级别员工工资待遇，同时又设立可以申报晋级的通道。

此外，积极鼓励员工利用业余时间自学岗位技能，如果参加社会公认的一些专业资格考试并通过，也可以在工资待遇上有所体现，如有些酒店为通过了餐饮管理专科自考的员工提升一个工资等级的做法就值得借鉴。

（二）年功序列与限期离任制

餐饮企业为了培养员工的忠诚度，可以仿效日本企业为员工设置以在店工作时间长短为依据的“年功序列制”，规定员工只要能在店工作达到一定年限，其工作岗位、职务级别和工资待遇都将有显著提升，提升幅度非常诱人。比如某餐厅规定，新进服务员连续在店工作两年以上即可转为管理人员并享受相应待遇，领班级别的工作人员在店连续工作两年则可以享受主管待遇，即使暂时没有职位空缺其工作待遇也可以先落实，并自动成为主管候补人选。

但“年功序列制”绝不是鼓励员工们论资排辈，与其配套的是一个非常苛刻的考评淘汰制度，每个级别的员工逐月考核其工作表现和受训情况，只有考评合格并且能通过严格的培训考试才能自动晋升，而没能通过考核的员工不但不能晋级，反而会因为能力的限制被要求另寻出路。

（三）建立有效的绩效评估机制，实行有竞争性的薪酬制度

薪酬往往是员工个人价值的一种体现，企业对核心员工的价值的认可必须体现在为其提供的接近或高于同类企业的市场平均薪酬。只有确保其薪酬水平与其创造的价值相适应，才能避免他们被竞争对手挖走。

通过有效的绩效评估可以对核心员工的功绩作出客观公正的评价，从而充分体现出他们的价值，并促使核心员工在同一薪酬区间内展开竞争，通过提高绩效来取得更高的薪酬。

餐饮企业要完全杜绝高水平员工被对手挖走是有一定难度的，但有一定阅历的员工对于暂时的高薪也会有清醒的认识，深知名义上的高薪不如更可靠更合理的薪资结构可信，毕竟“多得不如少得，少得不如现得”。

（四）重视对核心员工的智力资本投资

核心员工在本质上是不断挑战自我且希望能不断提升自我的人群，因此要维持核心员工队伍的稳定，就必须提供较好教育培训机会。这与其对自身的职业生涯预期是一致的，尽管培训本身不等于福利，但智力资本投资在很多有上进心的核心员工心目中比直接薪酬更有吸引力。

延伸阅读

股份奖励与财务核算的两难问题

有很多慷慨的餐饮企业家,他们都高度重视人才的价值,最有力的证据就是他们给手下的一些核心员工赠予了大量的企业股份。

资本与劳动或者说资本与知识在企业内部的权力之争是个永恒的话题,学者们将其称为企业治理,实践者们的理解要朴素一些,就是怎么才能做到同心同德,有钱的出钱,有力的出力,这个力,既有体力,也有智力。

于是就有了股份奖励一说,当然,由资本授让给劳动者的股份并不是完全意义上的股份,而只是一种事实上的分红权利。说白了,股权并没有发生法律意义上的转让,至少财产的处置权仍然属于老板,他把餐厅转让后得到的转让款不会再按什么股份进行分配。

同理,在企业没有真正上市,哪怕是私募以前,股权包括期权都是不完全的,资本所有者仍然是事实上的所有者,核心员工们得到的所谓百分之多少的股份其实只是个分红的权利而已。

但即便是这个分红的权利,也未必来得很完整,道理很简单,因为你不能承担风险,也不能决定红利派发的比例和数目,甚至你连有没有红利派发都没有发言权。

只有一种红利比较实在,那就是承包经营或者委托管理,但那是另外一个话题,是委托代理问题的一种解决模式,与核心员工无关。

恐怕只有当餐饮业真正与现代资本市场接轨后,有了公开披露的财务信息,没有了一股独大的体制束缚,股权奖励包括员工持股、管理者期权等才会真正货真价实。

第四章

饭店餐饮流程管理创新

导读

具体到业务层面上来说,真正考验饭店餐饮管理人员职业素养的是他们的流程设计和执行能力。如果将战略规划和组织设计等能力比喻为"顶天"的话,那么面向流程实务的掌控和调整能力就是"立地"了。

对于第一代餐饮职业经理人来说,对业务流程的熟悉是他们最大的优势,也是最能将他们的经验和直觉发挥得淋漓尽致的地方。某种意义上来说,传统管理模式之所以不太重视战略规划、文化建设和组织管理,与管理者们在业务流程管理上花费了过多精力并倾注了全部心血不无关系。

然而,从今天的市场实践来看,这些承载了第一代经理人无数心血的传统流程知识已经明显落后于时代步伐。这里面既有基于第一代经理人自身知识结构缺陷的内在因素,也有在新的技术条件下餐饮业竞争规则不断改变的外在原因。比方说,早期的职业经理人普遍习惯用高强度的现场管理来控制经营成本和管理费用,但却因此忽视了企业在产品研发和员工培训方面的投资效益;又比如说现代计算机管理和信息系统技术的应用为连锁餐饮企业大规模降低运行成本提供了可能,但却只有少数的餐饮管理者能真正抓住这些机遇。

本章对于餐饮管理流程创新并没有进行面面俱到的探讨,因为牵涉到一线管理流程和业务流程的问题实在是太多。前面所提到的关于管理者知识结构的缺陷事实上在几乎所有流程细节上都有不同程度的体现,因此本章只能尝试对一些在餐饮管理实践中最突出的流程问题进行分析,并提出了一些全新的解决思路。

导读

本章第一节重点探讨了表单管理技术与流程创新的关系，这也是区别新旧两代餐饮经理人管理哲学的一个重要标志。传统型的管理人员喜欢高密度地亲临现场，用自己的经验来分析问题，用即兴式的命令指挥来保证企业运行效率；而现代型的管理人员则喜欢用各类表格单据将各个流程环节串起来，将大量的分析和决策工作建立在客观的数据资料而不是主观经验之上。

本章第二节到第四节则分别从流程开发、员工培训和服务产品设计等几个方面探讨了未来餐饮企业流程创新的可能途径，应该说这三节的内容在逻辑上有一定的内在联系，并在实现的难度上依次递进。管理人员要想按照“例外原则”来高效率地行使自己的管理职权，就必须不停顿地设计和开发新的业务流程，而新的业务流程能否顺利实行则取决于员工的基本素质和职业意识能否同步。最后具体到餐饮产品的特性来说，我们应该想办法寻求业务流程的有效性和成本结构的合理性之间的平衡。

将成本控制问题纳入流程管理范畴，是因为二者之间的相互依存和相互影响。本章第五节到第七节分别讨论了全面预算管理和结构性的成本控制方法，并且结合餐饮企业的经营特点对应收账款的管理问题进行了专题研究。

第一节　表单管理：规范化、标准化和制度化管理的首选技术工具

传统的口头管理和经验管理已经难以适应餐饮业越来越急剧的市场变动和越来越复杂的业务流程，并直接导致了在管理实践中流程执行不彻底、业务交接不到位以及制度规范无法贯彻等一系列问题。管理者们本能地意识到企业效率的提升必须依靠更加规范化、标准化和制度化的管理体系，但缺乏相应的技术实现手段和评估工具，很多雄心勃勃的管理变革始终只能停留在经理的口头宣言上。表单管理通过对流程的细化和业务指标的及时记录等方式，为餐饮企业改善管理绩效和克服流程混乱提供了非常实用的解决方法。

一、表单系统与规范化管理

衡量一个餐饮企业的整体管理水平，最有效的办法就是看企业在管理过程中实际运用标准制式的表格和单据的频率和范围。一般来说，习惯口头管理和经验管理的餐厅无论事先印制的表单品种数量是多还是少，实际运行时能真正发挥作用的表单总是少数，很多业务数据的交流都是通过口头进行交接，对业务指标的评价也是凭着管理者个人印象随意定出的。

高水平的餐饮经理总是喜欢观察其他管理者一些细小的习惯性动作，不论当他们了解情况时是"边听边记"还是"只说不写"，分析问题时是用数据说话还是凭印象估计，下达指令时是"口对口"、"人盯人"还是进一步形成文字。这样的观察能帮助我们大体判断管理者是偏爱口头管理、印象管理还是规范管理、数据管理，但大量观察的结果都表明在这个行业真正善于使用表单的管理者是非常罕见的。

管理者喜欢口头管理，必然也会带动操作者喜欢口头操作，于是我们很容易观察到一些匪夷所思的怪现象——采购员揣着一张油乎乎的临时写就的清单就下了市场，采购完毕后单子也不会再保存；主管们光知道有些客户是经常光顾的老主顾，但到底来了多少次、每次又点了哪些品种则一无所知；经理总是觉得成本费用在不合理地增长，但到底是哪些环节在增长也说不清楚；更常见的事情自然是不同工种之间交接不到位，出现质量差错时责任不知该由谁来承担……与制造型企业比较起来，餐饮在管理过程中对员工的记忆力和自觉性的依赖无疑要大上很多倍，而事实上我们的员工素质未必能完全达到这么高的要求。

（一）克服口头管理，首先必须改掉落后的用大脑记忆业务数据的坏习惯

餐饮管理一旦深入到一定层次后，所需要的业务数据无论是从量上还是质上来说都是个人的记忆容量所不能承载的。以对顾客的历史消费记录来说，有哪位经理们清楚地记得每位顾客每次消费时点过的菜、对厨房加工的特殊要求以及临时追加的一些小要求呢？但这些数据对于分析顾客的消费偏好却非常有价值，及时掌握了这些信息的话餐厅就更有把握在客人第二次、第三次光顾时给他们以个性化的针对服务，从而极大地提升顾客对于餐厅的忠诚度。

采用了表单管理后，我们可以将每次顾客的点菜单及服务要求记录到电脑的数据库里，并为顾客建立相应的消费资料档案以便于及时分析和随时调阅，以后只要能辨明顾客身份，不管他已经多久没有来光顾，也不管现场有没有他熟悉的经理主管在，我们都可以根据他的历史记录在第一时间设计出令他欣喜的定制化菜单。

(二)克服口头管理,其次必须改进落后的凭印象和直觉分析问题的习惯

尽管直觉有时能节省决策成本,但过分依赖直觉对于企业来说未必是好事,因为直觉一方面存在很大的随意性,同时经理级员工的更换会使企业出现不必要的混乱。例如,经理在会计的提醒下得知餐厅近来尽管销售不错,但实际利润却没有增长,成本费用有失控迹象。一般情况下,经理们会从采购上找原因,结果很可能是怀疑采购员内外勾结、中饱私囊。但这样的结论很可能是错误的,按照这样的思路进行整改不但不能解决存在的真正问题,还会导致人心涣散。

如果能有健全的表单管理,我们可以将每天采购的实际价格、市场行价以及供应商名单全部记录下来,是否存在采购猫腻,将这些数据拿到市场上来个明察暗访很快就能得出正确结论,而且这样的调查可以在不通知采购员的情况下极隐秘地进行。最终如果是采购员的失职,那么数据确凿,事实清楚,采购员无法抵赖;如果不是采购员失职,而是市场价格发生了大的波动,那么也可以还人家一个清白。

(三)克服口头管理,还应该尽可能地改变下达管理指令时"说过就忘"和跟踪工作进度时"人盯人"的坏毛病

口头管理的一大特点是没有计划性,很多管理指令的发布都是"触景生情"后的即兴所为,说完可能就忘了,因为指令从头到尾就没有形成文字,而且越是有这种习惯的管理者发布的指令就越多越频繁。即便有时经理们很在意个别已经下达了的任务,因为指令在各相关部门和员工中的流转也是通过口头方式发布的,所以为了避免下级管理者"说过就忘",经理们必须安排专人来紧盯,否则一不小心整件事情就成了不了了之。

设想一下,如果能在下达任务时采用相对正式的文件或任务单形式,所有任务在各级管理者手下都有存单,什么时候发布和什么时候完工都有明确规定,那么"说"过以后是无论如何也忘不了的,而且因为不同级别的管理人员手上都会有自己下达过的任务清单,那么什么时候该验收什么任务也就一目了然,自然也用不着大动干戈地使用"人盯人"战术了。

规范化管理是餐饮业不可逆转的必然趋势,也是对低水平的口头管理模式的全面替代,所以,表单在整个规范化管理体系中无疑是最基本的实用工具之一。

二、表单系统与业务流程优化

很多餐饮企业都曾费尽千辛万苦地编制出大量的业务流程与规范大全,但实事求是地说,大部分实际流程可能并没有被包括在其中,而且已经制定出来的很多流程在实践中未必能不打折扣地全盘执行。

之所以这么说,是有很多事实依据的。因为单从这些流程的步骤来说,并不能保证我们就一定能得到我们理想的结果。打个不太恰当的比方,很多流程只是大致指引了做事的基本顺序,比如说写文章,所谓的流程说白了就是指导我们"先写第一段,再写第二段、第三段……"。

这些很可能会被束之高阁的流程文件的症结就在于它们大都只是一些很简单的文字描述,而没有详细交代在每一步骤中我们应该具体使用哪些工具和方法,以及如何保证阶段性任务的顺利实现。正如前面反复提及的,各种针对具体流程开发出来的表格和单据是这些管理工具中最有价值也最值得推广的,要想顺利实现预先设计好的流程,就必须从设计好的配套表单系统入手。同理,要想优化过去已经确定的流程,也应该下大力气改进和修订表单系统。

一线案例

饭店中餐厅的申购流程

某饭店中餐厅的申购一直以来都是非常随意的。不但经理、主管厨师长这些管理人员可以申购,其他的一些工作人员如厨师、服务员、收银员也经常越过上级直接向采购员下单,更糟糕的是所有这些申购除了每天例行的买菜外,大部分都是临时性的口头申购,只要嘴上跟采购员打个招呼就可以了。

这样一来就存在很多隐患,比如所有这些申请是否都合理?有没有可能是毫无必要的甚至是重复的采购?又比如这些申请大都只是口头描述了要采购物品的大致数量和规格,采购员极有可能因理解不到位而买回来的东西不能用,那么损失又算谁的?采购的时机是否得当?因为经常出现采购员刚进门又被派出去紧急采购的事情,浪费了时间不说,采购的价格质量也未必合乎要求……

造成这一系列问题的原因都是该饭店中餐厅没有实行合理的申购和审批流程,如果明确规定所有岗位的采购都必须先填写固定格式的申购单,详细地写明申购的品名、数量、规格以及申购理由,并递交上一级管理人员审核批准,采购员无须面对无数张口而疲于应付,因为他只需也只能接受包括经理、主管和厨师长在内的几个人提交的采购清单。即便是出现了一些紧急采购的需求,来不及层层审批,事后相关人员也得按同样程序补办手续。

有了申购单,员工们才能表达清楚采购内容及理由,管理者们才能从宏观上把握总的采购成本,而采购员也不必昏头昏脑地冲进市场里。最重要的是,有了这一系列单据和事后的统计报表,经理可以更清晰更全面地估算餐厅的经营成本,并且对物品补充的规律越来越熟悉,从而在资金安排上也能心中有数。

表单设计必须为流程服务,不能"为表单而表单"。很多经理们抱怨说他们餐厅的表格单据并不少,基本上是按照一些成功企业的样本复制的,不知为什么就是没起到什么大用处。这里面的问题并不简单,因为一个设计得当、行之有效的表单必须与流程的实际需要、员工的工作条件以及个人能力素质等因素相适应,绝不是表格越多越好,也不是说成功企业的表格就一定能适用于其他企业。

设计表单时应该充分考虑员工的实际工作流程,比如备餐间为了合理安排菜肴制作的先后顺序,可能需要对不断送进来的点菜单进行即时处理,那么此时我们可以在备餐间设立一个随手可写的小白板,白板上已经事先画好了一个固定格式的表格。表格的内容是台号、进单时间、菜品种类数以及出货数量,每张点菜单一进来,第一时间标上台号、时间及总数,然后每出一道菜就做一个记号,这样就可以明确地知道哪些桌次的菜品已经出了多少,不至于出现后来的反而先吃了,或者上了一道菜后就半天没动静等现象。如果有条件的话,还可以采用计算机系统辅助管理,将所有的菜品都列上编号,那样的话备餐间的控制效率就更高了。

三、表单系统与服务质量和绩效评价

餐饮企业对服务质量的重视是毋庸置疑的,但是否得法就不得而知了,因为即便是在一些培训强度很大的餐厅里,顾客们对服务质量的评价也未必很高。

先说一个大家都很熟悉的例子,然后我们再进一步讲述表单系统与质量管理之间的关系。

一线案例

肯德基餐厅的卫生间管理

肯德基餐厅的卫生间使用频率奇高,按说清洁卫生工作很难做,但事实上大家都知道,即便人流如鲫,肯德基的卫生间永远都是那么干净。

其实肯德基的卫生间管理措施很简单。他们在卫生间门后挂了个硬纸板,上面夹着一张表格,几乎是每15分钟,就会有专人进来整理一次卫生,并在表格里签名,以表明自己在什么时间进来作了整理。

餐厅管理人员会时不时地进来检查,看看卫生工是不是保证了15分钟一次的清洁频率,同时也看看卫生质量是否合格。事实上餐厅那么多管理人员,每天都会进卫生间若干次,卫生工想造假都没有那个胆子。

肯德基的例子表明,要想对服务质量进行有效监督,就必须将一些重要的服务过程及相关数据以表格的形式及时记录下来。

比如说，要了解顾客对每道菜品的满意度，光靠经理主动询问是不够的，因为不可能对每道菜都进行询问，而且顾客对此也不一定乐于配合，但如果用表格的形式操作起来就简单了很多。

餐厅可以在给顾客赠送代金券或折扣卡时，给顾客发一张很简单的表格，要求顾客在每道菜名后顺便打个分数。分数一般设计为5分制，依次很满意、较满意、一般、不太满意和很不满意，顾客只需要在相应的选项下打个钩就可以了。此外，还可以将就餐环境、上菜速度、服务质量以及价格等也列入调查项目，调查表的格式是固定的，至于菜品名可以现场由员工手写，也可以直接从电脑里输出。

有了这些数据，在营业结束后餐厅再将所有的顾客满意度调查表格汇总，将所有数据输入电脑，就可以得出相应的统计数据。哪些项目顾客们整体比较满意，哪些项目顾客们已经比较集中，一眼就能看出来。而将此类统计逐日进行对比，甚至可以发现餐厅近期在哪些方面成效显著，哪些方面有了明显下滑趋势，这也便于经理决定下一阶段的工作重点和整改目标。

餐厅管理者头疼的另一个老大难问题即如何评估主管领班及骨干服务员的工作业绩，也可以借助表单方式予以解决。

这个问题之所以长期困扰管理者，是因为服务一线的员工很难以量化的方式来评估业绩。相比之下，对销售人员可以考查他们招徕的业务量或者是策划的主题活动的经济收益，对厨师们可以考查菜品的热销程度和更新速度，而服务员工们只要不出现大的投诉和表扬，人们实在是很难分出什么高下，这也进一步导致了对他们的领队——主管和领班们的业绩难以评判。

前面提到的顾客满意度调查表可以在一定程度上反映员工的服务效果，此外，经理们还可以用出错次数统计、顾客投诉或表扬统计、培训考核分数以及仪容仪表检查评分等多种表格来综合反映一个服务员在过去一段时间里所做的一切，同样也可以建立一些专用于管理人员的表单如员工跳槽率、组织培训次数、团队满意度总分以及经理抽查评分等来衡量服务主管和领班们的工作绩效。

延伸阅读

少用口头，多用笔头，勤用表格

很多餐厅管理人员都喜欢用口头管理，即便他们随手都带着一个笔记本，一有什么事情都往上面记载，但他们的管理方式依然是非常典型的“口头管理”。

口头管理的典型特征是口头下达管理指令，口头分析经营数据，口头传递业务信息，总之一切都是“有去无回”。因为没有进行编号管理，所以到底安排了多少事情谁都没个准。很多管理者逐渐意识到了这一点后，开始觉悟，“好记性不如烂笔头”，随手带一个笔记本，不管什么东西只要认为有必要，统统记下来再说，但这样就解决了问题吗？

必须承认，能用笔记本进行信息记载和辅助管理，已经是在口头管理的基础上前进了一大步，但这一步还不够彻底，因为这只是部分地改善了管理者的信息分析能力，对于整个经营管理流程来说，没有产生实质性的影响。

很显然，管理水平的进步和效率的提升必须通过流程效率的改善来实现，而要深入到流程环节的话，表单是最有效的管理工具，这比那个随身携带的笔记本管用得多，因为笔记本管理的本质仍然是“人盯人”。

员工的工作习惯是影响工作效果的最终决定力量，很多餐厅的强化培训本意也是希望能引导员工形成正确的习惯，但培养习惯的最好办法是在几乎每一个具体环节上安排一些针对性的表单，将员工零零星星的工作用表单串起来。

比方说，第一次到外地出差的汽车司机都习惯边走边看路标，只要有路标指引，即使从未来过也基本不会走错路。员工们干活时也会不停地寻找“路标”。如果确有路标，员工们自然不会自作主张，但如果没有“路标”，那么出现什么样的结果都不会令人惊讶。

管理人员对于表格大都是排斥的，尽管表格可能会提高他们的管理效率，但设计表格、推广表格以及监督员工使用表格可能是一件很不轻松的长期任务，半途而废的事情屡见不鲜。但这并不是表单管理的错，而是改变员工和改变自己多年习惯的难度太大。

尽管依然有很多餐饮企业不太乐于，也更不善于使用表单进行管理，但这并不值得提倡，因为一些成功地跨越了这些障碍的企业已经尝到了甜头，而且在规范化、制度化和标准化管理的道路上越走越远了。

第二节　流程再造：用简洁高效的新流程全面取代陈旧的作业系统

流程再造是对企业流程和组织进行全面重塑的管理变革。20 世纪 90 年代中后期以来，我国餐饮业开始步入产业成熟阶段，新的市场形势对传统餐饮管理模式发起了强有力的挑战。管理效率低下、产品更新缓慢、恶性价格竞争愈演愈烈以及运营成本结构持续恶化等现象，都预示着年轻的餐饮业亟须通过一场全面深刻的管理变革来改善资源利用率、提升市场竞争力。就我国餐饮业的现状而言，“凤凰浴火”式的“流程再造”也许是许多餐饮企业的最佳选择。

一、企业流程再造理论的起源和核心观点

“流程再造”（Business Process Reengineering，简称 BPR）是 20 世纪末流行于美国企业界的热门话题。例如，美国联邦捷运公司（American Express）通过“公司流程再造”使年度开支下降了 10 多亿美元；IBM 信贷公司通过对客户贷款申请、信用审查、商务审核等流程进行 BPR 改造后，不仅把为客户提供融资服务的周期缩短了 90%（由原来的一周压缩到 4 小时），而且由于客户“满意度”和“忠诚度”的大幅度提高，他们的业务量整整提高了 100 倍。

所谓企业流程再造，按照其概念创始人哈默和钱皮所下的定义，就是对企业的流程、组织结构、文化进行彻底的、急剧的重塑，以达到绩效的飞跃。

在这一过程中，再造的对象是企业的战略、增值、营运流程，以及支撑他们的系统、政策和组织结构。再造的初级目标是达到工作流程和生产效率的最优化，最终目标是将以职能为核心的传统企业改造成以流程为核心的能对市场快速反应的新型企业。

历经近 20 年的发展，企业流程再造理论已经形成了比较完备的理论体系，并在实践中发挥着越来越积极的作用，其核心观点主要有：

（1）对企业实施再造必须跳出传统的思维定式，去除因循守旧的想法，变“如何把我们现在正在做的事情做得更好，更快，更省”为“我们为什么要做现在的事？我们为什么要这么做？”；探究事物的本来面目，从根本上进行反省和思考，迫使自己正视自己的经营战略和实现战略的方法，抛弃所有过时甚至有误的一切规定的结构和过程，创造全新的工作方法。“‘戏剧化’的改变”意味着企业流程再造的目标不是取得一定的改善，而是要在企业业绩上取得突飞猛进。

（2）“流程再造”的核心理念就是以“最大限度地提高顾客对企业产品、服务、形象的整体满意度，提高顾客对企业的忠诚度，进而不断地重复购买企业的产品和服务，营造企业良好的生存和发展环境”为目标，对企业现行的运转流程和工作方式进行根本性的反省和革命性的创新。面对急剧变化的市场环境作出快速有效的反应，提供顾客满意的产品和服务，是现代企业的根本追求，也是现代企业生存和发展的基本前提。

（3）流程再造工程的实施必须始终坚持三条核心原则——坚持以流程为导向的原则、坚持以人为本的团队式管理原则和坚持顾客导向的原则。再造的本

质其实就是改善过去以高度专业化分工来追求效率最大化的做法的片面性和局限性，通过组织和管理模式上的变革将被职能部门组织结构形式所割裂的过程重新连接起来，形成一个完整的、连续的、优化的流程，进而实现对顾客服务、成本和效率的全局优化。

(4)企业流程再造很大程度上就是完成对企业核心流程的再造，然后围绕这个经过改造的核心流程，将企业的其他流程系统作适应性的调整。在再造实施的具体技术过程中，必须尽一切可能减少流程中非增值活动以及调整流程的核心增值活动，其基本原则就是“ESIA”，即清除(Eliminate)、简化(Simply)、整合(Integrate)和自动化(Automate)。

二、餐饮业应用流程再造理论的现状

随着信息时代的到来，传统餐饮管理模式所承受的市场压力越来越大，金字塔式的组织结构模式已经越来越不适应现代竞争的需要，全面彻底的企业流程再造已经成为餐饮业刻不容缓的必然选择，然而，由于多方面因素的制约，我国餐饮业的流程再造进程十分迟缓，基本上停留在局部环节和个别部门的被动改良阶段。从长远来看，这种实施阻力较小的“有限再造”方法并不能从根本上改善企业的资源利用状况，也无法彻底提升餐饮竞争能力。

就目前餐饮业的流程再造实践来看，大多数企业的“流程再造”尝试主要集中在以下四个方面：

(一)对个别部门业务流程的再造

全面的流程再造需要建立真正面向流程管理的扁平化的组织体系，尤其是要将专业化分工时代被分解得支离破碎的技术过程重新整合成完整流畅的流程，这就需要企业经营者放弃人们早已习以为常的组织结构和行为方式，进行组织建设上的重大变革。毫无疑问，这将招致极大的阻力，甚至可能导致流程再造的失败。

事实上，在整个餐饮行业，由于至今尚没有知名企业进行过成功的全面再造，缺乏可以借鉴的典型案例，企业流程再造大都只能在不动摇原来组织体系根本原则的情况下在局部范围内展开。

一线案例

饭店中餐厅的送餐部改革

某饭店地处繁华市区的中心地段，周边有很多写字楼，几乎每天中午甚至晚上中餐厅都会接到大量的快餐订餐电话。

一直以来，中餐厅经理们都视这些送餐业务为“鸡肋”，原因很简单，快餐送餐需要大量人手，但餐厅到了业务高峰期时人手紧缺，而为此设立专门的送餐员又似乎成本太高。

在饭店高层挖掘新的利润增长点的战略要求下，餐厅经理们开始研究如何改革送餐业务，因为大家已经注意到附近近来冒出了好几家专门从事送餐业务的小餐馆，生意非常红火，这表明商机已经成熟。

餐厅为此专门成立了一个送餐部，但与原来接了电话再送盒饭的流程完全不同的是，新的送餐部采用了全新的业务流程：

送餐部在原来的员工餐厅厨房内部重新设立了专用厨房，并在周边几个主要的写字楼内设立了加工售卖窗口，楼宇物业管理公司作为合作分成方负责提供场地和宣传，餐厅送餐部负责将半成品每天提前送到各加工点，并挂出当日菜单。

写字楼里的白领们非常欢迎这样的送餐业务，一来可以吃到正宗的口味，所有菜品现炒现卖，味道卫生都有保证，二来可以节约等待送餐的时间，最重要的是送餐部还经常根据白领们的要求，不断推陈出新，花色品种越来越多。

（二）对个别工种业务流程的再造

在传统的管理模式中，饭店的基本构架是各职能部门，绩效衡量的基本构架是个人，命令自上而下地传达和执行，报告自下而上地传递和汇总，企业流程被人为地割裂成一个个独立的活动或任务，衡量员工绩效的标准是员工的工作时间或工作量。

就员工个人角度而言，工作任务是相对简单而又确定的，对知识和能力的要求也比较具体和单一；从企业整体来看，员工个人的简单任务组合起来就变成相当复杂的技术过程了，在实践中，这种过于复杂的技术过程不仅耗费了越来越多的企业资源，而且在很大程度上转移了管理者的注意力，导致对客服务质量无法同步提高。

近年来，在餐饮业内对于各工种工作任务的变革十分普及，其目的就是要通过加强员工的岗位自我管理能力来降低管理的复杂程度。

一线案例

凯悦饭店集团的宴会"金钥匙"服务

多年来，凯悦饭店一直在会议客源市场上占据着令人艳羡的份额，独特的会务接待流程是其成功的关键。在几乎所有的凯悦成员饭店中，都设置了专门的"会议金钥匙"，为会议的主办者和参加者提供全程专项服务。

与大多数饭店洽谈、接待与会务分开的会议接待流程不同的是，"会议金钥匙”们从接受顾客现场考察开始，一直到整个会议圆满结束，始终不离主办者左右，密切注视会议进程，及时准备着处理各种意想不到的情形。

饭店还授予了“会议金钥匙”们相应权限，以确保其在饭店范围内切实有效地调用各种资源，如人员、设备、车辆、花卉等，各营业部门也被明确要求与“金钥匙”们紧密配合，对于其临时作出的各项指令及时付诸实施，而无须额外请示和协商……

在“会议金钥匙”这种类似于“项目经理”的接待流程推出之后不久，顾客们对凯悦饭店会议服务的满意度大幅提高。

（三）对跨部门业务流程的有限再造

在以职能管理为核心的传统饭店模式下，部门之间、班组之间、前后台之间的横向沟通是通过非常复杂的组织程序来实现的，大量的文字报表、协调会议和临时性横向组织的设置都是被反复运用的沟通方式，员工花费了大量的时间精力来做反复的信息传递、甄别和筛选工作，单独的部门或个人都无法也无须对整个业务流程负责，整体运行模式呈现出高度层级化特征，并进而导致了管理效率的持续下降。在实践中，沟通不畅、反应迟缓的管理现状已经引起了经营者们的高度重视，许多饭店开始尝试采用项目管理方式来克服组织结构的层级化趋势，并取得了一定的效果。

在项目管理模式中，管理的核心不再是简单的职能分工和考核，项目实施的进度、结果也就是业务流程的实施质量成为经营者关注的焦点。

比如，在很多饭店举办的大型美食节项目中，餐饮部成为整个项目的策划、调度和指挥中心，其他平级的业务和管理部门则紧紧围绕着餐饮部的进度要求开展工作，部门之间的界限在具有高度时间和质量要求的项目实施过程中被暂时消除，许多常规状态下的管理规则被打破，所有与项目有关的部门都被临时整合成为一个流程主体，从而确保能将更多的资源放置在对顾客价值的关注上。

（四）对跨工种业务流程的有限再造

传统餐饮管理模式的弊端最终还是通过产品和服务质量反映出来的。在实践中，尽管越来越多的管理者已经意识到了质量是餐饮的生命线，但常规的“事后监督型”管理模式却无法从根本上解决这一难题。产品和服务质量的提高最终还必须通过广大员工所直接从事的价值增值活动的效率优化来实现，这就要求企业必须将传统模式下员工的“简单任务”转变为复合型的综合任务，将员工的指标型服务转变成为智能型服务，扩大员工在服务过程中的自我管理和决策权限，彻底打破职能型工种对于员工积极性和创新意识的束缚。

尽管上述各种流程再造的尝试在实践中取得了较大的成效，并已经得到了越来越多的餐饮企业的认同和效仿，但这种局部的再造毕竟只是企业在巨大的市场压力下的被动反应，而且由于缺乏系统的理论指导，这种再造工程往往很难达到改造整个流程体系和组织体系的高度，因而无法从根本上改善资源配置的效率，提升企业的竞争能力。

三、餐饮业全面导入流程再造工程的主要途径

对于正在逐步进入成熟期的我国餐饮业来说，全面系统地引入并实践流程再造理论具有很深远的现实意义。

只有通过全面、快速、彻底的流程再造，才能有效地克服传统餐饮管理模式的种种弊端，真正将餐饮企业改造成为能快速响应市场变化的现代化企业。但流程再造毕竟是一种全新的事物，其改革的深度和广度是以往任何管理思想与技术所无法比拟的，加之在整个餐饮业尚没有成功的典型案例可以借鉴，所以在实施过程中也充满了风险。

如何避免各种可能的失误，提高流程再造成功的几率，切实高效地推动我国餐饮业的管理现代化进程，已经成为事关产业发展全局的关键问题。就当前实践中的一些突出问题而言，我国餐饮业进行全面流程再造，必须遵循以下途径：

（一）打破传统的层级化组织结构模式，简化以职能为基础的部门分工机制，以流程为核心重建组织体系，提高组织的快速反应能力

当前我国绝大多数饭店餐饮企业在组织结构设计上采用的是“直线—职能”制模式，即在管理权限的分配上实行严格的金字塔式等级制度，而在业务归属上则依据业务性质、所属区域等划分成若干平行部门。这种分工制度的一个重要结果就是人为地形成了界限分明的前后台部门，增加了管理协调沟通的工作强度，并进而导致了管理效率的低下。按照这种分工思路，无论企业规模大小，在部门设置上都会陷入过分求全和管理官僚化的误区，这也是层级化组织模式的通病。

随着现代信息技术的飞速发展，网络化的扁平式组织结构模式开始逐步显示出其相对于“直线—职能”制模式的优越性。扁平式组织结构借助现代计算机技术和通信技术实现了管理信息的高水平共享，大量的管理报表、会议汇报等协调工作被效率更高、成本更低的网络沟通所取代，传统管理模式正在逐步丧失其存在的合理性，新的以流程为核心的组织体系必将取而代之。

实践速描

国外饭店的餐饮管理组织结构变革趋势

目前国外很多饭店以流程为依据，开始按照餐饮企业的基本价值链将整个

餐饮部门的组织体系分解成为若干相互联结、互为条件的流程模块——产品和技术研发中心、人力资源供应中心、物料资源和能源供应中心、生产制作中心、服务中心、物业维护中心和财务核算中心等，或者进一步简化成为研发中心、供应中心、服务中心、维护中心和成本控制中心。

采用这种新型组织结构的大多是一些规模较大且有多家餐厅的大型饭店，而在过去他们基本上都是采用传统的“直线—职能”模式，即在各个餐厅自己独立运营的基础上再增设了一些辅助性的职能部门如人力资源部、财务部等以统筹某些事务。这种传统模式保障了饭店经营管理的整体性，但也造成了机构重叠和部门间职责不明等弊端。

新的组织模式极大简化了过去前后台相互割裂的部门建制，突出了顾客价值创造过程中各核心环节的价值功能。

比如，服务中心就囊括了整个饭店所有的对客服务工作，在人员的配置、服务技术的培训、服务信息的传递等方面有更大的自由度，而不必由于新的服务项目的设置再另行增加管理部门；物业维护中心则可以将所有与设施设备维护、保养和管理有关的部门统筹起来集中管理，如保安部、工程维修、公共卫生、绿化、花卉、消防等。

（二）从各饭店的资源基础实际出发，重新规划资源结构，突出优势资源，构建核心能力，将不具备技术优势的业务职能合理“外包”

通过将部分业务职能适当“外包”，从而顺利实现从“大而全”到“小而精”的转变，已经成为当今一些竞争性行业的发展趋势。通过对饭店价值链的考察，我们不难发现，当前大多数企业尤其是中小型饭店在功能设置上都过于求全，力争将所有的管理和操作流程全部在店内自行完成，表现最为突出的是动力设备的维护与员工生活福利设施的大包大揽等，其结果就是极大地增添了饭店的管理负担，降低了资源结构的整体质量。

一线案例

某大型餐饮企业的员工训练营

一直以来，培训工作都是饭店餐饮部门日常管理工作的重要内容，各级经理主管不得不在紧张的营业间隙期见缝插针地安排组织自己部门的员工进行各种培训。

某大型餐饮企业在高速扩张中遇到了员工培训时间严重不足、培训质量严重偏低的问题，追究起来自然是各级经理主管的责任，但看看这些经理主管们的工作日程表，我们实在是无法要求他们做得更多，因为他们已经竭尽全力了。

集团总部经过反复调研后，收购了一家位于城市郊区的拓展训练中心，并将原来的厨师学校和人力资源培训部搬迁过来，将三个单位合并成立了一家颇具规模的员工训练营，负责对员工进行从专业技能到人文素质，从职业精神到管理意识的全面培训。

集团还向下属各餐饮企业下达了轮训指标，规定除了最基本的岗位适应训练和业务细节传达外，其余各类培训均统一由新建的员工训练营来统筹。各级经理主管们从此可以将自己的精力从具体的培训设计和组织事务中解放出来，因为现在他们只需要向训练营提交自己的训练要求，并审核训练营的具体培训计划就可以了。

从流程的角度来考察这些在传统观念中不可或缺的功能设置，我们惊讶地发现，饭店在这些自己并不擅长的环节上投入大量的资源是毫无必要的。一般情况下，饭店的核心能力应充分体现在产品和服务的不断创新和稳定的高品质上，这也理所当然应成为饭店资源配置的重心。而对于自己并不擅长的业务职能，如前面所提到的员工生活设施的管理等则应当实行“外包”，让社会上一些与饭店具有互补功能的优势企业来承办，这样才能确保在顾客价值创造环节上能有所作为。

（三）不必一味拘泥于价值链的完整性，而应当以顾客需求为导向，突出价值增值活动的地位，形成品种丰富、形式灵活的产品系列

在传统管理模式中，从产品原材料的采购开始一直到最终产品的售出和现场服务的完成为止，一系列价值活动的综合构成了一条很标准的完整价值链。价值链的完整还意味着企业在市场竞争中的交易独立性。在传统的计划经济模式下，条块分割的企业格局导致了许多企业习惯于独立完成绝大部分的市场活动，即最大限度地将市场交易内部化，其结果就是使得企业形成了庞大的管理和后勤机构，企业的日常管理和业务流程变得非常复杂零乱，相当数量的资源被投入到为了维持价值链完整而进行的活动中。

实践速描

从“半成品礼品菜”说起

走进很多餐厅的大门，顾客们都可以看到在展示陈列柜台上摆满了琳琅满目的各式“半成品”菜肴。这些样品都能供客人了解菜肴材料构成，并激发出他们的消费热情。

有一家餐厅显然走得更远，他们所展示的这些“半成品菜肴”不但可以充当实物菜单，还允许顾客们买回家自己烹制，餐厅甚至连炒菜用的配料都已经为他们准备好了。

表面上看起来，这与现今很多大型超市销售的“净菜”没什么区别，但要知道这些菜品可都是这家餐厅最新研制的一些新品菜，市场上几乎没有第二家餐厅会做。

难道这家餐厅就不担心这样做会被竞争对手模仿吗？餐厅经理说，餐厅有强大的研发能力，推出的这些菜品既然可以向顾客销售，也就意味着这些都是些容易模仿的家常菜，想要阻止对手学习是不可能的，主动销售半成品菜其实是为了满足顾客们自己动手的愿望。餐厅真正用来对付竞争对手的，一是一些高技术含量的菜品，二是令人瞠目的出新品的速度，以速度应对模仿。销售半成品礼品菜，其实也可以造势，吸引更多的消费者。

当然，这些半成品礼品菜也不是顾客们想买就随便能买到的，餐厅还是有一些附加条件，比如只能购买与你现场消费相同的菜式，一次只能购买多少份等等。

事实上，从顾客需求的角度来考察当前大多数饭店的日常营运活动，不难发现，其中真正有助于实现价值增值功能的活动地位并不突出，大量的活动都与最终用户的需求毫无关系。片面追求价值链的完整性，势必会导致管理组织的官僚化和经营资源的巨大浪费，其直接后果就是企业产品缺乏足够的深度，难以快速响应来自顾客需求的变化。在实践中，大多数企业“麻雀虽小，五脏俱全”事实上并非合情合理的必然选择，而是单纯追求价值链完整所带来的被动后果。

面临日趋复杂和激烈的现代竞争形势，餐饮企业有必要重新审视自身的价值链构成形式和特征。只有从资源实际出发，改变过去那种“求大求全”的思想，将一些企业自身不擅长也不必要亲自处理的环节全面外包，并根据市场需求改革最终产品的输出形式，将形式单一的产成品输出改为品种丰富、形式灵活的宽产品系列带，才能真正发挥出自身的技术和能力优势。

延伸阅读

流程再造与组织变革

改革传统的分级管理体制，以扁平式的组织机构模式取代金字塔式的组织模式，将管理权限充分下放，使传统的基本作业单元——班组改变成为拥有更大自主权的项目团队。

在实践中，市场环境的巨大变化对于餐饮企业的最大挑战主要来自思想观念和组织模式的挑战。在漫长的产业成长时期内，强调组织高度稳定的金字塔式结构模式以其专业化分工的效率和层级控制的有序性有力地推动了餐饮业的发展，并成为行业公认的经典管理范式，所有从业人员都习惯性地认为层级管理模式是最适应餐饮产品特性的管理选择。

然而，随着社会经济技术条件的变化，金字塔模式的弊端正在逐步凸显，尤其是过于具体细致的分工和过于程式化的规范极大地制约了员工创造性的发挥，进而造成了实践过程中思想和行为的严重分离。为了有效地弥补这一缺陷，一种全新的组织模式——扁平式组织结构正在全面取代传统模式，管理权限被极大程度地下放，基本作业单元由过去的班组转变成为享有更大自主权的项目团队。

项目团队取代传统的作业班组对于餐饮业来说是一场意义极其深远的重大变革。与传统的班组比较，项目团队最大的优势在于多工种联合作业，独立承担完整的作业流程，从而减少了协调工作量，提高了流程质量。比如，以项目团队的形式来运作美食节项目，可以不借助外界力量独立完成包括产品设计、制作和推广在内的全部流程，而且由于整个团队以项目为核算基础，无论是成本支出还是任务编排，都将严格按照流程需求重新设计。

第三节　让培训真正成为餐饮企业提速的发动机

任何形式和内容的流程变革最终都需要有相应水平和能力的员工来具体执行落实，这就使得培训真正成为了餐饮企业全面提速的发动机，但很多企业的培训设计仍然停留在简单的请人授课和员工的以老带新层面上，并未给企业带来明显的绩效改善。反映在实践中，我们会惊讶地发现：需要培训的人没有机会，培训内容过时或者质量低劣，培训教员素质较低且培训手段单一，管理层对于培训支持力度不够，受训者对于所学知识技能常有抵触……所有这些现象都提示我们，要想让培训真正成为餐饮企业竞争提速的强大动力，我们还须认真研究人才成长的内在规律，提高培训的系统性和针对性，有效改善培训计划和方法手段。

一、餐饮企业的“培训形式主义病”的五大症状

形式主义正在成为广大餐饮企业培训管理的通病。用心良苦的培训活动换来的经常是所有员工的一致不满，高层经理们会抱怨培训没有带来意想中的实效，中层主管们则认为基层员工们素质太差，难以消化培训内容，而基层普通员

工除了厌倦培训带来的紧张氛围和工作压力外，更是埋怨“领导们管理无方，明明是他们生病，却老让我们吃药”。

（一）“**片面培训病**”

餐饮企业的最大特点就是工作的持续高强度，排在各级管理人员的日程表上的事务是密密麻麻、永无休止之时，因此企业普遍将培训工作归口到专门的部门（培训部）或专门的主管（人事主管），但这绝不等于说“培训只是培训部的事”。

专职的培训部或培训主管与其他业务部门之间理论上应该是分工协作、各司其职，即培训部负责调研企业内在的培训需求，统筹规划培训资源，并作为组织者具体制定和监督培训计划的实施。各业务部门才是真正的培训计划实施主体，他们应该主动分析员工能力与企业竞争实际需求间的差距，及时向培训部门提出开展培训的建议，并组织员工积极参与培训部安排的各项活动。从本质上来说，“培训应该是业务部门的事”，培训部只是一个负责提供专业支持的参谋职能部门而已。

实践速描

生病的是高层，吃药的却是员工

“片面培训病”的一个重要表现是培训往往只在中基层员工中开展，而严重忽视了对高层管理者的培训。

从餐饮业竞争形势来看，不同企业间的中层和基层员工素质差异并不明显，即便是最优秀的餐厅也不能完全摆脱人员频繁流动、员工素质参差不齐的窘境，但高层管理者素质的差异就非常显著了。

打个比方，很多在单店经营时颇为成功的餐厅一旦转向连锁经营后，就发现管理高层们对于连锁物流配送、资本运作和加盟法律事务等一筹莫展，他们擅长的还是过去店堂管理、迎来送往那一套。

问题是此时企业的培训并不是组织高层们来系统学习连锁经营知识，而是制定出一套非常复杂的内部管理制度，并组织中层和基层员工花费大量时间来学习消化。高层们满心希望能通过员工们水平的提升来克服转型过程中的若干新问题，但“生病的是高层，吃药的却是员工”，这样的方子能管用吗？

（二）“**培训福利病**”

很多餐饮企业都喜欢鼓吹“培训是一种员工福利”，在他们的招聘广告甚至员工手册上都反复强调，本餐厅将为员工提供什么什么样的系统培训云云，全然不顾员工对培训的真实感受。事实上，福利通常是薪酬制度的一种补充，它可以表现为各类津贴、补贴或者对生活工作环境的显著改善,而培训则是构建和强化企业竞争力的核心业务环节,员工不能以对待福利的可有可无的态度来淡化参加业务培训的义务性,更不能因此养成“想来就来,想去就去”的随意习惯。

将培训鼓吹为员工福利的另一层含义是很多餐饮企业在避免频繁运用加薪、晋级等物质手段时将提供大量培训作为一种激励员工的替代选择,但这种做法的前提是员工能真实感受到受训后自己的切实提高,尤其是他能判断出这份受训经历对他日后职业生涯的价值和作用。在“假日大学”或是麦当劳的企业大学接受系统管理训练肯定能激励员工斗志,但我们大多数企业那些毫无新意的零星培训能有这样的功效吗?如果没有,那么将培训鼓吹为福利就只能是管理高层的一相情愿了,普通员工在内心里是不认这个账的。

（三）“事倍功半病”

合格的培训治标,高明的培训治本,但无论是治标还是治本,都得有个先决条件,那就是必须先号脉,望闻问切,对企业上下来个细致入微的“体检”,搞清楚影响企业绩效的因素到底有哪些,才能在这份企业“体检表”的基础上对症下药。这样的培训计划才是真正的有针对性,不会犯“事倍功半”的毛病。

综观多家餐饮企业启动员工培训的初始动机,可以说“事倍功半”的毛病还非常流行,比如:

很多餐厅的培训是“依葫芦画瓢”,由服务主管或者经理根据以前的经验或者模仿其他企业模式机械地制定出一份有模有样的培训计划,甚至干脆照搬企业前几年的培训,全然不顾企业眼下的实际情况和最迫切需要解决的问题。

很多培训原本就是计划之外的,只是因为老总心血来潮,一句话就决定了的,而且往往这样的培训从动议到实施也就一两天的工夫,草拟个计划安排好教员马上就开工了,在充分体现了老总雷厉风行的风格的同时已经远离了企业的本来需求。

还有些培训的设计就是典型的“跟风学样”了,看看社会上现在流行什么就跟着培训什么,什么“学习型组织”啊、“执行力”啊、“绩效管理”啊,一知半解、囫囵吞枣式地全给引进来,听完了又觉得“隔靴搔痒”,没有什么实际效果。

（四）“只训不评病”

重视培训固然是好事,但若只是重视培训形式而轻视了培训结果的话,投入的资金、人力和时间就很有可能打了水漂还没觉察。有关研究表明,一般的培训仅能产生10% ~20%的效果,也就是说80% ~90%的培训资源其实是被浪费了,具体到餐饮企业来说,最基层的操作培训效果尚可,而对于中层和高层人员的管理意识和领导能力的培训其效果就基本是微乎其微了。

如此高的培训资源浪费自然是令人无法容忍的,但光靠动员和开会是解决不了问题的，问题的根子往往出自“只训不评”的培训模式上。基层操作培训之所以能有效果，是因为培训目标明确，指标项目具体，培训主管可以安排非常有针对性的考试核查手段以检验其真实效果，而且这些服务技能层面的训练往往也与员工的定级定岗乃至工资级别等切身利益相关，员工无不全力以赴。但到了中层和高层管理培训尤其是跨部门的一些培训就很难有这么明确直接的检查手段了，培训工作也因此成了打在棉花包上的拳头。

（五）“培训万能病”

物极必反，越来越多的餐饮企业开始重视内部培训，同时也越来越多地倚重于培训来解决在经营中遇到的各种问题。一时间，培训就成了个筐，什么东西都往里装，似乎只要做了培训，相关联的员工就会明白正确的方法从而正确地操作，问题就不再成其为问题了。

培训终归只是培训，它不是对传统管理组织职能的替代，或者说它有可能解决“不能”的问题，但不会自动地解决“不为”的问题。在餐饮企业中，员工的行动能力是由观念、知识和技能三者构成的，企业在设计培训计划时，思路应是全方位的。只有全面提高员工的观念、知识和技能水平才能全面改善员工的行动能力。作为餐饮业主，如果将培训看作是包治百病的“万能药”，对培训产生不切实际的依赖将是非常有害的。任何时候，都必须对培训能达到的实际效果抱以平常心。

二、管理诊断——高绩效培训流程的起跑线

在培训实施之前，必须先对企业的培训需求进行系统的分析和评价，也就是说，首先应该弄清楚企业是在什么样的形势下，为了解决什么样的问题和达到什么样的企业目标而进行的培训。

培训需求分析通常在三个层次，即组织层次、作业层次和个人层次分别进行，各自的侧重点分别是研究企业的发展战略、具体的任务结构和员工的能力差距。很显然，培训部门很难独立完成这一任务，我们习惯性地将这样的专题分析工作归类为管理诊断工作的一部分。事实证明，全面客观的管理诊断将为高绩效培训流程提供清晰有力的指导，称之为高绩效培训流程的起跑点丝毫不为过。

为了保证管理诊断的有效性，管理高层应该保持高度的独立性和客观性，因为诊断分析的结论往往都会将矛头指向最高层，因为所有问题的根子还是在于制度和机制的设计不当。所以我们可以找寻一种中间方案，即先将管理诊断的范围限定在对基本业务流程和管理流程的诊断评价上，在积累了足够多的关于流程的分析后再召集相关人员探讨制度设计上的弊端，一般来说，我们不应盲目修改制度本身，而应全面诊断制度本身的执行情况。

一线案例

某酒店的高层管理例会上，总经理发现他的几个业务部门经理与采购、仓管以及财务部之间争执不下，原因是业务部门下了申购单后财务部门老不能按时审批。于是总经理当场批评财务总监，这一下财务部又不干了，因为他们发现很多类似的申购物品仓库里都还有存货，但业务部门每次都是直接下采购单而不下领料单。业务部门的理由是我们哪里知道你们仓库里到底有什么，你们又不提供清单。总之吵得不亦乐乎——那么，这样的问题如果不做一定的调研，详细了解原委，而是一味地在那里培训什么现代企业成本控制之类的课程，怎能会有实际效果呢？

有了管理诊断开出的药方，拟订培训计划就相对来说比较容易了。

拟订计划是培训目标的具体化和操作细化，即根据诊断结果和对策，设定明确的、可测量的培训目标，确定培训的形式、学制、课程设置方案、课程大纲、教科书与参考书、任课教师、教学方法、考核方法、辅助培训器材与设施等等。

与此同时，制订培训计划还须兼顾许多具体因素，如行业类型、企业规模、用户要求、技术发展水平与趋势以及员工的真实业务素质水平等等。当然，最重要的还是培训的可操作性本身。

延伸阅读

找到病因再开方

餐饮企业培训，一般说来有三种形式，即关于管理知识、个人素质和企业制度文化的培训，但归根结底这些培训都必须与企业所面临的实际问题结合起来。好的培训，本身就必须是诊断问题和解决问题的一部分。

而时下的所谓“培训”，有人云亦云甚至是不知所云者；有套用几个时髦的管理术语，提出一些空洞无物的建议者；有讲解一些枯燥乏味的所谓概念者。这些培训是对资源的巨大浪费，最终会招致企业对培训的失望甚至漠视。

培训，必须以问题为主导，以现实为依据。所以在培训正式启动之前，一个精心策划、严密操作的企业调研诊断应该摆在首位。比如企业可能存在的问题是成本虚高，那么我们就应该实实在在地去查一下餐厅的进销存是否规范，标准菜谱有没有实施，折扣审批是否严格，应收账款是否得到了必要的控制。有时这样的调查会非常耗时,但再麻烦也得查,而且得仔细查,绝不能光看看报表听听汇报就了事,因为问题肯定藏在这些报表和言语之后。这些都必须下功夫去琢磨,只有真正找到了症结,再结合问题的正确方法进行针对性培训,才能真正收到效果。

第四节　大规模定制:以低成本实现高度个性化服务的新理念

从当前实践来看,如何确保以较低的成本来实现高度个性化服务,通过新的产品技术和管理技术的应用将范围经济和规模经济有机结合起来,从而达到产业结构的合理优化和升级,已经成为餐饮业竞争的新趋势。大规模定制技术就是在此背景下应运而生的新技术。

一、什么是大规模定制理论

大规模定制是继大规模生产之后的新一代管理模式。无论是制造业还是服务业,大规模定制都是企业竞争的有力武器。

大规模定制的核心是生产品种的多样化和定制化急剧增加,而不相应地增加成本;其范畴是个性化定制产品和服务的大规模生产;其最大的优点是提供战略优势和经济价值。大规模定制是企业获得成功的新思维模式,它包含了基于时间的竞争、精益生产和微观营销等许多流行的管理思想的精华。从餐饮业竞争的角度来考察,大规模定制是应付急剧变动、高度细分市场的最合理选择。来自法国科里伦大酒店的"集约式早餐"案例就是最好的证明。

一线案例

豪华酒店的"集约式早餐"

在以接待上层名流著称的法国巴黎科里伦大酒店,"集约式早餐"是一项延续了多年的老传统。

客人们每晚临睡前,从《服务指南》中抽出"早餐预订卡",既可以在酒店的建议菜单上打钩画叉,也可以自行填写额外的品种,甚至还可以将自己的特殊嗜好与烹饪要求也写上。填好以后,将餐卡挂在门外的锁柄上。

每到凌晨一点和五点,巡店经理都会准时来收集餐卡,然后将它送到餐饮部。厨房在接到大量的早餐门卡后，立即分门别类，在最短时间内安排好作业计划。

次日清早，经过精心制作的早点就会按客人在餐卡上要求的时间准时送到客房，热度把握得刚刚好，时间也掐得非常准，一切都在无声无息中悄然进行。

与常见的饭店服务不同的是，“集约式早餐”既可以充分满足所有顾客截然不同的定制需求，又能在餐饮部的统一调度下组织大规模制作，从而不会造成成本和价格的上升。取得这种“鱼与熊掌兼而得之”的效果，“大规模定制”技术功不可没。

简单说来，大规模定制是两个长期竞争的管理模式的综合——个性化定制产品和服务的大规模生产。众多领域的实践已经证明：以大规模生产的价格实现产品多样化甚至定制化是完全可能的。在大规模定制中，低成本主要是通过范围经济来实现的——应用单个工艺过程更便宜、更快速地生产多种产品和服务，企业可以借助标准化零部件实现规模经济，零部件再按多种方式进行组合，形成多种最终产品，最终实现范围经济。

在这一过程中，新技术扮演了关键的角色，正是由于在速度、生产量、有效性、效率、信息及通信技术方面的进步，及时交货、精益生产技术、基于时间的竞争、交叉功能团队等大量柔性手段才能发挥作用，从而增强了灵活性和响应能力，却不增加相应的成本。

大规模定制理论的核心观点可归纳为以下四点：

(1)以有个性化需求的客户为中心。在大规模生产中，客户处于价值链的最末端，生产出来什么就卖什么。在新战略中，客户位于价值链的最前端，围绕客户的需求来生产产品，其实质是生产者和客户共同定义和生产产品。

(2)以灵活性和快速反应实现产品或服务的定制化。

(3)电脑、网络、电子商务等信息技术是新战略的技术基础，使制造商与客户和供应商形成一种新的关系。

(4)注重整个过程的效率，而非局限于生产效率。美国戴尔电脑公司是大规模定制战略的成功典型。它每年生产数百万台个人计算机，每台都是根据客户的具体要求组装的。其立足之本是以低于竞争者的成本向客户提供有价值的、个性化的服务。美国最大的牛仔裤制造商李维公司(Levi)，客户只需多付10美元即可根据腰围等个人尺寸在流水线上定制。宝洁公司(P&G)把洗发剂的配方增加到5万多种，只要顾客能拿出头发的油性酸性指标，就可以按通常价格给你定制专用洗发剂。

二、促成餐饮业全面转向大规模定制的市场因素

放弃管理者们相当熟悉并曾经为餐饮业振兴作出了巨大贡献的大规模生产

范式,对于所有餐饮企业来说的确不是很容易的事情,但来自于竞争对手和市场的巨大变化迫使餐饮企业必须下定决心,转变管理风格。

总体上来说,促成餐饮业转向大规模定制范式的市场因素主要有:

(一)在局部市场和特定时段内,餐饮业内部竞争强度加剧,致使市场呈现出一定程度的饱和

表面上看来这种"僧多粥少"的局面是由于行业规模的急速扩容、竞争对手数量迅猛增加造成的,但事实上这种饱和局面的形成与餐饮业内部业态形式过于单一、客源对象面过于狭窄集中有很大关系。

就我国餐饮业现状而言,当前消费者支付能力增长的潜力还远未被挖掘出来,大量价高质劣、单一陈旧、缺乏变化和创新的餐饮产品正耗费着巨大的资源。而当高度雷同的产品在限定的区域内展开竞争时,假性饱和就在所难免了。要想改变这种境况,就必须更加贴近顾客需求,增加品种和定制程度,提高创新速度,加快产品周期。

(二)替代竞争和潜在竞争的迅速增长,正在逐步威胁餐饮企业在产业链中的主导地位,并直接分流了大量现实和潜在客源

近年来,机制灵活、不断创新的社会餐饮业、娱乐业等产业的发展速度和规模相当惊人,它们都直接或间接地构成了对饭店餐饮的威胁。

要想有效地抵御替代竞争的强势威胁,就必须充分发挥出自身的资源优势,以更多贴近顾客需求的产品品种来巩固开拓客源市场。只有以顾客价值需求为基础,才能准确识别出各关联产业之间的界限,确保资源的合理使用。

比如,在会议餐饮客源的招徕上,普通社会餐饮企业难以撼动饭店餐饮企业,但在婚宴、生日宴会等项目上,社会餐饮企业又具有非常强大的竞争力,二者之间的差别来源于顾客需求的价值取向差异。餐饮业要想在与替代产业和潜在产业的竞争中占据主导地位,就必须以多样化、个性化、定制化的产品和服务为武器,全面快速响应顾客需求的细微变化,凭借资源优势构筑起竞争壁垒,以系统的大规模定制手段重塑企业价值链。

(三)饭店餐饮产品生命周期不断缩短,产品技术变化速度加快,导致了产业技术体系的动荡和创新需求的增加

在较长一段时期内,以标准化为特征的大规模生产模式对餐饮业的发展带来了深刻的影响。统一稳定的需求市场诱发了较长的饭店餐饮产品生命周期,有关产品和服务的技术变化更新速度相对较缓慢。这进一步影响了饭店资源的投入取向,饭店管理者的重心转移到了维护日常运营上,企业经营的核心环节体现为成本控制和市场营销,即以风格相对稳定的产品构成和持续改善的成本结构来不断使消费者被低廉的价格所屈服。这也是众多跨国饭店得以迅速成长的基本模式。

高度分化的新市场对于传统的标准化管理模式提出了更高的创新需求,来自于产品和服务的技术变化则使更多更全面的创新成为可能。近年来,随着社会技术资源供给总量的不断增加,特别是贯穿整个饭店价值链的现代信息技术的应用,极大地加快了技术变化的速度,部分新建饭店正凭借着技术上的后发优势而迅速地抢占了大量市场份额。

比如北京梅地亚饭店就依靠 VOD 影视点播系统、INTERNET 一级工作站、可视电话等众多新技术而崛起成为饭店行业的新贵。近些年改造新建的大批饭店也在设施设备、内部信息沟通等环节上大量引进外来新技术、新设施、新设备、新用品,新流程和新技术的快速全面应用已经成为行业发展的重要趋势。

(四)顾客的消费经历越来越丰富,消费经验不断积累,同时随着经济水平的整体提高,顾客的消费购买能力也有了大幅度增长,饭店必须响应更多顾客的需求

在饭店行业中,消费者的购买力越强,饭店就越难以控制市场环境,市场动荡就越激烈。在买方市场条件下,饭店必须响应比过去多得多的顾客需求,传统的以饭店为主导的大规模生产模式的作用空间越来越小。顾客们会比任何时候都更苛刻,对产品和服务更为挑剔,价格意识、质量意识、时尚意识以及对于售前售后服务水平的要求也比过去任何时候有了大幅度的提高。顾客需求的这一结构性变动,是单个或少数饭店无法操纵和逆转的。

顾客对于价格的苛求是没有止境的,靠价格优势是无法形成战略性持续优势的,饭店最有效的策略就是尽量将产品和服务由标准化转向非标准化;而对于质量的追求近年来也有了根本转变,从常规的行业标准上升成为满足客户现实的需求和潜在需求;对于最新时尚的追求则最大限度地将饭店行业推向了大规模定制时代——在顾客需求日益个性化、多样化的环境下,只有具备足够柔性、能快速改变产品设计和服务流程的饭店才真正具有明显的竞争优势。

发生于餐饮业市场的这场变化是符合时代潮流的,也是不可逆转的。尽管市场的不确定性程度越来越高,但只要能及时快速地转变管理模式,全面应用大规模定制技术,以企业可以承受的低成本实现最终产品和服务的多样化和定制化,在不牺牲规模经济性的同时高水平地实现范围经济完全是可行的。

三、餐饮业应用大规模定制技术的主要途径

大规模定制时代的到来已经成为越来越多饭店的共识。就餐饮业的产业属

性和产品特征而言,全面应用大规模定制技术主要有以下途径:

(一)围绕标准化的产品和服务来定制服务,即在设计开发和制作过程中依然维持标准化,而在销售和交付过程中实现定制化服务

在绝大多数饭店里,客房和菜肴、酒水的准备依然沿袭过去的标准化生产模式,而通过特定的销售人员直接与顾客接触,共同就最终产品的组合形式进行商讨,最终产品的内容和形式完全可以按照顾客的需求予以确认,但值得注意的是,最终产品依然由饭店所拥有的标准化产品储备组合而成。除了销售人员以外,直接待客的服务人员也可以通过现场对顾客的观察和沟通,临时性地提供定制化的服务,这时候双方之间的沟通效率成为关键。南京金陵饭店推出的系列增值服务就是对定制化服务的一种制度性总结。

一线案例

万豪的"顾客识别系统"

在万豪集团的每一家酒店内部,都通过"顾客识别系统"大规模定制客房、餐饮以及其他服务。

通过"记住"顾客的爱好(也就是把这些信息存储在能够进行本地访问的中央数据库中),万豪可以为顾客提供他们自己选择的房间、服务和其他设施。它不把这些信息局限于管理层或者仅仅是前台,所有与顾客打交道的员工都可以通过这个系统熟知顾客的爱好。

值得注意的是,在万豪所有的酒店里,无论是客房、餐饮还是其他综合性产品,在设计开发和生产环节依然是沿袭着原有的标准化流程,被改变的只是在销售和交付时的服务方式而已。

(二)创建或开发可定制的产品和服务,实际上就是推行"客户自助"模式,使标准化服务可用于任何不同的顾客并且每个人都可以定制

对于饭店来说,这是一种效果显著、但又无须对原有价值链作剧烈变革的理想方式,现今非常普及的"自助餐服务"就是典型例证。

实践速描

饭店可以提供的不只是"自助餐"

以自助服务形式提供可定制服务在饭店行业由来已久,比如饭店公寓式客房为顾客提供了自助烹饪、自助洗衣、客房就餐等多种自助服务,顾客可以自由选择消费组合形式,饭店也因为服务成本的降低而获得了显著的效益。

在面向本地客源的促销活动中,很多饭店将若干餐饮和娱乐项目按一定的权重比例组合成总价格相同的多种产品类别,任由顾客进行选择,使得顾客以相同的花费可以享受到更多形式的服务。

还有的饭店干脆将产品开发设计的职能直接交付给顾客,上海多家饭店推出的"持证厨师"上门服务,其做法就是由顾客自行采购材料、设计菜单,厨师只负责按照饭店确定的质量标准进行现场制作,最终产品也因为顾客个性的差异而千差万别。

创建或开发可定制的产品和服务,要求饭店必须尽可能多地提供自助服务空间,充分挖掘资源潜力,大胆突破常规的产品构成形式,将价值链中的每一个环节都直接转化成为产品可能性。更关键的是,必须将之与饭店的可持续发展紧密结合,而不仅仅只是作为吸引客源的权宜之计。

(三)在销售现场如餐厅直接面对顾客生产产品,或者至少在现场完成产品制作的最后工序,从而将生产过程进行合理分解,让顾客充分参与到价值链中

在销售点定制产品实际上是即时生产技术(JIT)的应用,也就是将过去的集中批量生产转化为局部的、即时的、现场的生产,在餐饮业中,很多餐饮和酒水品种都适合采用销售点制作方式。

如很多餐厅推出的拉面艺术表演、巴西烧烤现场切削和按照顾客要求临时兑制鸡尾酒等等。有些饭店甚至进一步推出"透明厨房"服务,即欢迎顾客在确定点菜单以后,直接到厨房现场提出各道菜肴的特殊烹饪要求。当然,在点菜过程中就与顾客一起讨论每道菜的制作要求则更是司空见惯。

销售点定制事实上并不意味着顾客将参与到整个产品过程中来,实际上所有菜肴酒水的采购、原材料储存以及基本加工依然采用集中标准化生产,在销售交货地点完成的只是具有定制化特征的最终环节。而且,由于顾客的参与度大大提高,消费欲望得到强烈刺激,销售数量很容易形成一定规模,这也有效地保证了低成本实现的可能性。

(四)实现大规模定制的最好方法——最低的成本、最高的定制水平——是建立能配置成最终产品和服务的模块化构件

规模经济是通过构件而不是产品获得的;范围经济是通过在不同产品中反复使用模块化构件获得的;定制化是通过能够被配置的众多产品获得的。通过构件模块化定制最终产品和服务,能最大限度地使整个饭店的资源用于满足顾客的个性化需求。

一线案例

麦当劳的“组合产品战术”

麦当劳的核心产品非常集中,单纯就其汉堡包、薯条、沙拉和鸡块而言,产品制作过程高度标准化,品种也相当有限。

但麦当劳并不是直接销售其成品,而是结合当地顾客口味变化,不断调整配方,并将几种主要产品(构件)进行多重混合,从而形成多种套餐形式——有儿童套餐、经济套餐、豪华套餐、超值套餐等多种形式。顾客还可以抛开餐厅规定的组合形式自由选择任意组合。

一线案例

格特威假日有限公司的定制化旅游服务

美国环球航空公司格特威假日有限公司(TWA Gateway Vacation)以标准假日旅游的价格提供定制化旅游服务,他们订购了不同的旅游“构件”——飞机座位、饭店房间、餐饮消费券、汽车租赁和娱乐项目——这些都是大批量的,形成了规模经济。然后,顾客或者代理商亲自设计满足顾客需求的旅程。格特威假日有限公司的信息系统对各个“构件”进行综合匹配,在六分钟内报出价格。这一切正如其副总裁托马斯先生所言:“在旅游领域剩下的细分市场已经很少,大规模定制旅游是剩下不多的可以建立竞争优势的几个领地之一。”

餐饮业的产品构成特性决定了模块化方式有着广阔的应用前景。饭店产品基本上可以被划分成客房、餐饮、娱乐、商务消费等几大模块,每一大模块下面又可以进一步被划分成若干层次的多级模块。这些模块之间可以形成无数的组合形式,饭店只需要有意识地引导顾客进行选择,就可以为顾客提供更多的定制可能性。比如餐厅推出的菜单系列,由常年固定菜单、季节时令菜单、每日特别推荐菜单、招牌系列菜单、酒水单等多种构件组合而成,顾客可以随意选择适合自己口味的订单。

值得关注的是,无论采用何种大规模定制技术,持续竞争优势的获得和保持都取决于持续创新和增值。饭店只有持续地为每一个个性化顾客创造最大的价值,全面改善价值链水平,才能取得巨大的成就。

延伸阅读

多样化、个性化与定制化

就我国餐饮业的实际状况来看,全面应用大规模定制技术还存在很大难度。目前来说,餐饮业可以按照"多样化—个性化—定制化"的模式循序渐进,逐步提高服务水平。

多样化主要指饭店充分挖掘自身的生产潜力,形成多层次宽系列的生产能力,实现产品储备的多样化,从而使饭店在面对顾客需求发生变化时有足够的应变能力。比如武汉三五酒店面向全社会公开征集家常菜,在获得大量民间原创的家常菜谱后着力挖掘整理,形成了规模庞大的"家常菜产品库"。

个性化服务则是以标准化和多样化为基础,通过面向顾客的细节改善,使产品和服务在最终销售环节上能更多地融合顾客需求,但顾客本身并不参与产品的设计制作过程。比如当前很多饭店推出的周末消费套餐,即将若干餐饮、娱乐等项目按一定的比例组合成多种价位的产品,任由顾客进行选择,使顾客能以相同的花费享受到更多形式的服务。

定制化则是服务的最高境界,它彻底将顾客需求直接置于整个过程的最前端,服务从顾客选型设计开始,最终产品和服务完全按照顾客的预订标准进行检验。比如婚宴定制,很多饭店干脆请顾客直接参与整个宴会过程和所有细节的设计,包括菜式品种、店堂陈设、招贴横幅样式、接送程序等,一切都由顾客自己做主,整个服务过程充分体现了顾客的意愿。

第五节 全面预算管理:流程创新和资源整合的基础管理工具

全面预算管理是国内外很多成功餐饮企业普遍采用的现代管理工具,它是企业中"看得见的手",对企业资源配置和资本运用等环节进行直接干预和控制,能更好地在各战略业务单元中共享优势资源,避免多头建设和重复浪费。但我国当前开展预算管理的很多餐饮企业,对全面预算管理的理解并不到位,管理失误的个案也不在少数,尤其是对于全面预算与常规预算的区别,很多餐饮企业都只是"得其形而未得其神"。

全面预算管理体系能有效整合餐饮企业的所有资源,将企业战略和经营目标转化为企业每个实体、部门乃至个人的行动指南,从而为企业战略实施和企业营运管理提供了强力支持。在当前,全面预算管理体系已经受到了越来越多企业的追捧,逐渐发展成为企业管理信息系统的核心模块。部分企业更是将全面预算管理过程和平衡计分卡这一战略管理系统有效整合,使全面预算管理系统进入了一个全新的境界。

具体到饭店业,国内外很多饭店集团已经实施了全面预算管理,然而对国内很多中小型饭店企业来讲,有的甚至不知道全面预算管理为何物,有的虽试图进行全面预算管理,却不得其门而入,或者因徒具其形不具其神而不得要领。

一、为什么要进行全面预算管理

饭店通常提供客房、餐饮、会议和娱乐等多种服务,为此组建了各种经营实体。各种经营实体可能共享客户资源,也可能各自为政,各自开发客户资源。开发客户资源是需要耗费企业资源的投资行为,客户资源质量的高低直接决定了饭店收入乃至利润的质量。

因而,有效整合客户资源开发系统,并进而整合饭店所有资源,尽可能地实现资源共享,避免重复建设,是饭店经营管理的重头戏,全面预算为此提供了强有力的工具。

之所以强调是全面预算,主要是基于以下几个理由:

第一,在于预算范围的全面性。

这里要避免一个误区,就是预算主要是收入和支出的预算,即财务资源的预算。事实上我们预算的对象是企业的所有资源,包括有形的实体性资源如建筑、工程设备等固定资产,人力资源以及以现金为核心的财务资源,还包括大量无形的资源,如饭店品牌资源和客户资源。对饭店来讲,客户资源更是直接决定了饭店的命运。因而我们的预算不仅仅是财务预算,也是对非财务资源开发和使用的计划。

第二,在于过程的全程性。

人们通常还有一个误区,认为预算的主要工作在于预算的编制。其实不然,预算编制仅仅是预算流程的开始,预算的执行、预算差异分析和责任会计核算才是预算过程的重心,才能使编制的预算计划真正得到实施。

全面预算是对企业资源规划和战略目标分配,而预算执行才是在企业各项活动中实现目标的手段,两者缺一不可。

二、预算组织结构设计及各自的责任

全面预算的编制和执行是公司管理当局的责任,但全面预算的审批以及总经理的预算业绩评价则是董事会及其下属的薪酬委员会的责任,部分公司的预算批准权甚至归属于股东大会。

具体到饭店，董事会在全面预算管理中的角色是确定饭店的战略目标，评估总经理提出的预算目标与董事会确定的战略目标是否匹配，审批总经理提交的包括经营预算、财务预算和资本预算在内的全面预算，对总经理进行与预算责任有关的业绩评价。

在饭店管理当局层面，应当成立一个全权负责指导饭店各职能和下属各经营实体实施预算管理的权力机构。这个机构通常被称为预算管理委员会或者全面预算委员会。

该委员会应当由饭店总经理亲自主持，成员包括战略规划总监、财务总监、首席营运官以及财务、人力资源等各职能部门经理。

初次实行预算管理的饭店或者尚未积累足够预算经验的饭店可从外部聘请若干财务和预算专业人士进入委员会。

为了保证各经营实体实施预算的积极性和预算的可执行性，很多企业也会让各经营实体的主管进入预算委员会，但是这样会使预算委员会过于庞大，影响决策效率。预算委员会的人数最好在10人以内，可选聘若干经营实体主管进入委员会，其余的则可通过列席会议的方式参加预算委员会会议。

实践速描

预算委员会的角色和责任

预算委员会是饭店管理当局中负责预算的最高机构，它在整个全面预算管理体系中承担以下责任：

第一，确定预算责任中心的认定原则，并在调查资源及责任的基础上进行责任中心认定；

第二，负责根据董事会确定的战略目标拟定预算期间的预算目标并提交董事会审批；

第三，根据董事会核准后的预算目标确定预算目标在各经营实体和职能部门之间的分配原则；

第四，确定预算编制原则和特定预算期间的预算编制政策；

第五，审核各预算责任中心的责任预算和饭店的全面预算并提交董事会审批；

第六，把董事会核准的全面预算和各预算责任中心的预算下发给各预算责任中心；

第七，各预算责任单位预算执行过程中出现的问题，按照权限临时调整或者变更预算；

第八，接受并审核各预算责任中心提交的预算执行和预算差异分析报告；

第九，受理预算争议并实施预算仲裁；

第十，提出对各预算责任中心主管的预算业绩评价意见等。

由于预算委员会是一个议事的非常设机构，因而通常会设立一个预算办公室，具体负责事务性工作，主要是负责汇总各预算责任中心提交的责任预算形成全面性预算；整理预算执行报告和差异分析报告；起草预算决算报告；受委员会委托对预算执行进行检查等项工作。有些企业会把预算办公室设在财务部，即财务部就是预算委员会的办事机构，也有些企业会抽调财务人员、内审人员等组成独立的预算办公室或者预算部。

在设立预算委员会后，首要的是进行责任中心认定，即资源与责任匹配的原则，划分责任中心。这里要注意，责任中心并不仅仅指的是部门或者各经营实体，更多情况下，要将责任细分到个人，要将人作为责任中心的基本单位，比如说总经理就是一个投资责任中心。

实践速描

饭店预算管理体系中的三大“责任中心”

责任中心大致有以下几类：

第一，成本中心和费用中心。这类型的责任中心没有显性的收入，只需要对发生的成本或者费用负责。

第二，利润中心。这种类型的责任中心既会发生成本和费用，也会获得收入，因而需要对获取多少利润负责，但是无权进行投资，只能在既有资源基础上进行经营。这里要注意，还存在一种类型的中心，如营销部门，通常只对收入负责，没有显性的成本，这样的情况，我们也会将其称为收入中心。

第三，投资中心。这类责任中心在利润中心的基础上具有投资权限，因而还需要对其投资效果负责。

具体到饭店，如果投资权全部掌握在董事会手里，则总经理也只是一个利润中心，但更为常见的是，董事会和总经理之间会进行投资权限的划分，在这样的情况下，总经理是一个有限投资中心，其营运总监则是获得授权在既有资源下进行经营的利润中心，下属的各经营实体的主管也是利润中心，各经营实体的副主管和部门则是收入中心或者成本中心。各职能部门的经理则主要是对各自费用消耗负责的费用中心。责任中心要如何划分，要划分到什么程度，一要看预算目标要分解到什么程度，二要看资源具体如何分配。

各预算责任中心主管对各自的预算及其预算结果负责，通常会指定预算管理员，专门负责预算编制和预算协调工作。各预算责任中心要根据预算委员会确定的预算目标和预算编制原则，提出本中心的预算目标报预算委员会批准后草拟本中心的预算；根据预算委员会签发的预算执行本中心责任预算，向预算办和预算委员会提交预算执行报告；向归口预算管理部门报告归口预算执行情况；评价下属责任中心责任预算执行情况等。

值得注意的是，财务部或者预算办等职能部门通常除了需要对各自的部门预算（责任预算，主要是费用预算）负责外，还是预算编制的协调机构，需要对各责任中心提交的责任进行汇总，形成全面预算，预计资产负债表、预计利润表和利润分配表以及预计现金流量表。很多职能部门如人力资源、计算机、工程设备部门除了各部门的费用预算外，还是整个饭店的归口预算编制单位。

实践速描

饭店预算归口管理单位的确定

如何确定饭店预算管理的归口管理单位呢？

以饭店人力资源开发和培训预算为例。各部门都需要用人，也可能会各自进行人力资源培训或开发，会在各自的责任预算中列入这部分内容，然而人力资源部应当审批和整合各预算责任中心责任预算中的人力资源培训和开发内容，形成饭店总的人力资源培训和开发预算，并在预算执行过程中监督各预算责任中心对这部分预算的执行情况，这就是归口管理。人力资源部就被称为归口管理单位。

需要进行归口管理的还有计算机、会议等在饭店中各预算责任中心都可能会要用到的资源。还有一些职能部门如内部审计部则除了需要执行本部门费用预算外，还需要监控整个预算制度运行是否有效、可靠，与此相关的内部控制是否健全。

三、有效推行全面预算管理的三大要领

（一）相比传统的单纯财务预算技术，全面预算管理的主体框架更多地体现在以下几大要点——制度安排、战略体系、赢利模式、控制标杆和考核标准

此时，预算管理也不再只是财务部门的工作，而是整个企业内部各项资源的最优整合，销售、生产等各业务部门都需要全力参与，仅仅依靠财务部门是不可能单独完成预算管理重任的。

全面预算集业务预算、投资预算、资金预算、利润预算、工资性支出预算以及

管理费用预算等于一体,预算内容涉及业务、资金、财务、信息、人力资源、管理等众多方面。尽管各种预算最终可以表现为财务预算,但财务部门在预算编制中的作用仅为从财务角度为各部门、各业务预算提供关于预算编制的原则和方法,并对各种预算进行汇总和分析,而非代替具体的部门去编制预算。

(二)以价值链和业务贡献比重分析为依据来规范预算编制方法

事实上预算管理的最终目的主要有三点:一是剔除经济行为中的非增值因素,也就是说尽量减少一些与核心业务关联不大的事务性投入;二是以预算数据为量化指标蓝本来协调各部门在具体运营时的一些关系,理清各种经济行为的轻重缓急;三是确保各种经济行为有助于企业战略目标的实现。

实施预算管理应该以核心业务为依据,在编制预算时充分结合各具体部门和岗位的实际情况,对不同的经济内容采用不同的预算编制方法,切忌将预算编制方法模式化,甚至希望通过标准化预算管理软件的应用代替预算编制方法的选择。

(三)建立起完善的业绩考核体系和奖惩制度,以确保预算能贯彻落实到位

从全面预算的要求来看,一个合理、科学的业绩考核指标体系必须做到以下几点。

(1)支持企业战略规划。业绩考核必须促进提升企业核心竞争力,以战略规划为基础,探求关键成功因素,再确立关键业绩指标(KPI)。

(2)全面综合评价,既要克服单纯财务指标的种种缺陷,又要克服指标选取上因过分强调全面性、完整性而忽视了其聚焦功能。

(3)业绩考核指标与奖惩挂钩时要灵活掌握,在出现例外情况时要能根据预算考核可控原则,各责任主体以其责权范围为限,仅应对其可控的预算差异负责,同时注意避免因强调可控而导致的责任推诿。

(4)通过对实际执行结果和预算的比较,确认经营者、责任部门或人员的工作业绩,兑现考核,奖惩到位。

延伸阅读

也说餐饮老板们的“大方”和“小气”

单就“大方”与“小气”而言,我所接触过的餐饮企业经理们大都是个矛盾的结合体,用他们自己的话来说就是“待人接物很大方,做事花钱很小气”。

对于执行者们来说,自然是希望投入越大越好,手头资金充裕,办起事来胜算更大,至于成本问题,那是老板们的事情,因为执行者们大都是领取固定

报酬(工资)的。这样一来,什么时候该花钱、花多还是花少以及怎么保证花钱的效果等问题也就成了经理们所特有的烦恼。问题还的确不太好办,投入小了担心事情办砸,而投入大了则更麻烦,很可能事情办成了利润却没有了。有时一咬牙换了班高水平的厨师,生意是好了不少,但增加的工资抵消了增加的利润,白忙活一场,又或者费心费力费钱地办了一个声势浩大的美食节,却只是赚了个吆喝。

久而久之,老板们就都养成了缩手缩脚的习惯,但凡看见手下们提交的费用申请报告都习惯性地先砍上一刀,而手下们也都长了心眼,报预算时也都习惯性地往高里报,以提防老板们百无例外的砍价。原本应该是很清楚客观的管理过程,就这么被花多少钱的疑惑给弄得越来越复杂,那么这样的恶性循环就一定是没解的难题吗?非也,老板们的顾虑其实是因为对总体经营绩效的担心,小气节约很多时候既非本意也不是精心研究的结果,而只是在对总体预算不了解的情况下的一种保守做法,如果能有一种方法使他们能迅速看清楚这笔开支对经营全局的意义,尤其是在数据上的可行性的话,他们在审批时候的底气就足了许多,完全不需要赌博式地痛下决心,更不会因为痛下决心而对事情的结果有不切实际的过高期望。

这种方法就是全面预算管理,简单一点说的话,全面预算不是由财务人员根据以往开支作出的一个简单预测,而是根据对未来的市场预测以及自身的战略规划做的一个全盘计划,再将这些计划所需要的资源以资金额度的形式标示出来,以求做到"未雨绸缪,心中有数"。如果这样的预算是经过了规范系统的程序自下而上认真编制出来,而不是经理和会计想当然的结果的话,完全可以做到在使用资金时胸有成竹,不慌不乱,也就不存在本能式的小气或赌博式的大方一说了。

第六节　用结构性的方法技巧来实施全面成本监控

扩大收入和控制成本是谋取营业利润的两大基本任务,相依相存,不可偏废。但这两项任务对于管理者知识和能力的要求又是截然相异的,"增收"要求经理们熟悉市场、熟悉产品,而"节流"则希望经理们能熟悉财务、熟悉流程。大部分管理者都偏重某一个方面而顾此失彼,而将增收与节流的任务分开来由不同人承担的话又可能会造成管理决策时的重大分歧。于是,大多数餐饮企业都将更多的精力用于扩大营业收入，直到成本失控的问题日益凸显后才想起要“亡羊补牢”。

一、触目惊心的成本“黑洞”

先讲一个有关餐饮经营成本的故事。

一线案例

成本失控导致后院起火

在一次餐饮高层论坛上，很多企业经理开始自由发言，介绍自己的经验得失。

一位饭店老总讲述了他所管理的餐厅的例子。这位老总是财务背景出身，以前在省级机关主管财会工作。下到饭店当老总后，他首先来了个大盘点，结果发现餐饮部尽管生意很红火，但由于工资过高，挂账太多，损耗非常严重，所以尽管收入不错但利润居然还是赤字。这位老总一咬牙，重新搭班子，换了厨师，停止执行部分签单协议，同时制定了一系列的成本管理办法。结果一年下来，生意明显回落了不少，客流量下降了一大截，但居然不再亏损，赢利还很可观。相反，当地其他几家生意看似红火的餐厅都相继关门了。

于是，他大发感慨，餐饮企业光顾着冲锋陷阵，抢夺市场份额，忽视了成本控制，才会导致前院风光，后院起火。

其实，不只是这位老总，意识到自己企业的成本居高不下的餐饮企业老总们已经越来越多了，他们对成本问题的重视程度也与日俱增。其成本意识的确比起过去那种只顾抢夺市场猛打猛冲时强化了不少，但有效控制成本的方法却始终没有找到。

很多餐厅经理对运作市场颇有心得，好点子层出不穷，但回到店里面对应接不暇的各种账单总是头晕脑胀，他们实在是想不通为什么会有这么多账单非支付不可，也拿这些像苍蝇一样盯着自己的讨债人没什么办法。

渐渐地，他们开始养成了近乎本能的吝啬习惯，对所有出现在眼前的请款单或账单不假思索地先砍上一刀，要一千的批五百，今天就要的尽量拖到明天，能不买的就将就着不买，总之，不花钱的所有事情统统可以做，而且最好立马就做，要花钱的事情统统压下，等他慢慢消化了再说。

这种用本能的吝啬或谨慎来控制成本的方法看起来似乎很管用，因为经理们觉得只要把钱袋子捂得紧紧的，就不会造成不必要的浪费和损耗。但问题是这种做法有可能会使企业失去投资良机，从而使竞争对手占据先手。这样一来就有了“机会成本”，这就有一个算“大账”和算“小账”的区别，有一个在发展战略和操作规范上平衡的问题。

二、成本控制理念:从整体入手还是从细节入手

真正发人深省的是,即便如葛朗台一般吝啬也无法将运营成本降低多少个百分点,因为有很多成本费用项目的设定与整个经营战略和业务模式有关。企业一旦运行起来就像高速飞奔的列车,你得不停地给机车添煤添油,这些费用才是大头,而那些零零星星的可以临时增减的小费用对总成本几乎没有什么影响。

之所以说很多餐饮企业存在着巨大的"成本黑洞",是因为在餐厅营运中存在着大量的结构性因素导致高成本和高费用。至于那些因为员工行为不检或者大手大脚造成的成本增加尽管也很触目惊心,但从总量来说,危害并没有想象中的大。很多老总教导员工要养成"勤俭节约"的习惯,这虽然非常有必要,但并不能从根本上降低企业成本,因为大笔大笔的成本支出实际上是由餐厅的业务模式所决定的。

比方说,很多餐厅经理都在感叹自己其实是在为厨师们打工,因为无论生意好坏,厨师们的高收入是拿定了的,哪怕就是餐厅出现了巨额亏损,厨师们也是旱涝保收。不可否认,在餐厅的固定费用支出中,厨师们的工资总额占了很大比例,而且随着行业竞争加剧,厨师工资行情还不断上涨,这笔"冤大头"式的费用可是你在其他环节上再怎么节约也冲抵不了的。

问题是,付给厨师们的超高工资一定是"非付不可"吗?这个问题如果上升到企业战略和业务模式的高度该怎么去分析?

事实上,餐厅经理在物色厨师班子时一直是处于弱势地位的,因为餐饮竞争的焦点核心在于菜品设计和制作技术,而这些核心资源经理自己并不拥有,他只能动用资本去市场求购,换句话说就是餐饮企业自身并不具备赖以竞争的基本技术。这是大多数餐饮企业的现状,但并非就一定是餐饮经营的行规,几乎所有能成为百年字号的老牌餐饮企业都有自己的厨师队伍,自己具备研发产品和培养厨师的能力,从而不受社会厨师流动的影响,更不会因此而受到个别厨师不停涨薪的要挟。尽管这些餐饮企业也存在厨师跳槽现象,但由于一些资深的高水平厨师已经成为企业的核心管理者,因此企业的技术实力一直很强大。此时厨师们的工资就会很稳定,因为他们一方面能在这里学到很多东西,另一方面有上升为高级管理者的期望,绝不会漫天要价。

在没有自己的技术实力之前,大部分餐厅只能被动地接受厨师报价,因此工资成本居高不下可以看作是对企业没有技术资源的一种惩罚。要想改变这种局面,光靠在其他环节上咬牙是没有太多实质意义的,建立起自己的技术体系才是从根本上优化成本结构并降低虚高工资成本的出路。

成本控制须从整体入手,还体现在其他很多方面,比如管理过程的规范化,

又比如全面预算的制定与落实。很多餐厅从上到下都停留在非常粗放的口头管理模式，任务分配、部门协调以及物资进出等很多影响成本费用的环节上都是“空口无凭”。比如到仓库领料不填写领料单和划拨单，东西拿走了就拿走了，还不还都没有人过问。又比如主管给领班下任务，一口气说了好几件事，领班做着做着就忘了其中几样，过后主管又重新安排了一些新任务，前面那些还没做的事情无人追问，更别谈检查了，时间一长，很多本来已经想到并且安排了的事情就是没有落实，但大家又都忙得一塌糊涂，没有时间再去补救甚至都没想过要去补救，而没有落实的事情始终都客观地存在，并最终造成了成本上的巨大损耗。

三、标准菜谱的实际意义与实施困境

现实中，很多的管理者都非常关心标准菜谱问题，他们或是凭着自己的直观理解，或是受一些财务专家的启发，都有心通过实施标准菜谱技术来控制菜品制作成本。

严格说来，标准菜谱技术源于管理会计中的标准作业成本会计方法，其大意是指对于一些标准化生产的产品进行严格的成本测算。这种测算根据产品的材料构成以及生产工艺制定出相应的数量标准，比如最终产品成品中各类材料的比例及数量是多少，原材料准备时的数量及损耗率是多少，以及各个生产阶段时工人们的技术标准及差错率应该是多少。在明确了这些基本指标数据后，企业再设计一些辅助的工具和软件以保证工人们能在生产过程中自动地按照相应参数进行操作，从而确保最终产品能达到预定的成本标准和质量标准。

标准菜谱技术首先被广泛应用于西餐制作。由于西餐制作的工艺特点比较适合于标准化计量，因此标准菜谱技术广受欢迎，一般认为它有以下优点——便于根据出品总数估计当日材料成本价值；制作过程高度标准化，无须过分依赖老师傅的经验；出品质量稳定，能减少浪费和顾客投诉；员工操作简便且有章可循，需要的技能相对较少，工资索取不会过高；便于餐厅及时核算菜品成本和毛利，在调整价格应对竞争时能做到“心中有数”。

实践速描

标准菜谱技术在中餐中的应用瓶颈

尽管标准菜谱技术有如此多的优点，但在中餐烹饪中却很少得到贯彻应用，仅在一些快餐品种或火锅品种中有过尝试。

其原因大致有以下几点：

一、试验、制定和修正标准菜谱是一件非常耗时耗力的工作，中餐烹饪过程中对于火候的把握以及对于原材料的加工有很大的随意性，其中有很多诀窍属于“只可意会，难以言传”的隐性知识，要想以简单的数据指标来表达和规范确实非常困难。

二、厨师们普遍不愿配合，因为标准菜谱一旦制成就将成为对他们操作过程的强大约束，不但会影响他们的即兴创造，而且会成为评价他们工作质量的重要依据。

三、缺乏相应的技术辅助手段和工具，中餐厨师们很难想象自己与西餐厨师们一样用量杯、天平或量匙之类的工具去现场测量配料分量，他们更习惯了用目测的方式去把握，所以即便是制定出了一些所谓的菜谱规格，他们大部分还是会我行我素。

有没有可能克服这些困难，使标准菜谱技术同样应用于中餐烹饪，最终达到控制成本和出品质量的目的呢？答案是肯定的，但至少从目前来看，绝大部分中小餐饮企业不应对此抱过高期望，尤其是在厨师流动频繁、菜式品种经常变化的情况下，要发挥标准菜谱的作用和功效是有很大难度的。

不妨采取一些变通的方法。比如，不对所有菜品进行标准菜谱改革，而是对一些可以提前制作的品种如蒸菜、汤褒类菜品以及面点食品进行标准化测定。应该说这些品种的销售量也很大，而从制作工艺特点上看完全可以进行分量控制；再比如，我们可以从烹制过程上下手，将一些配料的容器进行改造，如油壶、汤碗之类，可以考虑加上显眼的刻度或制作标准大小量匙，使厨师们在盛取配料时能进行目测。总之，还是那句老话，办法总比困难多，只要坚持实施标准菜谱的大方向，总是能找到一些有用的方法的，而最重要的是这些方法能真正为企业带来优势，尽管这些优势是一丁一点地积累起来的。

四、表单管理、全面预算和薪酬设计

对于餐饮企业来说，成本控制应该从多方面入手，企业所采取的经营战略和业务模式从大的方面限定了成本的基本结构，而标准菜谱之类的技术也有助于控制直接成本，但还有很多其他成本和费用项目需要我们运用更多、更复杂的管理手段。

（一）表单管理

很多餐饮企业的成本虚高是由于管理效率低下而造成的“隐性成本”。比方说一件事情由于没有交接清楚导致不同的人先后返工或者重复操作，就会造成资源的浪费，而这种类型的成本损耗往往不太引人注目。

解决这些“隐性成本”问题的有效办法是建立起完善的表单管理制度，将一些业务流程和管理流程用表单交接的形式组合起来，形成一个比较完整的业务操作链,久而久之大家也就养成了根据相应表格和单据来指导和安排工作的习惯。

实践速描

从油乎乎的采购单说起

很多餐厅的进销存管理都非常粗放,经常是厨师长在一张油乎乎的白纸上写下次日要进的材料,经理看过后再随手加上一些别的东西,采购员大致估下价后找财务请款,买回来后这张纸已经被搓得快不成型了,但还得继续用,此时会有人来验收,拿一个本子一样样地点过后,事情就算完结了。

这样的流程看似并无大碍,但从成本管理的角度来分析就有问题了:

首先是采购的价格到底是多少全由采购员说了算,从哪些供应商那里采购及各家价格如何,饭店无从知晓,于是,通过控制采购价格和优选供应商来降低成本的目标就无从实现,为什么?很简单,因为那张油乎乎的采购清单是不可能按时间按编号保存下来的,人们研究价格时还是只能听采购员的一张大嘴来介绍。

其次是到底多少东西入了仓库、多少东西直接划拨给了厨房,当时还清楚,过上几天后就只有神仙才说得清楚了。

另外,想通过记录原材料和各类辅料的使用速度来评价厨房的用料是否浪费也不太现实,为什么?因为没有入库单和划拨单,顶多是当时为了履行手续,临时找个本子大家签了字,事后也没人再去核对和整理了。

诸如此类的问题在餐厅管理中随处可见,其实解决起来很简单,根据业务需要设计一些基本的表格和单据,每道工序完成前后都及时进行登记,大家也都认真按表格要求填写相关数据,而这些表格再按照财务规定及时由专人进行审核和保管,这些重要的经营数据资料就得以完整保存下来了,事后再进行相关的问题诊断和成本分析也就有据可查了。

(二)全面预算管理

有些费用支出的不合理是由于事先的计划不周全,经理们在总体上对各项费用的支出是否合理心中没底,因此时不时地陷入“该不该花”或是“该花多少”的困惑之中。由于没有制订全面预算和详尽的经营计划,随着时间的推移和竞争的深入,这样的困惑也越来越多。

打个比方,某餐厅被顾客们接连投诉服务质量太低,主管建议经理到当地旅游学校聘请专业老师前来培训,同时送几个服务骨干到旅游局参加一个培训班,这些建议对于缓解眼前的问题肯定会有帮助,但费用估算下来还是把经理吓了一跳，因为他自己也不知道以后还会有多少这样意料之外的钱要花。那么此时到底做不做培训？是完全按照主管的建议做还是打个折只听一半呢？

由于经营过程中的诸多不确定性因素，类似的问题几乎每天都会出现。无论经理们如何决策都会发现，到最后支出总是高得让人瞠目结舌，而在事发当时那些花出去的钱又似乎每一分钱都经过了深思熟虑，并不是什么冤枉钱，那么问题到底出在哪里呢？

如果有一个全面预算和全盘的经营计划，能对未来一段时期内的经营活动进行全面预测，问题可能会好办得多，因为我们可以严格按照预先的计划和资金安排来决定"该不该花"和"花多花少"的问题。

（三）员工薪酬和福利设计

每当成本费用出现失控情形时，大多数餐饮经理的自然反应是通过削减员工工资和取消一些福利项目来摆脱困境，甚至有些餐厅故意大量使用试用期员工并将试用期拉得很长。

我们必须指出，这种"杀鸡取卵"的做法绝对是得不偿失的。因为员工的薪酬和福利制度是很严肃的企业基本制度，随意变更只会削弱员工的积极性，并导致主雇双方矛盾的产生。从财务角度来看，大多数餐饮企业为员工提供福利的支出其实并不高，削减福利项目对于缓解成本压力也不会有立竿见影的效果，而且最关键的是这些项目的支出本身并不是导致成本失控的因素，采取减薪措施后餐厅的成本隐患仍然存在，而且挫伤了员工的积极性后更是连扳本的机会都没有了。

延伸阅读

小处要小气，大处要大气

平心而论，很多餐厅在控制成本时的一些做法都有"本末倒置"之嫌，表现在管理实践中就是该花的钱不花，该省的钱没省。

比如说，很多餐厅舍不得在员工培训上投入，一般是随便找两个熟练员工作些简单示范，并且请两个廉价的专业教师讲几句就万事大吉了。很多经理更是亲自上阵，由着自己的理解大谈一些什么"优质服务"或"顾客第一"之类的空话就以为是做了培训，至于效果如何，只要不出大乱子就可以了。

有很多为节约成本闹出的笑话：有些餐厅明明有很好的灯光照明设计，但为省钱经常只开有客人坐的那半边；有些餐厅的餐具已经模糊得连子午线都看不见了，甚至有了缺口也仍然在使用，连洗碗工都边洗边摇头；还有的餐厅老爱请试用期的员工，到试用期快满的时候除非非常满意，否则很多员工又得卷铺盖走人,因为又有一批新的试用期员工要来了……这些做法,我们都统称为“在大处小气”。

但就是这些餐厅,在另一些方面花的冤枉钱却多得令人难以置信。比如在装饰店面时花费几千甚至上万元弄来一大堆艺术摆设,而不管这些东西是否真地提升了餐厅品位;或者花费大笔资金去更换厨房设备,尽管原来的设备修理一下完全可以继续使用;更多的时候,经理花费大量的促销经费去请客,而客人却并没有如想象中地回头……这些做法,我们又称为“在小处大方”。

两相比较之下,“在大处小气”能省下的钱总是少数,而代价却是服务质量、员工积极性和顾客满意度这些很关键的要素打折扣,而“在小处大方”花出去的钱是数目惊人的冤枉钱,收获的却是压根也靠不住的一些想当然的好处。

餐饮管理正在慢慢地离纯粹经验管理的时代而去,而一些现代管理手段不管你是否愿意接受,它终归是要成为行业主流的,至少在成本管理方面,标准菜谱、预算管理和表单管理这些技术就要比光凭着直觉和经验的“拍脑袋决策”和“口袋会计”可靠得多。

第七节　应收账款:吞噬餐饮企业经营利润和现金流量的“黑洞”

应收账款是餐饮企业赊销过程中形成的尚未收回的款项。餐厅通过赊销这种方式,一方面为客户提供了结算便利,一方面等于给客户发放了一笔短期的无息贷款,是向客户让利的一种行为,因而能刺激客户消费,促进餐厅收入增长。然而应收账款存在到期收不回来的可能性,并且随着逾期时间越长,坏账的可能性就越大。怎样在扩大销售、留住客户与减少坏账之间找寻平衡,是广大经营者们最关注的实务问题之一。

坏账自然意味着之前的销售是无效的,只给企业带来了漂亮的收入和利润数字,并没有给企业带来实际的现金流,甚至还会导致餐厅现金流的高度不确定。采取赊销形式的业务越多,应收账款越大,餐厅面临的现金流风险就越大。因此,对于餐厅管理人员来说,必须对应收账款进行主动管理,尽量避免无效销售,减少收入的水分,从根本上减少现金流风险。

这里要澄清一个误区,所谓应收账款管理并不仅仅是对未收回款项进行催讨，而是从应收账款发生之前到收回这一期间的全程管理。

一、应收账款症结形成的原因

除了少数以流动客户为主要对象的位于车站、码头或旅游景点的餐厅外，大部分餐厅都无法从根本上杜绝应收账款的发生。如果餐厅倾向于保有一定数量的集团客户作为业务量保障的话，就必须妥善管理应收账款，这就要求我们必须认真分析一些有可能成为坏账的应收账款的来源。一般说来产生应收账款的原因主要有以下几个方面：

（1）重“销”轻“收”思想严重，企业过于追求营销业绩，而将账款回笼视为相对次要的问题。很多餐厅为了营造生意红火的就餐氛围，普遍希望餐厅有足够的人气，一来很容易带动整体销售，二来也可以直接分流竞争对手的客源流量。尽管这样的思路无可厚非，但也为资金的安全性埋下了隐患。

（2）不敢得罪客户，即便客户出现了明显违反企业财务惯例的迹象也不愿采取果断措施。

实践速描

你做过详细的客户信誉调查吗

很多餐厅在经营过程中基本上是“坐而论道”，不愿意走出去做些关于客户信誉程度的调查，自然也无法按照客户的信誉程度高低准确划分其信用等级，并为之限定合理的赊销额度。

很多企业将之归为客户单位自身的道德危机，但市场经济的本质就在于你必须能从多样化的客户中进行主动选择。没有了对客户的调查和甄别机制，出现坏账的概率自然也就高了起来。

甚至从另一个角度来说，我们完全可以将预计可能产生的“坏账”转换成对守信客户的奖励，这样在整体上可能会达成更高的销售额而无须出现坏账危机。

（3）信用审核制度不健全，造成了部分管理人员权力滥用。必须承认，有些集团客户本身信用的确很糟糕，但如果餐厅有相应完善的制度加以约束的话，他们也不敢过于乱来。而他们发现，只要稍加压力如以中止消费为要挟餐厅就会就范，因此坏账的产生就成了必然结果。与此同时，也有个别管理人员私心太重，滥用权力造成餐厅不必要的应收账款。

（4）忽视凭证管理，催欠不及时，造成双方对应收额度的争执。很多餐饮企业忽视对相关凭证的管理，加之催欠不及时，时间长了以后可能会对具体消费金额以及参与者等都不太清楚，在催欠时对方为了避免无谓的支出也要求企业出具完整的消费凭证如点菜单以及当事人签字，这样很容易造成双方间的争执，其结果可能是又一笔新的坏账。

二、应收账款的预测与评价

单从销售的角度来看，应收账款对促进销售的功能和减少销售成品存货的确有一定效果。它能使客户以延期付款方式进行消费，而且统一结算的方式也有利于企业控制总支出，但从餐厅的角度来看，应收账款就相当于给对方发放了一笔高风险的无息贷款。

餐厅的应收账款作为一种债权，它本身是有成本的。这主要包括：

(1)应收账款的机会成本，是指餐厅资金如果不投入于应收账款，而用于其他投资所获的收益。

(2)应收账款的管理成本，是指由于应收账款的存在而发生的各种管理费，主要有调查顾客信用情况的费用、收集各种相关信息的费用、账簿的记录费用和其他有关费用等。

(3)应收账款的坏账成本，是指因故不能收回的损失。

为了做好应收账款的管理和控制，我们必须对应收账款的幅度及出现频率等指标进行主动预测，主要做法如下：

根据餐厅的历史财务资料和对市场变化的分析，预测每日餐厅的赊销量和赊销额；然后根据餐厅设置的信用期限，计算应收账款余额。

实战经典

应收账款余额多少才是合理的

餐厅赊销商品的信用期限长短不一，一般来讲，在每日赊销额不变的条件下，信用期限越长，应收账款余额越多，其计算公式如下：

应收账款余额 = 每日赊销额 × 信用期限

餐厅若在销售中实行付现优惠政策，则付现折扣率和折扣期限也影响应收账款余额。企业为加快应收账款的收回，有时实行付现优惠政策。

譬如，信用期限为一个月，但顾客在消费后 10 天内付款，消费款有 10% 优惠。企业采取付现优惠政策，将促使应收账款余额减少。

对于餐厅来说，尽管存在着很大的坏账风险，但应收账款仍是企业流动资产的一个重要组成部分，此时我们应该主动测算餐厅的应收账款周转率，这也是分析和评价企业应收账款流动程度、变现速度、信用政策及管理效率优劣的一个重要财务指标。

正常情况下，应收账款周转率高，表明企业应收账款流动性大，变现速度快，从而可减少坏账损失，提高资产的流动性，增加短期偿债能力和支付能力。

同时，也表明企业对应收账款的管理与控制富有成效。如果企业应收账款周转率过低，则表明企业应收账款流动性差，变现速度慢，其结果会使坏账损失增加，影响企业资金的正常周转，影响企业的短期偿债能力和支付能力。

当然，从另一个角度来说，过于主动频繁的催欠也有可能会伤害企业的客户关系，个中的分寸把握还需要餐厅依据自身的经营特点制定出合理的管理办法和财务制度。

三、对策：如何减少应收账款

首先要从应收账款的源头开始，选择赊销对象，很多餐厅之所以存在大量的“白条”，就是因为营销人员为了自己的销售业绩，让大量不合格的客户签单，为之后收回应收账款埋下隐患。

这里要明确一个原则：并不是所有客户都有资格进行赊销，只有财力雄厚，付款守信的客户才有资格进行赊账或签单，这意味着餐厅应该事先对客户的财务状况和信用记录进行调查，而且要根据客户的性质、财务状况和信用记录，对客户进行分级，对不同级别的客户授予不同的赊销额度，又称为信用额度、授信额度，这就是信用管理。

实践速描

国外餐厅的客户信用管理制度

国外很多餐厅已经设立专门的信用管理部门，指定专门人员对新客户进行资信调查，收集客户的信用记录，并对每个客户建立信用档案。然后根据客户在餐厅的交易付款情况以及客户其他的信用新记录，及时更新客户的信用数据，这已成为餐厅客户关系管理必不可少的一部分。

当然，信用管理并不是设置了信用额度之后就万事大吉了。对客户的每一笔赊账和签单交易餐厅都应当进行审查，有资格赊账或签单的客户只有在信用额度尚未用完的情况下才能签单，并且需要有相应级别的管理（营销）人员签字审批。

签字审批的管理（营销）人员是这笔赊账和签单的责任人，负责这笔账款的收回，发生坏账要追究审批人的责任。国外餐厅就是用这样的办法促使管理（营销）人员进行有效审批，而非走过场。

当然，从客户关系管理角度来讲，餐厅应当留住所有高贡献率客户，对这样的客户应当适当放宽。客户有可能当期信用额度用完但由于某种原因又需要签单,这种情况,应当作为例外事项进行管理,在客户等待的不长时间里,提请信用管理部门为该客户办理临时授信手续,但签单仍然由现场管理(营销)人员签字,该管理(营销)人员为该笔签单的责任人。做到这一点,需要在客户关系管理上进行客户获利率、客户保持率等关键指标的统计和及时更新,便于信用管理部门及时作出反应。

之后就是对已有应收账款的管理。即确定应当在什么时候、以何种方式向客户收回款项。管理大致可以分为两类,一是运用现金折扣等方式诱使客户主动尽早付款。比如,10 天内付款只需要付款项的 90% ,20 天之内付款只需要付款项的 95% ,30 天后付款则应当付全部款项。二是餐厅对应收账款进行催要。

催账的时间和方式要视客户的性质、账期的长短而定。这里先简单探讨一下餐厅应收账款的来源和类型。餐厅应收账款大致来源于以下几个方面:第一,旅行社,类似于生产企业的经销商;第二,协议客户,与餐厅签署长期合作协议,定期进行结算的客户;第三,虽非长期客户,但属于规模较大的会议客户。不同类型的客户其欠款的性质和频率是不一样的,需要确立不同的收账策略。

对旅行社而言,因为存在着销售折扣等因素,应收账款的金额并不确定,可能随时在变化当中。在这种情况下,应当要求旅行社或订房公司定期付款,或者运用现金折扣工具诱使其尽早付款,同时可以采取一些辅助性手段使得折扣条件随着顾客消费次数及金额的累加变得更加优厚,并最终在年底根据总记录重新核定年度折扣幅度,返还或减免部分款项。还可以年为单位计算旅行社对餐厅的贡献,根据贡献度返还或减免款项。对协议客户来讲,通常应收账款是因为定期结算而产生的,只要结算时间到就能进行结算,这类应收账款虽然数量巨大,但并无信用上的风险。

还有一类协议客户的风险主要来自于客户可能面临暂时的财务困难,比如现金流暂时短缺。这个时候餐厅就应当随时关注客户财务风险增高的诸多信号,尽量防患于未然,提前进行催要。

第三类是临时授信客户,应当采取较为严格的催讨方式,定期催要。催要的方式根据逾期时间的长短从付款通知单、电话催讨、拜访催讨到诉讼等逐步升级。

总之,对餐厅运营来讲,应收账款非常重要。由于餐厅的特性,客户需求弹性相对较大,应收账款牵一发而动全身,与餐厅现金流量管理、信用风险管理以及客户关系管理等各领域息息相关。餐厅应当在其中进行权衡,选择对餐厅最为有利的催讨政策。

延伸阅读

应收账款管理的大思维和小办法

做餐饮的最怕坏账，白忙活一场不说，还被人挤占了流动资金，严重的甚至影响日常经营。到这份上就算是账面利润再大也免不了关张大吉的命运。

做餐饮遇到最多的麻烦偏偏也就是坏账，一个中小规模的餐厅如果能有那么几个大的签单客户，这人气的确是旺了起来，保底的营业额也不再是大问题，只可惜是这种求稳的经营思路往往求来的不是稳当，恰恰是数不清的麻烦。

于是，人们便挖空了心思来想办法减少自己的应收账款，即便是非得有，也要想办法让这些应收的能真正收得上来。

这里面既有大思路，也有一些小办法，不妨列举出来，大家对号入座，能用上哪招都成，总好过束手无策吧。

最高明的办法是彻底改变经营模式，让签单消费成为历史，根本就不需要集团消费来支撑场面，做百分之百的散客生意。有人问，真有这样的好事？当然有，远的不说，麦当劳、肯德基就是一号，先交钱，后消费，店面里压根就没有敢批准你签单的主。

如果你不想或者做不到彻底放弃集团客户，那么也没关系，你可以学多少算多少。比如很多餐厅近来一改传统桌席制为经营高档自助餐，席间给你配上一台精彩的高质量文艺表演比如舞台剧或者时装表演什么的，价位拉上去了，而且门口统一是买票进场，压根就不认什么单位还是个人，有门票就进，没门票你就是来头再大也没用。此时，要是集团客户想在这里长期消费，好办，一次性按照集团优惠折扣你直接买一大把票，完了你爱什么时候来就什么时候来吧。

还有一些在经营模式上没做太大改变，但在财务政策上却发了狠心的，干脆对所有单位来一个大关门，优惠的可以，打折的好说，签单的免谈，如果硬是要想结算方便不愿按次买单，也可以，交押金，一次冲一些，冲完再交押金。当然，有胆量这么强硬必然是有应对办法的，那就是全力以赴转移经营重心，实实在在地在菜品和服务上下工夫，凭实力和口感征服挑剔的散客们。有了这样的底气自然可以大胆地对那些信用不良的集团客户说声“不”了。换句话说，对集团客户心存侥幸、在博弈中处于劣势地位的餐厅在实力上还是很有些欠缺的，寄希望于能用经济上的妥协（潜在坏账）来换取市场份额。

罗马自然不是一日建成的，对于更多暂时甚至永远都没有那种超群实力的餐厅来说，集团客户就是再危险，也好过没有，坏账就是再可怕，也只能咬着牙承受。这个时候该怎么办呢？最好的办法就是，加强管理，勤动脑子，将可能产生的坏账风险降低到最低程度。

信用调查和信用额度设置是最常用的办法，此外还有一些小办法值得大家好好思考。比如完善与签单客户的正式合同，尤其是关于签单金额、结算周期和签单对象等问题必须在附件中详细声明，这样一来合同本身有了法律效力，对方也会有所收敛，而且直接和客户最高主管对这些问题细节的商谈有助于规避对方内部有人钻空子，至少这种严格管理的风格对对方是一种强力威慑。

再比如完善单据管理，对签单客户单独建立账户，连点菜单都用与普通散客不一样的单据，上面自然会记载很多不同于散客的信息，最关键的是此类单据能长时间保留，且单独归档，日后催讨起来至少不存在技术上的争执。

还有一些方法，比如说设立最高挂账额度或者定期结算等，这种方法尽管很常用，但效果未必很好，因为执行起来总免不了有些费力。

客户信用管理是应收账款管理的基础，这就好比是一场“敌进我退、敌退我进”的博弈游戏。如果你着实把客户的信用情况摸透了，自然就会知道进退取舍了，如果你对客户的信用一无所知，那么客户也自然有蒙你一把的可能性。

所以说，从根子上杜绝坏账的产生，关键不在客户，还是在于餐厅自己的决断。

第五章

饭店餐饮研发管理创新

导 读

餐饮业具有很强的地域属性,这不单是指地方风俗、饮食习惯等因素的影响,还意味着顾客在消费决策时会将地理位置的远近作为重要依据。餐饮业的这种特性无疑造成了行业竞争的高度零散性,也使得在很长一段时期内经营者们对于菜品及服务的研发管理缺乏系统的规划和投入。

进入产业成熟阶段后,理论界与实践界都不约而同地注意到餐饮业的零散属性或者说地域属性已经发生了重大改变,不但跨地域的菜系交融越来越活跃,而且人们的消费行为习惯相比过去也有了很多不同之处。表现最为突出的现象自然就是一些有鲜明地方特色的传统菜系不断扩展自己的影响范围,并结合各地饮食文化特点形成了很多新的分支,如重庆陶然居、武汉小蓝鲸、广东海港以及湘鄂情等企业的迅速扩张以及东来顺、全聚德等老字号的连锁经营等。

当地域界限变得日益模糊,当顾客消费心理变得日益微妙时,餐饮企业对于研发管理的重视程度自然也相应地提升到了新的高度。反映在实践中,我们不难发现餐厅经理们泡在厨房里的时间多了起来,厨房承包的价格高了起来,专业的菜品研发机构也开始出现了……

本章分别从几个角度来阐述饭店餐饮研发管理创新问题,首先是将餐饮企业的研发职能从其他管理职能和经营活动中分离出来,并在第一节中系统地论述了我国饭店餐饮业目前的技术研发管理现状,探讨了如何突破观念障碍和体制瓶颈来构建企业级别的研发系统。

更具体地来说,餐饮企业研发管理的重点在于菜品创新和菜单

导读

规划。本章第二节对餐厅的产品规划、菜品研发以及厨师激励等问题分别进行了专题分析。在过去,这些管理活动一直是以一种低效率的方式开展,这与第一代职业经理人的管理行为模式有很大关系,但当菜品本身的差异性已经直接上升为竞争焦点后,对这种简单随意的研发意识的改革已经势在必行。

就餐饮企业的研发过程本身来说,最大的难点可能在于如何解决新产品知识的来源问题,现阶段大多数餐饮企业都是通过外购新知识的手段来更新自身的产品知识储存,如高价聘请厨师团队、以分成方式引进特色品牌或者与专业院校组建联合研究机构等。这些方式单从效果来说,投入大而产出小,本章第三、四节提出了另一种解决思路,那就是充分重视基层员工的智力管理,从营业一线寻找研发的灵感。

从研发系统的实际运行情况来说,存在着突破式创新和渐进式创新两种基本模式。客观地说,这两种模式分别对应于不同规模和等级的餐饮企业,就当前大多数餐饮企业的现状来说,以模仿改良、持续研发为特征的渐进式创新无疑更具现实意义。有关渐进式创新的介绍可以参阅本章第五节。本章最后一节讨论的是一种近年来日益盛行的产业趋势,那就是企业级的小型美食节策划和推广,这既是一种基本营销手段,也是对企业自身研发模式的一大改变。

第一节　饭店餐饮研发体系的构建

由于缺乏高水平技术研发体系的支撑,在餐饮企业的增长中技术贡献所占的比例越来越小,以恶性的价格竞争和简单的模仿创新为基本特征的低水平竞争模式使餐饮企业的竞争优势越来越小。客观地说,以现有大多数餐饮企业的研发技术水平和管理能力要构建永续经营所必需的持久竞争优势,难度可能比预想的要大得多。因此,坚定不移地走技术创新的路子,靠技术进步来带动产业升级、构建持续竞争优势,已经刻不容缓。

一、技术创新与研发管理决定企业的持续竞争力

我国餐饮业的现有竞争优势是脆弱的,以口号式的“开源节流”、“挖潜创新”为基础来推动餐饮业的可持续发展只能是忽视经济规律的一相情愿。总体上来说,技术创新机制和能力的缺失是导致我国餐饮业弱势低水平竞争的根本原因,也是恶性价格战的真正源头。

具体来说,主要反映在以下方面:

(一)大多数餐饮企业没有建立真正意义上的技术研发机制,没有鲜明的自主创新意识和明确的产品研发规划

在制造业领域里,围绕着产品和服务建立起来的技术研发机构是整个企业组织的核心部门,尤其是竞争性的行业,面临着几乎相同的上下游资源环境,企业的技术研发实力更成为确立持续竞争优势的核心要素。对于世界级企业的价值链分析也雄辩地证明,在最终产品的价值构成中,源自于技术研发部门的贡献最为突出,其地位甚至超出了市场营销和成本控制等环节。

尽管餐饮业作为服务性行业,有着与制造业截然不同的组织特征和产品特性,但在最终产品的价值构成特征上,二者之间并没有本质上的差异。

与所有的工业产品一样,我们只有为顾客不断奉献出内涵丰富、成本低廉、形式多样、日新月异的产品和服务,真正将顾客的需求物化在产品中,才能真正获得顾客的信任和青睐。在当今的经济技术条件下,顾客需求变化的速度、深度与广度都是前所未有的,这也意味着我们所面临的来自顾客的挑战比过去有了本质上的不同。只有更主动、更快速、更深刻地响应来自消费者和竞争对手的变化,才能真正确立并巩固自身的持续竞争优势。然而没有强大技术研发实力的支持,快速响应和敏捷开发是不可能实现的,于是,简单的价格竞争也就成为了无可奈何的权宜之选了。

实践速描

从研发角度看跨国饭店的组织模式

就我国大多数餐饮企业而言,旗帜鲜明地建立专项职能的独立技术研发部门也许条件还不太成熟,但在假日、希尔顿以及麦当劳这样的跨国企业里,其总部的核心职能早已由传统的控制转向了集中研发并为各成员企业提供智力支持。

这些企业无一例外地通过创办大学、建立实验室、与社会科研机构共同研发等综合性研发手段来巩固自身的竞争优势,麦当劳甚至创办了“汉堡包学”。以

如此庞大的资源投入来提高产品和服务的技术含量，减少经营管理的盲目性和随意性，确保为顾客创造其真正需要的价值，其市场效果不难想象。

我国餐饮业由于大多是单店或者小规模集团化经营，有限的资源几乎都投入到日常的营运管理和物业维护中了。企业的研发职能则被分散到了各具体部门和具体员工，而成为了居于次要地位的辅助性职能。职能的履行在经费、人员、组织建制、责任督导等各方面都缺乏硬性的制度化保障，其最终效果也就不言而喻了。

不少企业在市场压力下设立的临时性的产品开发小组，尽管取得了一定的市场效果，但由于多是横向组织，而非专门的职能部门，在运转过程中与现行的组织体系难以协调配合，所以，在矛盾丛生或者市场压力略有缓解后很快就被取消了。

总的说来，我国餐饮业在企业层面上的技术创新体系基本上是被动的，具有随意性强、责任模糊、运转松散等特点，这也从根本上决定了我国餐饮企业产品和服务的技术含量低，对市场和顾客变化响应迟缓，企业相互之间竞争优势不明显——这一切意味着“自杀式”恶性价格竞争还将继续延续下去，产业资源的大量消耗和浪费短时间内还无法从根本上杜绝。

（二）以简单模仿为基本创新手段，降低了餐饮企业产品和服务的技术壁垒，使新产品过早进入成熟和淘汰阶段，挤压了企业的利润空间，削弱了企业自主研发的积极性

无论是制造业还是服务业，任何一种新产品问世后都将经历研制期、导入期、成长期、成熟期和淘汰期五个基本阶段，所不同的是，由于行业特性和产品的具体功效差异，不同类别的产品在历经各阶段时所持续的时间和耗费的成本不同而已。餐饮企业产品和服务也同样遵循产品生命周期理论。

在餐饮产品生命周期的各个阶段，企业的投入产出比是不尽相同的，一般来说，研制期是投入大、零产出，导入期是高投入、产出有可能很低也有可能很高，成长期是平均投入、高产出，成熟期是平均投入、平均产出，而当产品基本步入淘汰期以后，产出也急剧下降。在产品的导入和成长期，餐饮企业获取的是超额利润，而进入成熟期以后，则只能是与广大的竞争对手一起来分享平均利润。对于具体的产品种类而言，餐饮企业的常规策略应该是尽量压缩研制和导入期，尽可能地延长成长期，在处于相持阶段的成熟期开始考虑将资源转向新的品种引进和研制，尽量避免陷入产品淘汰期而不能自拔。

通过简单模仿引进后再加以少许改良即匆匆忙忙推向市场的所谓新产品，从技术的角度而言是没有任何壁垒可言，竞争对手只需要花费很小的成本就能全盘再造。当大量的企业都掌握了几乎相同的技术水平后，这样的新产品实际上已经进入完全的成熟期，此时所有的餐饮企业都只能获取社会平均利润了，注意力又转向寻觅新的可模仿产品了。这样的恶性循环既导致了“盲目跟风”和新品种“昙花一现”，也从根本上削弱了企业加大产品研制力度的积极性，从而又为下一轮的“跟风竞争”和“降价比赛”埋下了祸根。

（三）饭店餐饮业缺乏自身的技术研发和再生能力，单纯由上游供应商、下游消费者和市场供给技术资源，削弱了企业在整个产业链中的砍价地位，导致经营成本呈结构性地上升

餐饮业的效益状况持续恶化的一个重要原因是企业的产品研发和市场营销实力的不足，同时也与企业运行成本的结构性上升息息相关。在饮店餐饮企业所处的整个产业链中，五种力量的共同作用构成了企业的基本竞争环境，企业和五种力量之间的博弈关系也最终会通过企业运营成本反映出来。按照战略管理理论的分析框架。这五种力量分别是：来自于上游供应商、下游经销商（顾客）的压力，来自于替代竞争对手、潜在竞争对手和直接竞争对手的威胁。

在餐饮业的技术资源系统中，上游供应商和下游经销商（顾客）以及整个竞争市场都是重要的技术信息来源，这些外部技术资源通过企业自身的研发后转化为内部技术资源，并进而通过自身的产品和服务体现出来。当自身的技术转化和再生能力足够强大时，企业只需要以较低成本从外部获取一些初始形态的基本资源。相反，当餐饮企业缺乏足够能力时，就必须以相对来说高得多的成本来购买外部力量供应的加工后的系统技术资源。比如，当企业自身拥有成熟的人力资源培训体系时，只需要以较低的工资标准从人力资源市场招聘到具备基本素质的员工并加以系统培训，就能获得高水平的从业人员，而当企业自身培训实力很薄弱时，就必须以高工资标准招聘相同水平的员工。

目前，我国大多数饭店餐饮在企业技术资源系统的建设上还处于零星、无意识的自发性阶段，对重要技术资源的转化和再生手段简单原始，技术资源的积累和应用也缺乏计划性和系统性。当遇到技术上的困难时，企业的习惯性思维是向外部购买。与购买实体性资源不同的是，这种支付成本的方式有可能更隐蔽，更容易被忽视。比如，请市场调研公司研究市场、重金挖掘有技术特长的专业人员；向专业订房中介机构获取客户信息；由设备供应商代为设计设备方案等等。在从外部获得技术资源的过程中，处于劣势的企业事实上已经完全或部分丧失讨价还价的能力，而在这众多技术难题中，有相当部分应该是企业自身就能以低成本解决的。

（四）高度科层化的组织结构导致了餐饮企业思想和行为的进一步分离，中基层管理人员、技术人员和服务人员未能真正成为技术创新的主体，企业难以及时响应快速的市场变化

餐饮业的产品特点决定了其组织结构必须以强有力的控制和高度专业化的

分工协作为原则,“金字塔”式的科层化组织模式似乎是理想选择。分级分职能的科层化模式通过硬性的制度管理有效地确保了企业稳定,但也造成了管理层和操作层的分离,进而导致了企业创新思想和行为的分离。广大的中基层管理人员、技术人员和服务人员虽然是企业核心价值的直接创造者,但远未成为技术创新的真正主体。他们唯一的任务就是在高度硬性的制度约束下不折不扣地执行决策者的管理指令。

当技术创新的重任落到少数远离服务一线的决策者肩上时,餐饮企业要想切实做到快速响应市场变化就有些不太现实了。一方面,决策者尽管掌握着资源配置的权力,但他们本身并不是技术资源的拥有者,他们可以制定企业的基本技术战略,但不可能也不必要亲自去实施。另一方面,广大的中基层管理人员、技术人员和服务人员尽管是技术资源的直接拥有者,并在经营一线直接面对顾客和市场,但由于体制的压力和分工的需要,他们却没有主动积累技术资源和进行技术创新的积极性。

二、技术创新和产品研发机制的构建

具体说来,在我国餐饮企业中建立健全产品研发机制、全面提高技术创新能力,主要有以下途径:

(一)树立“技术制胜”的新竞争理念,制定科学系统的企业技术战略,构建完备高效的技术资源体系,以雄厚的技术实力迎接餐饮业大规模定制时代的到来

在传统的餐饮竞争模式中,频繁的硬件投资大比拼和简单的削价抢夺客源等粗放式措施是主要的竞争手段,技术对于企业的价值和贡献没有得到应有的重视。随着大规模定制时代的全面到来,竞争的中心已经逐步转向了企业的技术能力,餐饮企业应该及时转变经营理念,围绕着技术竞争核心重新调整基本竞争手段,将过去那种粗放式的“资源战”转变为更高层次的精细式的“技术战”。竞争理念的转变是一项复杂的系统性工程,必须通过组织结构模式的调整、资源的重新部署、决策者思维方式的转变以及全体员工的共同学习等多种途径来逐步实施。

由于历史原因,我国餐饮企业的技术基础大都比较薄弱,这也制约了其参与技术竞争的积极性和能力。为了在新一轮的竞争中抢占制高点,餐饮业必须脚踏实地,制定科学系统的企业技术战略,构建完备高效率的技术资源体系。不同的饭店可以依照自身的具体情况,制定不同的技术战略。

值得注意的一点是,完备的技术体系除了通过以上途径获取技术资源以外,企业内部的技术转化和应用能力才是将技术优势充分发挥出来的关键,而这一方面需要全体员工的共同参与,更需要科学合理的机制和积极健康的企业文化

作为制度和环境保障。

（二）改革餐饮企业高度科层化的传统组织结构模式，切实提高中基层员工参与民主管理的程度，赋予员工更大的创新空间，培养思想和行为高度结合的“知识性员工”，使员工真正成为技术创新的源泉，推动餐饮业向学习型组织全面转变

近些年来的实践表明，越来越多的饭店已经意识到顾客需求个性化、定制化的发展趋势，并为此推出了大量的举措，比如假日酒店重新定位属下成员酒店的经营方向，分割成为面向不同客源层次的几大大系列，以及国内很多饭店竞相推出的“金钥匙”、“超值服务”等等。但这些新项目和新措施的推出依然不能完全满足顾客个性化、定制化的庞大需求，而且由于缺乏来自广大员工的热情参与，反而导致了高成本的出现。

一般来说，餐饮业的硬件技术创新资源主要来自于企业外部，它取决于当时的社会整体技术水平，并通过供应商的努力来实现。饭店需要做的就是根据顾客的需求来选择、购买和应用合适的新技术。由于硬件创新需要耗费较高的成本费用，企业更多也更合理的选择是软件技术创新，这主要包括决策技术、管理技术、生产工艺技术和服务技术等。相比之下，软件技术创新资源的来源主要是企业内部，其载体就是广大的中基层员工。

实践速描

饭店的技术创新动力来自哪里

在传统的高度科层化组织模式下，技术创新动力主要来自于企业外部，广大的中基层员工在机制的约束下并未成为技术创新的主体。

在饭店内部，大规模的技术革新往往由高层管理者从上而下地发动，中基层员工的参与具有滞后、被动和片面的特点，同样由于员工的参与度远远不够，这样的技术革新往往最后是“雷声大、雨点小”。

要想切实改变这种效果，就必须从根本上改变传统的以控制员工为主导的组织结构模式，让更多的员工更频繁、更深入地参与到饭店经营管理中。只有赋予了员工更大的创新空间，技术创新才能成为全体员工的共同愿景。

餐饮企业技术创新的关键还在于新技术的转化、应用和再生，只有通过广大员工的共同学习和广泛参与，新技术才能真正地融入到企业价值链的各环节中，并转化成为最终的成本优势或者特色优势，这也对员工素质提出了崭新的要求。传统企业强调以任务为核心、以适用为标准的员工素质结构已经落后了，知识型员工已经成为新时期餐饮业的主力军，整个企业也将以此为基础而向学习型组织全面转变。

（三）建立对于技术资源市场的监测体系，扩大技术信息来源，与上、下游以及市场各种技术资源供给体结成知识联盟，最低成本共享知识信息

餐饮业进入大规模定制时代以后，所面临的竞争形势更趋复杂，来自顾客、竞争对手和社会经济技术条件的各种变化共同构成了对企业的强有力挑战，以餐饮业现有的知识技术储备的确难以快速全面响应。在未来的竞争条件下，饭店竞争的焦点将由过去的资源质量转向企业的知识技术信息存量。

扩大知识技术信息储备、建立高水平高效率的知识技术库已经成为新阶段饭店企业参与竞争的核心环节，但目前我国大多数饭店在攫取外部技术信息方面尚处于零散、随意的自发性阶段，主动寻求并收集外部技术资源的意识相当淡薄，几乎完全由上下游的供应商和经销商有选择性地供给，所获信息的全面性、时效性以及科学性都难以保障，这也造成了实践中大量的投资不当、重复建设、配套不完善等不经济现象。

为了及时全面地将当今技术市场上的优秀成果高效率地应用到饭店行业的实践中，饭店必须建立起针对专业技术资源市场的科学监测体系，千方百计扩大技术信息来源，以平等互利的原则与上下游以及市场各种技术资源供给体之间结成知识联盟，通过全面掌握信息来增加自身的选择自由度，从而最终达到低成本共享知识信息的目的。

顾客需求日趋多样化、个性化的现实要求饭店必须以经常更新的技术组合来灵活应对，这包括丰富多样的设备选型、高度人性化的用品设计、不断更新的产品组合以及灵活机动的市场策略等等。未来的饭店必须有更强大的学习能力，善于通过多种途径将外部技术资源转化为自身的技术性能力，最终构筑以技术为基础的持续竞争优势。

（四）以顾客需求为导向，重构餐饮业基本价值链，围绕着价值增值活动再造企业业务流程和管理流程，进一步突出技术对于饭店各增值环节的影响和贡献

近些年来的餐饮业规模急速扩容，导致改革开放之初的卖方市场已经完全转变为买方市场，从而形成了所谓的“顾客主权”。这一变化也引发了餐饮业基本价值链的深刻变化，并进而对传统的流程模式提出了新的挑战。当今许多饭店面对市场转变显得办法不多、应对无力，原因与其自身的价值链结构和流程模式依然停留在卖方市场时代有很大关系。

每一个饭店都是设计、生产、营销、服务等各种技术的集合体。所有的企业活动和技术过程都可以表现为一定水平的价值链，并进一步识别为各种价值增值基本活动和辅助活动。不同饭店的价值链水平之间会有明显差异，这种差异是竞争优势的关键来源。而在绝大多数情况下，技术水平的不同是造成饭店价值链水平差异的重要原因，技术的介入不但能优化改善企业的价值增值过程，也能对其他环节产生深远影响。

实践速描

顾客主权时代的餐饮企业价值链特征

进入顾客主权时代以后，餐饮业的基本价值链转化为鲜明的顾客主导型价值链，买方价值成为衡量价值增值活动水平的重要依据，餐饮业的基本业务流程和管理流程也必须牢牢围绕着为顾客创造更多价值实施全面再造。

时下很多企业都在反复强调"顾客至上"，但事实上这一理念只在部分业务流程尤其是直接面对顾客的一些环节上有所体现，在更多更关键的流程上买方价值并没有得到真正的重视，日趋复杂的组织结构和烦琐的管理程序就是典型的例证。

在实践中，很多饭店简单地认为向顾客提供更廉价的产品和更烦琐的服务就是为顾客创造价值，事实上这是对买方消费心理的错误认识。只有通过技术创新，才能真正地优化管理过程，提高流程效率，使更多的资源被准确运用到价值增值活动过程中。从这个角度来说，技术的创新和应用是适应顾客主权时代的最合理选择。

就我国餐饮业现状而言，运用现代信息技术手段全面再造企业业务和管理流程已势在必行。现代信息手段和决策技术的应用可以全面解决饭店的沟通不畅和决策非科学化现象，现代顾客数据库技术的引入则使低成本实现个性化服务成为可能，现代市场监测技术和产品研发技术的应用确保了饭店对于顾客需求的快速反应和应变能力，现代设备技术和服务流程技术则在进一步提高服务效率的同时也降低了服务难度和服务成本……只有全面的技术创新，才能真正做到为顾客创造更多价值。

（五）以新产品研发为龙头，通过运用行政、法律等综合性手段有效保护技术创新成果，形成多系列、多品种的饭店产品储备，加快产品研发和应用周期，进而巩固以产品为核心的市场优势

餐饮业的竞争归根结底还是通过产品和服务的竞争来实现的。饭店产品的内容、形式、价格和质量都是竞争的重要指标，但其中最具决定性的还是围绕着产品内容而展开的技术战和品种战。当今行业内一些长时间保持领先地位的饭店，大都拥有"一技之长"和自己的"拳头产品"。在顾客的消费经历越来越丰富、需求结构越来越复杂的今天，饭店的新产品研发速度以及产品储备的厚度已经成为竞争优势的重要标志。

妨碍现今大多数饭店热衷于自行研发新产品的原因主要有两条——一是源于自身的研发意识淡薄，研发实力欠缺；还有一个很现实的原因，就是饭店新产品的被仿制概率太高、频率太快，先行研发者往往很难享受到应有的市场先行优势。解决第一种现象，饭店必须切实转变观念，进一步认清技术与竞争优势之间的内在联系，建立起完备的新产品研发机制，在人员、经费、建制以及市场目标等各方面予以制度化的配套和保障；而解决第二种现象，则需要通过专利、商标权、技术合同等行政法律手段的综合运用。

一线案例

"金牌扒猪脸"的技术保护手段

北京金三元酒家经过反复实验研制出的机械化程度较高的"金牌扒猪脸"，本身就有相当高的技术含量，仿制者怎么也难以完全复制出同样的产品，同时更因为酒家主动申请了制作工艺上的多项专利保护，并进行了商标注册，有效地防止了竞争对手的假冒和仿制，保护了自身技术创新的成果。

总的说来，如果饭店新产品有较高的技术含量，从技术的角度可以构筑第一道壁垒，而通过专利、商标权保护等行政法律手段再构筑起第二道壁垒，就可以最大限度地保障研发者的创新利益，切实提高企业技术创新的积极性。

延伸阅读

技术制胜，方为竞争之王道

在当今大多数餐饮企业决策者的心目中，似乎已经形成了这样的思维定式，即普遍认为餐饮行业是技术性要求不高的劳动密集型行业，在日常经营管理中，好的硬件设施和服务态度就意味着成功，技术性的要求主要体现在个别操作环节和技术工种，就整个企业而言，花费大量资源来构建技术研发体系，既是得不偿失也是小题大做。

很多餐厅为了应付残酷的竞争，往往是将手头已有的产品倾囊而出，这样即使能取得暂时的市场优势，但当竞争形势更趋复杂时，就显得"江郎才尽"了。为了能应付复杂多变的市场挑战，餐饮企业必须形成自己的多系列、多品种的产品储备库，研发要走在生产的前面，以确保在新的竞争条件下迅速更新原有的产品组合，补充新的、有竞争力的产品，只有这样才能真正做到“人无我有，人有我变”。

总的说来，餐饮业要想克服眼下竞争手段单调、竞争焦点过于密集的现状，就必须坚定不移地走技术创新的路子。只有牢固树立起“技术制胜”的观念，构建起完备的技术创新机制，将饭店改造成为“学习型组织”，使员工更广泛地参与管理决策，并以顾客需求为导向重构企业价值链，突出技术对于价值增值活动的影响和贡献，通过各种手段的综合运用保护企业技术创新的成果，形成深厚的产品储备，才能彻底摆脱粗放式的低水平竞争模式，真正带动产业升级。

以恶性价格战和简单模仿创新为特征的低水平竞争模式是我国餐饮业发展进程中不可逾越的历史阶段，其形成有着十分复杂的历史和文化背景，但随着大规模定制时代的到来，个性化、多样化、定制化的市场需求决定了新的竞争特点，低水平的竞争模式将被基于新技术的低成本差异化竞争模式全面取代，技术因素在饭店增长中的地位和价值将达到前所未有的高度。以技术研发体系为基础，重构我国餐饮业的竞争优势将成为新世纪的产业发展主旋律。

第二节　菜单设计：产品规划、菜品研发与厨师能力管理

菜单在餐饮企业的整个经营体系中占据了非同寻常的地位，它就等同于制造型企业的产品目录兼说明书，任凭你企业有多少硬件或是软件优势，最初都得通过菜单反映给顾客，菜单是顾客全面审视餐厅实力的第一道环节。但很多企业的菜单更新缓慢，菜式编排无新意，没有突出表达餐厅的优势特长，而在菜单背后更严重的问题是餐厅对于产品种类缺乏系统规划，对于产品研发没有时间表约束，这些现象都将导致餐厅核心竞争力的缺失。

一、菜单问题的本质——产品规划和研发规划

细心的经营者发现，一些成功的餐饮企业都非常重视菜单的制作，不但花色品种丰富，而且图文并茂，让顾客看起来兴致勃勃。但人们普遍认为这是餐厅家大业大后，有能力做这些修饰工作，至于在菜单上下的这些功夫到底是大餐厅实力水涨船高后的自然行为还是他们赖以成功的关键所在，很

少有人去认真思考。

菜单在餐饮企业的整个经营体系中到底起多大作用,或者说菜单问题的本质到底是什么,这是一个被很多业内人士长期忽略但可能是极其重要的问题,因为在菜单的背后反映的是企业在产品规划和研发规划上所做的努力。

花在菜单上的功夫有大有小,有些是显而易见的表面功夫,如菜单配图、文字包装和版式编排,有些是真正体现餐厅能力水平的深层功夫,如菜式品种、宴席组合和新品推荐等。总的来说,做那些美术包装类的皮毛功夫不是难事,只要餐厅愿意在制作上稍加投入,选用好一点的纸张,拍摄精致一些的图片,效果都会过得去,但这些对于餐饮竞争的帮助毕竟是有限的。

真正能长久吸引顾客的自然还是菜单所提示的那些菜式品种。菜单设计精美、图文并茂的本意无非是希望能更直观、更完整地展示菜品内涵,这里面就有一个前提——你得有值得推介、拿得出手的菜品。与对手比竞争力,在这个环节上的体现就是比谁的品种齐全,谁的搭配合理,谁的款式新奇以及谁的更新频率更快,至于菜单印刷是否精美,对于有经验的顾客来说,并不是关键问题。

一线案例

每天都在变化的"魔术菜单"

有一家专营乡土菜肴的餐厅,几乎每天菜单都在变化。除了几道招牌菜以外,每天都会有采购员从乡间物色来一些寻常市场里不怎么能见到的菜肴,到底会是些什么品种,说实话就连餐厅经理和厨师们心里都没底。

餐厅规模不算太大,但却有近 10 名专职采购员在附近农村跑来跑去,不停地寻觅和挖掘真正的乡土菜肴,每当有所发现时就雇一个小货车将材料拉到餐厅里来,有时甚至还连同乡间厨师一并请过来传经授艺。

他们的费用可能很大,也可能很小,但这与餐厅都没有关系,因为餐厅与他们之间的结算方式是早已确定了的,采购员们除了每月领取很低的底薪收入外,其余费用包括采购资金均自理,但菜肴出品售价的 40% 左右直接归他们所有。

这种全新的体制对采购员是个非常诱人的激励,因为菜金的 40% 可不是小数目啊,如果能挖掘到吸引顾客的好品种,售价中上水平加上销量大的话,采购员的腰包可比一般员工的鼓多了。于是,怎么去寻找这些品种,怎么去将一些真正隐藏在民间的精品菜肴挖掘出来,就成了这些采购员们日思夜想的问题了。

业界普遍都认为餐饮业天经地义地当归属服务性行业,但从产品特征以及运行过程来说,餐饮业应更多地学习制造型企业的一些基本管理理念。

打个比方,即便是规模很小的街道小厂,厂长们也会将大把的时间和精力放在琢磨推出和改进产品上。他们会有一个规模虽小但功能齐全的实验室,会将员工工资的一半甚至更多花在几个主要的产品研发人员身上;他们会定期淘汰点一些明显没有销路的产品并且不断地改进现有产品。总之,引导他们工作的一条很明显的主线就是产品的品种结构和质量。

相反,认真观察一下大多数餐厅经理们的工作,他们会很在意餐厅的外在形象,隔三差五地将大门口的装饰变来换去;他们很注重维护客户关系,每到就餐时间一定会主动地挨个挨个包厢敬酒;他们有时也很关心成本核算或是服务质量,会亲自组织仓库盘存和员工培训,但在厨房里花的时间相对就少多了,也许是因为他们认为那都是厨师长的工作,不宜过多干涉。

比照生产企业,厨师长到底扮演的是车间主任还是总工程师的角色?如果是车间主任,那么必须有人站出来对餐厅的产品整体规划和研发规划负责,而如果是总工程师的话,那么他就应该将更多的时间和精力放在办公室和市场里,至少不必在厨房里事必躬亲。事实上,在大多数餐饮企业里,厨师长是身兼车间主任和总工程师两个角色,既要动脑还要动手。那么此时有谁能保证他在产品规划和研发规划上真正发挥了全部能力呢?经理们难道对产品规划毫无责任吗?

二、菜单编排的"波士顿(BCG)矩阵"

很多餐厅的菜单明显与他们的实力不相称,花色品种之多让人难以置信。首先值得置疑的是他们餐厅的客流量,这么多品种是不可能都有备料的,有很多菜一点就会有人回答"抱歉,已经卖完了";其次是这么多风格特点不一的品种需要一个庞大的厨师班子,但厨房其实就那么几号人,因此很多菜品即便是会做也肯定不太拿手;最不可思议的是很多已经过了时令或已经在市场上无人问津的菜品仍然没有从菜单上撤下来,有时甚至连服务员都觉得菜单没有什么意义,干脆全盘口头介绍,用"口头菜单"代替了"书面菜单"。

摆在管理者面前的难题是,餐厅销售的菜式品种是越多越好还是短小精悍更合适?如果要裁撤,应该裁撤掉哪些品种?如果要保留,又可以保留哪些品种?如果要大力推广,最适合推广什么菜肴?如果想改进,从哪些品种入手最有价值?这一系列问题的存在意味着我们迫切需要有一个应用于菜品生产规划和发展布局的分析框架。

当然,现成的菜单分析框架还没有出现,或许有些企业借用财务分析的方法对不同菜品的利润贡献率进行核算以确定增减规律,但更为简单的方法还从未得到公开推广。

实战经典

餐厅菜单编排的"BCG"矩阵技术

如果我们将每道菜肴看作一个独立的产品甚至业务项目的话，那么菜单编排的任务就成了对业务组合的选择了，为此我们可以借用在公司战略领域应用非常广泛的BCG矩阵。

所谓BCG矩阵，是由全球顶尖管理咨询公司——波士顿咨询集团首先开发出来，用以进行公司业务组合分析的实用管理工具。它用一个二维的矩阵图，将组织中的每一个战略事业单元(SBU)按照其业务的市场占有率及预计的市场增长率等主要指标维度标示在四个方格的不同位置处，如下图：

	市场份额高	市场份额低
预计增长率高	明星	问号
预计增长率低	现金牛	瘦狗

这样一来，餐厅现有菜品大致就可以根据其赢利现状和发展前景分为四大类型——明星、问号、现金牛和瘦狗类菜品。

现金牛(Cash Cows，指低增长、高市场份额)：处在这个领域中的菜品能带来大量现金，但未来的增长前景是有限的。

明星(Stars，指高增长、高市场份额)：这个领域中的菜品处于快速增长的市场中并且占有支配地位的市场份额，但也许会或不会产生正的现金流量，这取决于固定投资及进一步研发对资金的需求量。

问号(Question Marks，指高增长、低市场份额)：处在这个领域中的是一些投机性菜品，带有较大的风险，这些产品可能利润率很高，但占有的市场份额很小。

瘦狗(Dogs，指低增长、低市场份额)：这个剩下的领域中的菜品既不能产生大量现金，也不需要投入大量现金。这些产品没有希望改进其绩效。

面对不同领域里产品的不同特性，企业应该分别采取什么样的产品策略呢？一般来说，企业理想的做法应该是从现金牛业务上挤出尽可能多的"奶"来，把现金牛业务的新投资限制在最必要的水平上。接下来，利用现金牛产生的大量现金投资于明星业务，因为对明星业务的大量投资将获得高额利润。当明星产品的市场饱和、增长率停滞时,它们最终会转变为现金牛。最难作出决策的是关于问号类的投机产品,其中一些应该取消,而另一些有可能上升为明星产品。对于最后一类瘦狗业务,则不存在太复杂的战略问题,因为这些产品是一定要尽快处理掉的,很少有值得保留或追加投资的必要。

具体到餐饮企业来说,我们可以将BCG矩阵的思想加以变通,使之应用于对餐厅现有菜单上若干品种的整体规划。

实战经典

餐厅菜单规划和调整的若干原则和方法

第一,将菜肴品种总量控制在适当水平。

以餐厅自身的客源流量和厨师实力来说,不应该也没必要四处开花,应根据顾客的偏好和自身的技术优势来决定"有所为,有所不为"。一般来说,体现餐厅特色的品种应该占到70%以上,而真正顺应本地大众口味的"大路菜"品种不宜超过30%。特色品种与大众品种之间维持适当比例是有必要的,因为顾客的需求总的来说是多元化的。

第二,对于菜单上的已有品种应建立逐日统计的点单率分析制度。

对所有的菜品像分析股票走势一样地建立相关的指标记录,只有通过科学的数据分析才能准确地判断出哪些菜品属于明星,哪些又属于现金牛,而哪些又是风险很大的问号品种。比如说,大多数餐厅都有自己的招牌菜系列,但从发展趋势分析不难看出,到底是属于现金牛还是明星性质的品种。如果点单率很高但没有明显增长趋势,那么就是只能继续"挤奶",而没必要进一步研发改进;如果点单率一直在飙升,那么就还可以加大改进力度,不断投入研究经费。

第三,菜单上其实还有很多品种,是根据行业惯例或者厨师习惯安排的,其实点的人很少,摆在菜单上颇有点"滥竽充数"的嫌疑。

不妨通过点单率分析制度进行一个大筛选,将那些"食之无味,弃之可惜"的鸡肋性品种全部取消掉,即便要保留,也必须进行大幅度的创新,使之上升成为"问号型"品种。

三、菜品研发、厨师激励与企业成长

用制造型企业的思维看经营餐饮企业,我们会将对产品研发的重视程度提高到一个前所未有的高度,而这很有可能是行业发展的必然趋势。

很多餐厅经理与厨师之间的关系非常微妙,生意顺利时需要提防厨师跳槽或要求涨薪，而生意受阻时又抱怨厨师们缺乏灵感和激情。餐饮企业经营在本质上原本就是资本和技术的结合，经理们是资本的代理者，而厨师们则是技术的持有者，二者之间相依相存，缺一不可，但遗憾的是，实践中人们往往会习惯性地认为厨师们是一群没有事业远见的惟利是图的技术工人。厨师们尽管拿着凭借技术优势谈判得来的高工资，但其内心深处的事业心、归宿感和创造欲望却并没有被有效地激发出来。

现实中，很多成功的餐厅都有一些相同的特点，要么投资者或经理本人就非常熟悉厨房业务而且颇具关于产品创新的整体构思和动手能力，要么餐厅用股份或期权等特殊激励措施牢牢地锁定了一批优秀厨师并使之能忠心耿耿。也就是说，只有从根本上解决了厨师的积极性、主动性和创造性问题，餐饮企业才有可能腾飞，当然，前提是这些厨师本身必须有相当高的业务水平和不断学习创新的进取精神。

菜品研发的主体应该分为两部分，负责创意和负责实施的。研发实施者毫无疑问只能是厨师队伍，但创意组织者就未必了，这个道理好比就是生产工厂内部的创意开发与产品定型分属于不同部门的道理一样。有些餐饮企业建立起了自己的“厨艺研究中心”，并不直接参与具体菜品生产，专职对产品和工艺进行研究，道理大抵也出于此。

对于很多中小规模的餐饮企业来说，厨师工资已经占去了其固定成本费用的很大比例，重新成立一个独立的研发中心既不现实也不经济，但这并不等于说这部分功能可以被放弃，我们完全可以寻找到新的变通办法以实现产品研发与常规生产之间的平衡。

比如说，我们可以将厨师的工资由固定支付改为按绩效弹性支付，就像很多企业的现行做法一样。但为了突出产品研发的价值，督促厨师能更多地依靠新品种来获取利润，我们可以将流行的按总销售收入来确定厨师报酬的方式略加改进。

当前很多经理都喜欢谈论餐饮企业的核心竞争力，这应该说是管理学教育深入到实践界后的可喜进步，但很多人对核心竞争力的本质认识仍有不同程度的偏差。从产品角度来说，核心竞争力就是建立一种独特的研发激励机制，能源源不断地诱发出许多新的菜肴品种，从而使自己的企业相对于对手在产品更新上有难以超越的速度优势，这就叫“以快打慢”“以速度竞争应对模仿竞争”。

延伸阅读

让餐厅的优势一目了然

很多餐饮企业成天高喊要营造竞争优势,培育自己的核心竞争力,使竞争对手望洋兴叹,最终达到不战而胜的境界。

但竞争优势到底在哪里?或者说,有了优势,又如何能让顾客们一目了然并且高度认同呢?只有循着这样的思路往下走,餐饮企业的核心竞争力才不至于停留在口头上,成为一句空话。

菜单作为餐厅主要产品和有形产品的说明书和目录,其实就是顾客们观察和评价餐厅实力的一个窗口。随着时间的推移,顾客们也渐渐成长为高水平的美食家,服务员被顾客问倒的事情越来越常见,而在网络上各种关于餐厅菜肴特色的评论也越来越多。借助于高效率的信息传播手段,这些对于产品的评价很快就成了社会对餐厅的共同印象,这对于餐厅的发展可以说是至关重要的环节。

很多业主们对菜单的认识仍然停留在点菜凭证的阶段上,对菜单所反映的产品规划和研发规划问题没有引起足够重视。菜单上品种搭配凌乱、更新缓慢乃至文不对题的现象随处可见,而每当有厨师变换等重要事件发生时,我们更是看到很多菜单又还原成了几张手写的、简陋无比的样式。

更新菜单不只是加多几张精美的菜肴图片或撰写一段煽情的文字介绍那么简单,因为真正影响顾客们评价的还是花色品种和口味口感,而这些恐怕也是厨师管理和激励的最终目标,所以一个小小的菜单问题也就延伸到了厨师激励甚至企业成长这些根本性的话题上了。

看来,"餐饮无小事"这句话完全可以成为餐饮行业的又一名言了,因为它让我们对行业竞争又有了新的认识和理解。

第三节　创造力管理:基层员工的智力管理

创新是现代企业竞争的主旋律,但在餐饮业竞争中,创新的重任似乎一直是由企业高层管理者在独立承担,频繁的硬件更新、自上而下的产品研发和走马灯式的厨师队伍更换其目的都是希望能通过经营创新来破解同质化竞争的命门。很遗憾的是,这样的创新举措不但成本奇高、风险奇大,而且由于过分密集于管理高层,是一种严重忽略广大中基层员工的片面创新,不但是对企业智力资源的严重浪费,也因为中基层员工的被动接受而在推广过程中步履维艰,效果自然也是不尽如人意了。

一、"积极惰性"的故事

一个由专业协会委托进行的对若干餐饮企业的专项调研活动表明,有些企业的创造力被管理高层无意间抑制了,尽管这种扼杀不是有意识的,甚至很多经理本身就是最坚定的管理创新的支持者,但为了保证对企业资源的有效控制和协调多方关系,这样的悲剧还是一次次地重复上演着,直至到最后"创新"完全演变为高层耗时耗力的"投资游戏"。

也许这样的结论肯定会遭到无数业界精英的反对和指责,但是且慢,让我们一起来看看下面这个关于"积极惰性"的故事。这是一个调研组在很多餐饮企业里都观察到的共性现象,相信所有的餐饮管理者们对此都不会陌生。

一线案例

我们这里只有劳模,但没有一个真正动脑的管理者

在与一家中等规模的饭店交往过程中,调查者们发现了一个有趣的现象,几乎所有的中基层管理人员都在透支自己的时间和体力,他们在报酬没有显著增加的前提下主动地大量加班,慷慨地牺牲着自己的节假日,个别管理者甚至一年中仅仅休息了12天(含所有周末和节假日)。但管理者们如此忘我的投入却并不能让总经理释怀,他告诉调查组的专家们,"我们这里只有劳模,但没有一个愿意动脑的管理者"。

接下来与这些管理者的接触也证实了总经理的抱怨:他们的确很敬业,但大部分时间里他们只是在重复地做着一些毫无意义的琐事,而对一些更深层次的问题不愿去触及。

看过他们的会议记录和工作报告就可以知道,这的确是一群用简单的体力劳动取代了复杂的脑力劳动的管理者——看起来这种现象绝非偶然,甚至可以说很普遍,"没有功劳,也有苦劳"嘛,但套用新古典经济学里那个著名的"闲暇和劳动选择"模型分析起来却很有些费解。在货币收入不会因加班显著增加的情况下,效用最大化的劳动者应该选择更多的闲暇时间而不是劳动,毕竟这些管理者的效用函数不会与普通人有太多的差别,而且也没有面临很明显的职位竞争压力。

如果换个角度,让我们从知识的角度来考察一下管理者付出的成本和所得,我们也许就很容易理解他们的选择了。

企业内部有两类不同知识,即通用性知识和创新性知识。所谓通用性知识是指相当于社会或企业平均水平的既有知识,其使用成本较低。而创新性知识则是指高于社会和企业水平的新增知识,很显然其使用成本要比前者高很多。在成本最小化情况下,因为创新性知识的使用成本明显高而且呈边际递增趋势,所以对创新性知识的供给明显要少很多,而对通用性知识的供给则相应地多了很多,甚至其最适供给量有可能超过了正常工作时间的基本要求,这就导致了自动的加班行为。

中基层管理者们运用早已熟悉的管理知识和技能很轻松,成本很低而且边际递减,但若需要他们创造出新的管理知识和技能,成本之高会使他们望而却步,此时即便是加班加点地反复运用通用性知识也要比偶尔运用创新性知识的成本低得多,我们把这种"勤于劳作,惰于创新"的现象称为"积极惰性"。

回头再想想,您所处的企业里,是否也有这么一大批"勤于劳作,惰于创新"的管理者呢?

二、"经营创造力"到底在哪里

我们不禁要问,到底是什么原因造成了中基层管理者全部蜕化成了"没有创意"的苦力和劳模呢?是什么扼杀了他们身上原本应该生机勃勃的创造力呢?

很显然,在解答这个问题之前,我们必须先弄清楚什么是经营创造力?

传统意义上,人们谈论创造力通常是与艺术联系在一起的,但在餐饮企业这样的追求利益最大化的商业组织里,创造力意味着更多的内容。

哈佛商学院著名教授 T. M. 阿马布勒就曾对企业背景下的创造力进行了专题研究,他说:"在每个个体中,创造力都是由三个部分组成的一种功能。这三个部分是:专业知识、创造性思维技能和动机。"

就餐饮企业来说,专业知识包括员工在餐饮业领域中所知道的和能够做到的所有事情,也就是我们通常所说的行业见闻、专业素质、从业经验、管理阅历和流程性知识等等,这并非简单地可以从员工的个人履历中就能一目了然,因为其中很多知识原本就属于那种"只可意会,难以言传"的隐性知识,上级管理者很难准确知晓员工的这种看不见的能力到底有多大,因此就会引发管理过程中对员工既有能力的巨大浪费。

某餐厅在做大型酒会活动排练时,新来的餐厅经理出乎意料地发现,很多员工原本就熟悉大型活动的基本服务技术,只不过是以前的经理一直不知道从而小瞧了他们而已。推而广之,所有餐饮企业的领头人有机会的话都应该好好盘查一下属下员工的家底,别看着属下员工一个个不怎么起眼,他们中很可能"藏龙卧虎"。

富于想象力的思维自然是创造力中最引人注目的一部分了,但具体到餐饮实践中,我们需要的就不再是堂吉珂德式的美妙幻想,而是实实在在的基于自身实力的处理问题和寻求解决方案的能力了。很多看上去很美的想法之所以不能付诸实践,原因就在于我们错误地认为创造性思维就是单纯的创意和点子,而忽略了创造力的核心是创造性地解决难题。

对于管理者来说,员工身上的专业知识和创造性思维能力似乎是难以短时间改变的先设条件,即便投入大量的财力和时间也未必有把握能进行有效管理。但我们换个角度思考,我们真的把蕴藏在员工身上的巨大能量完全挖掘出来了吗?研究表明,我们真正利用了的员工智力其实只是他们所拥有的很小部分。换句话说,我们一直在无视着埋藏在我们身边巨大的"智力富矿",只因为我们从没认真思考过一个其实很简单的问题——员工凭什么向我们贡献他们的知识、创意和热情?

很多餐饮企业一直将"群策群力,同舟共济"作为激励中基层员工参与管理和创新的信条,但遗憾的是这样的想法大多只停留在口号上。在企业实务中,我们不得不说有些方法还太过简单,总是迷信给员工封官晋级和发放奖金就能把他们调动起来。其实,我们对员工创造性工作的动机认识严重不足。

必须予以高度重视的是,单纯的外在金钱刺激很难真正激发起员工持久的创造欲望。某餐厅曾强行推行过"合理化建议奖励活动",规定每周二下午召开全体员工大会,对过去一周内曾经提出过合理化建议的主管以下员工予以表彰,对被采纳建议的予以物质奖励,对没有提出建议的营业班组进行言辞很激烈的批评……但事实证明,这样的管理措施很难长时间延续下去,除了开始时员工还曾经激情饱满地提出过一些有价值的建议外,到后来几乎就成了形式主义了,员工们总是抱怨他们的很多建议提了没有回应,提了也是白提,管理者们也抱怨这样的建议大多数是不顾企业实际的瞎说,简直就无法操作,更严重的是那些被采纳的建议因为管理者的抵触而不了了之。

那么员工到底有什么理由来奉献他们的智力和才华呢?答案是,我们必须真正地调动起他们的热情和兴趣,也就是他们对创造性劳动的内在渴望。当然,这么做的前提是我们必须在制度设计上把握好分寸,让他们能充分自主地拿主意,做决策,简单说来就是,把功劳算在他们头上,把责任揽到管理者这边,不要对他们做事的过程妄加干涉和评论,我们要的只是结果。

三、创造力管理案例赏析

餐厅经理们可以影响、引导和管理员工创造力的三个组成部分是,专业知识、创造性思维技能和动机。但实践表明,影响和管理专业知识与创造性思维技能的难度远远大于影响员工的动机,前两者可以被看作是员工的天赋至少是短期内难以大幅度改变的，而一旦意识到他们身上还有很多潜力有待挖掘时，管理创造力的重点就应该向深度影响员工动机倾斜了。这个话题看上去很像是对员工话题的老生常谈，但别忘了，我们在这里最终要激发的是员工的创造力。

对于餐饮企业的实践而言，什么样的方法能够真正影响员工的创造力呢？T. M. 阿马布勒教授的研究成果为我们提供了六种技术选择：挑战、自由、资源、工作团队特征、管理层鼓励以及组织全面支持。现以案例形式，做直观说明。

（一）高度重视员工的智力资本，摸清真实“家底”，酌情安排有挑战性的工作目标

一线案例

“善任”须先“知人”

某资深职业餐饮经理在管理营销部的时候，曾经尝试过一种简便有效的管理方法：在充分了解员工的市场运作能力的基础上，将手下的员工分为几种类型，有擅长市场调研的，有善于与客户沟通的，还有精于项目策划的。

除了极个别的特殊情况如大型接待活动外，他一般都是按照自己对员工能力的分类来安排布置工作的。

每天早上，他会根据前一天的企业各项报表及员工们的工作进展，直接将每个员工当天该做的工作和期望达到的目标明确地写在一式两份的任务安排单上，等员工当天下午回报时再根据其表现为其评分，若连续几天均为满分，则表示尚有潜力可挖，进一步安排工作时就可适当调大其工作难度，安排更具挑战性的任务目标给他，反之亦然。

（二）在员工开展具体工作时给予足够的过程自主权，用业绩评价而不是过程监控来约束员工

一线案例

高度放权，论功行赏

王总在自己的餐厅里大力推行菜品创新工程，但与其他同行不同的是，他并没有将自己的办公桌搬进厨房里，也没有对厨师长进行“人盯人”管理。他的方法其实很简单，除了规定厨师们每周必须出台至少 5 个新菜，其中 3 个入选当期餐厅首推新菜，售价的 10% 将作为奖金奖励给厨师们的措施外，另一个关键就是“高度放权，论功行赏”。

对于王总来说，自己在烹饪技术上显然不是专家，因此厨师们如何琢磨菜品改进思路，如何打听市场信息，如何到同行那里偷师学艺以及如何在厨房里私下做试验，他一概不管。他给自己定的原则就是“重结果，轻过程”，菜品创新力度如何、市场前景怎样他会慎之又慎、精益求精，但厨师们具体的研发过程他则是高度放权，要钱给钱，要人给人，要政策就出政策，全面满足厨师们的要求。

（三）给予工作团队或具体项目适度的时间和财力资源，使之具备必需的资源基础

一线案例

每月1万元的“新菜学习基金”

刘师傅在一家大型酒楼担任厨师长已经有三个年头了，这在当地餐饮界快成奇迹了。众所周知，如今餐饮业能在一个店里从年头做到年尾就已经很难得了，这么稳定的厨师班子还真是很难得，退一步来说，即使投资者很满意厨师能力，厨师自己也可能会跳槽到条件更好、薪酬更高的餐厅去。

刘师傅与这家酒楼之间确实水乳交融，双方合作非常愉快，酒楼特别满意刘师傅与他的团队的创新能力。刘师傅很喜欢这里独特宽松的创新环境，比如说，每个月，酒楼董事会规定厨师长可以开支1万元左右出外学习品尝新菜，至于何时何地带什么人去品什么菜，全由刘师傅自己决定，月底凭单据报销，本月没用完的考察费用额度可以累计到下月再计。刘师傅说，单凭这一条，他琢磨起新菜来就浑身是劲。

（四）组建由具有高度责任感和不同专业知识背景、工作风格的员工合作的工作团队

一线案例

换个思路搭班子

每年一度的美食节在某酒家可是头等大事。为了办好美食节，该酒家采取了严格的项目管理制，专门成立了一个美食节特别策划小组。

小组成员不再是过去的老总加上各部门负责人式的行政班子，而是由几大主力厨师班组长（负责菜品研制）、营销策划人员（负责活动推广）、采购主管（负责落实材料）、财务主管（负责落实资金和预算成本控制）以及服务主管（负责现场设计）等等组成。

这些人都是各自部门里的业务骨干，有自己专业上的一技之长。这样的班子可谓是各有所长，各显神通。

(五)高层管理者全程跟踪项目进展,及时给予赞扬和鼓励,即便是对不成功的努力也不给予严厉的批评

一线案例

容忍失败,但不许没有创新

鼓励创新,就必须容忍失败,鼓励创新,就必须停止非议。这是某饭店总经理当众宣布的新店规。为了树立"允许改革失败,不许墨守成规"的企业文化,形成"创新性努力优先考虑"的风气,饭店高层果断开除了两名老爱唠唠叨叨,喜欢私底下对创新非长议短的资深主管,并且由总经理亲自负责产品创新和管理创新几大项目的经费审批、进度评估和人员奖惩事宜。

此举一出,店里的非议声顿时平息。很多原本一直在观望中甚至等着看笑话的员工马上转变了态度,厨师们的研发热情一下子被激发了出来,几乎每天下午都会有厨师到采购部下试验材料申请单;每周一次的新品汇报花色品种之多让总经理都始料未及;顾客们也乐坏了,因为这里的特别推荐菜单里的菜肴实在是换得太勤了。

延伸阅读

创新,贵在坚持

创新就是餐饮企业的生命线,这点已经成为业内人士的共识,没有成为共识的是为创新到底该付出什么样的代价。

产品创新可能会意味着对已经初具规模的老产品体系得不停地被颠覆,依稀有了些轮廓的菜品特色可能会变得模糊,此时的经理们会不会动摇?

管理创新可能意味着更多的职责和压力,需要管理者们一边工作一边更新自己的知识和能力结构,勇于承认自己所擅长的那套东西已经过时,并且花更多的心思和精力来认真钻研新问题和新技术,此时的主管们会不会抵触?

服务创新则可能意味着员工们需要全面审视自己以前的服务模式,在紧张的工作之余花更多气力去掌握新的服务技巧,用更锐利的眼光去观察研究顾客们的喜怒哀乐,一些原本已经成为权威的老员工也得放下架子来和新员工一起学习陌生的服务新知识,此时的员工们会不会消极应付?

……

创新就是如此,改革也是如此,有得必然有失,从一种经营模式向另一种模式的转变就意味着改变，而所有的改变都必须遵循从量变到质变的基本规律，只有耐得了量变过程的煎熬和寂寞，才会收获质变得来的巨大丰收和喜悦。

第四节 合理化建议：员工知识管理和技术革新的有效途径

餐饮企业的竞争最终都必须落实到员工层面上的竞争，管理过程的优化和技术创新的发起都迫切需要基层员工的深度参与，合理化建议活动已经被很多行业证实为员工知识管理和技术革新的有效途径。但在具体实施合理化建议活动时，大多数餐饮企业仍然将其视为管理民主化的象征性措施，缺乏系统的资源投入、绩效评价和成果转化规划，导致建议质量低劣、参与程度较低、跟踪实施不到位甚至完全沦落为形式主义，没能真正调动广大员工的积极性和创造力。

一、合理化建议，不只是管理民主化

与很多传统产业一样，餐饮企业的运行对中基层员工的倚重都是毋庸置疑的规律性现实。企业的生产服务流程有哪些环节需要改善？客户的消费心理有哪些细微而又至关重要的变化？不同部门和班组间的协调在哪些地方会频频出错？哪些设备和材料必须及时更新换代……诸如此类的管理细节问题都必须由中基层员工来寻找答案，最终也必须由他们来亲自落实。从这个意义上来说，合理化建议活动应该成为一种基本的管理组织手段，而不只是展现管理民主化的象征性活动。

事实上，在餐饮企业内部，从来就不缺乏这些来自中基层员工的建议或者点子创意，但这些建议能真正转化为实质性的管理改良或者技术革新行动的很少。员工们的建议经常得不到应有的重视和反馈，高层对员工的建议也未必能做到虚怀若谷、从善如流。在很多企业里这些爱提建议的员工经常被说成是“眼高手低”、“碎嘴皮子”甚至“惹是生非”。耳朵里起了茧的管理者甚至有时还警告这些爱动脑的员工“做人要谦虚点，做事要踏实点”。殊不知，言路就此被彻底堵塞，员工们也对所谓的“合理化建议”活动开始漠视，即便管理者们调整心态希望员工们畅所欲言，得到的回应也会寥寥无几。

作为一项由来已久的管理技术，合理化建议活动几乎在所有的企业都曾经或多或少地进行过尝试。管理者们往往对合理化建议活动的本质缺乏全面深刻的认知，对合理化建议活动的管理机制缺乏系统细致的理解，对合理化建议活动存在的困难和障碍缺乏必要的心理准备，无论是在理论上还是实践上都没有将合理化建议活动的精髓真正吃透。

二、合理化建议，为什么名存实亡

作为一种已经被反复证明了的管理技术，合理化建议活动为什么会在餐饮业长期得不到应有的重视和高水平的实施呢？对于这个问题的探讨，我们必须深入到餐饮企业具体开展合理化建议活动的过程中，从微观层面分析一下是什么原因致使合理化建议"有名无实"的。

原因之一，对合理化建议活动的管理本质和应用价值认识不足。

知识经济条件下，竞争的焦点在于企业所拥有的知识资产的多寡，而知识资产的存在方式则远不同于有形资产，其中的一部分以显性知识即各种文件、资料或图表等形式存在，更多的则是以隐性知识即"只可意会，不可言传"的经验或直觉存在于所有员工的脑海里。

身处运营一线的中基层员工拥有大量的关于产品、客户、流程和质量的隐性知识，但大都只能以经验或直觉即隐性知识存在，这些也是常规的管理监督手段很难进行有效控制的原因。合理化建议活动作为一种相对成熟的管理活动，在将基层员工的隐性知识显性化方面可以发挥积极作用。

过去很多企业对合理化建议活动的定位大都是将其作为管理民主化的一个环节，其象征意义大于实践意义，活动开展也很容易流于形式化，对实施过程缺乏科学的程序和配套支持手段设计，这充分反映了对知识管理价值的忽视。

原因之二，缺乏可操作的合理化建议管理机制。

具体表现在一些部门和管理人员满足于一般性的号召，宣传力度不大，活动目的不明确，阶段性较强，热一阵冷一阵，没有多想办法去引导员工积极参与。但问题是，在现有的管理架构下，即便企业有志于通过合理化建议活动来聚集员工智力，其结果也很可能事与愿违，红火一阵后归于沉寂的可能很大。理由很简单，作为一种本应纳入基本管理流程的常规管理手段，企业还需要建立健全一整套与之相关的管理机制，在建议如何递交、建议质量如何甄别、建议如何采纳以及员工如何参与等方面都必须有可操作的详细制度，最关键的是管理人员作为活动的推动者该如何开展工作又如何评价其工作质量。

一线案例

"合理化建议"活动不了了之

某饭店餐饮部曾经在老总的倡议下轰轰烈烈地开展过一阵合理化建议活动，管理人员定期下到基层召开员工"献智会议"，员工通道和行政楼里设置了很多"合理化建议箱"，企业还专门出台了一套奖励制度，并且示范性地重奖了几名提出好建议的员工。

员工们的积极性一下子被激发出来了，各类大小建议如潮水一般涌来，管理者们看得头皮直发麻。为什么呢？很简单，这些建议所反映的都是经营管理中的一些具体问题，多不胜数，你若是全部采纳，管理制度就得天天修改，你若是不采纳，员工们马上会集体噤声。由于对一系列环节的事先考虑不周，这场声势浩大的合理化建议活动渐渐地陷入了形式主义的窠臼，最终又成了一个不了了之的改革失败案例。

原因之三，合理化建议的转化成功率太低，缺乏内在激励。

这可能是导致员工们率先退出合理化建议改革的关键原因，很多企业将物质激励作为吸引员工"开金口"的筹码，其实是没有看到知识管理的实质。员工们尽管有一定的物质需求，但能真正激励他们严肃思考管理问题和企业发展的还是工作内容本身，源自工作内容的激励才是最强大的内在动力。

合理化建议到底能有多少可以转化为管理行为和具体决策，这不是一个比例或者决心的问题，它取决于建议本身的质量和企业本身的资源基础。有很多建议从长期来说是有价值的，但可能不适宜马上采用；还有些建议确实不错，但采纳的同时应该周密部署，毕竟任何实质性的改革都伴随着高度的不确定性……既不能因为有了建议就必须马上动手整改，也不能将建议束之高阁，来个"虚心接受，相机而变"，个中的度与分寸还需要好好把握，而这些我们必须依靠健全的知识管理机制来整体把关。

原因之四，中基层员工对合理化建议的质量要求理解不到位。

表现在有些时候为把合理化建议活动造得声势浩大，人为规定指标，按员工总数下达任务，要求必须完成多少条建议，而对建议的质量不能严格要求。这种不科学的，违反实事求是原则的做法，导致大家只重数量，不求质量，实质上就是形式主义，到头来只能使活动流于形式，不能发挥作用。

造成建议质量不高的另一原因是员工业务、技术素质较低，对企业生产经营了解不多，认识不深，因而也难以提出高质量的合理化建议。但我们应该意识到员工们"只见树木，不见森林"是与他们所处位置高度相关的，指望中基层员工们在看到问题的同时能提出全局性的解决方案这本身就是不现实的。我们应该将员工建议本身只看作是一个管理整改的信息源点，从建议出发，开始对一个方面甚至一个系列的管理问题进行全面诊断，建议只是这一系列整改活动的一个导火索而已。

三、合理化建议，到底该怎么操作

以餐饮企业为例，我们来谈谈合理化建议活动的具体操作问题。很关键的一个改变是，我们不再将合理化建议本身当作一个激励员工或者管理民主化的姿态象征，而是将其作为在餐饮行业推行知识管理的一个崭新的尝试。

(1)建立健全在企业内部开展“合理化建议活动”的制度体系，将其纳入各级管理人员的日常基本工作流程而不是突击性的临时活动，并建立相应的绩效考核机制来避免“形式主义”的倾向。

在餐饮企业内部，一般应由总经理即一把手来亲自主导这项工作，这是由知识管理的重大意义和特殊性质所决定的。企业可以在修订各级管理人员包括各级经理、主管与领班的日常工作流程时将其纳入，如明确每周二下午为班组合理化建议会议，定期反馈一些建议的采纳与实施进展，并对员工们如何设计改进方案、规范建议书格式以及思考方向等进行引导，代表管理高层对员工们进行相应的物质奖励或口头嘉奖等等。

从建议的实施角度来说，各级管理者本身可能就是潜在的改革反对者，因为任何一条建议可能都意味着他必须做出一定改变甚至会损失一部分既得利益。为此我们应该建立相应的专门针对管理人员的专项考核措施，比如将部门或班组的合理化建议上报数量及采纳数量作为对管理人员工作业绩的重要考核指标，甚至可以限定底线，即当建议数量和质量都不达标时管理人员将可能面临“乌纱帽”被摘的风险。

(2)规范合理化建议的申报格式、程序，限定对上报建议的评审、决策和处理答复时间，同时也应对员工如何规范清晰地表达其建议以及尽可能结合企业与市场实际考虑建议的可行性与完整性进行有针对性的培训。

真正决定合理化建议活动能否长期坚持的关键不是在于制度多么复杂，也不在于投入多少资金，而在于建议本身的质量水平如何，能否及时完整地转化为企业的竞争力。很多中基层员工由于自身文化素质以及表达能力的局限，普遍缺乏以系统规范的语言及文本来叙述合理化建议的习惯，很多时候想法很好，而一旦说出来就词不达意、前后矛盾。此时管理者不应批评指责，而必须想办法帮助基层员工解决这些问题。可行的办法之一就是制作专门的建议申报表，上面设计有一些栏目以系统整理员工的思路，如建议类别是属于管理漏洞还是经营创新、建议所涉及的具体部门岗位及流程环节、建议的基本内容和闪光点以及建议方法的实施要点和构想等。员工按照表格上的栏目逐行填写的过程实际上就是系统整理自己思路并修补漏洞的过程。

建议经过慎重的制作提交后，各级部门和管理者必须按照程序进行评审、斟酌和答复，客观地说，这是一个枯燥而又充满矛盾的过程。在管理者的眼中，大部分建议都是不切实际的空想，即便有些借鉴价值，但实施起来难度太大，因此评审结果普遍过于苛刻。斟酌和答复过程则更有可能滋生官僚主义，必须有针对性地限定处理和答复时间，并且所有建议最终都必须汇总到总经理信箱中，任何管理人员不得自行扣压和修改。

(3)定期公开合理化建议活动申报、评审、意见采纳及跟踪实施情况，建议内容和基本要点也应在适当范围内公开讨论，对于重大建议应该有总经理亲自过问其实施进展，形成对合理化建议成果转化的外部监督机制。

如果将合理化建议活动的相关管理工作限定在一个少数管理者完全掌控的小圈子里的话，合理化建议势必会收效甚微。要想尽可能地采集广大员工的智慧和隐性知识，就必须做到信息公开透明，让所有参与者都能第一时间得知事情进展情况，并了解整个企业的合理化建议活动的开展规模，也只有接受了这种全员监督才能较好地避免因为个别管理人员的惰性或官僚主义导致活动失败的可能性。

一线案例

"合理化建议"公示制度

某餐厅在员工通道悬挂了一块巨大的合理化建议活动公示牌，上面按部门开列了合理化建议在各个时期(一周或是一月)的申报、评审和采纳情况，并对一些已经被采纳的重大建议的实施进度进行详细说明，对各个部门参与提建议的人数、重大建议提出者的名字和嘉奖名单定期公布，对一些消极对待合理化建议活动的部门和班组提出公开点名批评。

此外，每周各部门班组都必须召开一次专题会议，员工们必须按照固定的格式要求公开宣读自己的建议，管理高层根据会议情况和建议内容组织公开讨论。与此同时，所有这些信息都将在企业自办的内部报纸上以更详细的方式进行公布。

(4)充分运用现代信息技术手段，有条件的餐饮企业还可以借助内部局域网来深化合理化建议活动，通过相应的交互式信息手段，推动员工们更频繁地提建议或者就总经理布置的专门问题进行全员讨论。

一线案例

"合理化建议"BBS 讨论系统

在一家四星级饭店里，总经理授意技术人员开发了一个内部 BBS 讨论系统，各个部门的骨干员工可以随时打开饭店内部的局域网，点击进入专门的合理化建议页面，按照规定格式填写自己的合理化建议，并指定建议回复部门，信息一经发出，总经理和相关部门负责人就会看到并立即签署已经收到。

此时系统会自动列表，将各部门需按时答复的建议按时间排序，总经理可以凭借信息浏览权限对各部门经理进行即时监督，并观察到所有建议从申报到答复的全过程，而建议提出者也可以跟踪自己提出建议的被处理情况。

系统还可以逐日统计整个饭店的合理化建议活动进展情况，并在首页予以公布。尤其有意思的是，总经理还可以在首页上直接发布批令和指示，所有员工也可以直接看到还有哪些部门的哪些建议没有及时处理。这样一来就形成了一个全员监督的机制，有力地保障了合理化建议活动的有序开展。

(5)不同建议的权重即对企业经营管理的影响是不一样的，企业应该按照建议内容、质量、紧迫性程度和操作难度等指标对建议进行分类，然后针对不同类别的建议采取不同的对策，并考虑由建议的提出者适度跟踪监督建议的执行进度。

以重大建议为例。一般只有对企业产品结构或营销策略进行调整、对管理流程进行显著变更或对绩效考核技术进行重大修改的建议才能称得上重大建议。此类建议一经提出，总经理就必须组织相关部门主要管理人员进行详细调研，并纳入企业重大决策系列中。企业除了需要公开表彰和答复建议提出者外，还必须在适当范围内的组织公开讨论，并提出可供选择的多套解决方案供决策。

延伸阅读

隐性知识决定餐饮企业命运

近些年，餐饮业的薪资水平大有两极分化的势头，一方面基层服务人员的工资不升反降，即便是不怎么降，也不会比当地的最低工资标准高出多少，而另一方面餐厅经理和高级厨师们的工资在相互哄抬下一路飙升，甚至已经远远超出其真实价值水平。

其实，这也是“意料之外，情理之中”的事情，因为在餐饮这个高度倚重实践经验的行业里，骨干员工们的隐性知识对于企业的命运可谓是举足轻重。我们很少能将一个餐厅的成功秘诀用十分清晰的书面语言描述清楚，即便有这样的书籍如麦当劳、肯德基成功故事等，我们也无法将其复制，甚至有些企业如白天鹅宾馆、华天大酒店等将其全部的企业制度公开整理出版，业内人士随时可以购买，也没有人能步其后尘。

成功秘诀无法复制的原因很简单，那就是隐性知识，即那些已经深深嵌入企业所有员工心目中的“只可意会、不可言传”的企业特有知识在起作用。你可以称呼这种类别的知识为企业文化，也可以冠之以“核心竞争力”的名号，但就其理论本质而言，它就是一种结构性的知识，一种无法复制、剽窃甚至无法模仿的知识。

这种提法是否有些言过其实？不然，比如某些身怀绝技的手工艺人，他们就无法将自己的独门手艺写成文字，甚至用嘴都说不出个所以然，而只能一遍遍地给徒弟示范，到了关键处，还得放慢动作，手把手地给徒弟把动作细微之处完全展现出来。

管理过程中的这种隐性知识比之手工艺人有过之而无不及，很多决策就是凭着直觉快速做出，很多想法还未成文就已经动手操作了起来，更多的事情是经理们做完了也说不清为什么要做和怎么做好的。

如果放在过去，我们也许该就此作罢，既然说不明白，那就稀里糊涂地做下去吧。于是有经验的经理厨师就行情看涨，竞争越激烈，他们身上那些隐性知识就越值钱。但到了今天，当我们在知识管理领域里取得了巨大突破，对人类知识尤其是隐性知识不再无能为力时，这种撞大运时的经验管理势必会要被更有成功率保证的科学管理所取代。

合理化建议活动，如果不再理解为管理民主化的作秀，而用现代信息技术支持下的知识管理理念来予以操作的话，当真会为我们带来前所未有的绩效。

第五节　产品的持续研发和渐进式创新

产品创新是餐饮企业的生命线。但就大多数企业的研发实力而言，大规模的创新投入不太现实，企业的研发热情很容易被蜂拥而上的简单模仿、挖墙脚竞争以及盲目跟风逐渐磨灭，经营者们会时不时地陷入自主研发还是模仿他人的迷茫之中。餐饮产品本身相对较低的技术门槛决定了我们不能过分地依赖于产品工艺或原材料的独特性，而必须走“人无我有、人有我新、常换常新”的持续研发路子，也就是说不追求某些拳头产品的长久优势，但加快产品更新节奏，靠不断推陈出新的产品持续冲击市场。

一、餐饮企业的产品创新核心流程

现时大多数饭店的内部流程基本可以归纳为两大类，即内部运营管理流程和客户管理流程。所谓内部运营流程涵盖了我们几乎所有的工作流程和服务流程，其最终成果就是我们的产品，可以说绝大多数饭店对核心流程都相当重视。而客户管理流程也很容易理解，那就是在产品推出后，怎样不断地吸引新客户、留住老客户，也就是我们通常所说的市场营销工作，这是我们越来越重视但也一直感觉不如内部运营流程那么好衡量、好评价和好管理的重要流程。

但越来越多的研究者们却认为，企业光有这两大基本流程远远不够。平衡计分卡方法的创始人 R. 卡普兰教授和 D. 诺顿博士就主张，企业还应该有一个关键流程即创新流程，他们的主张可以用下面的图来简单表达：

管理经典

企业三大关键管理流程

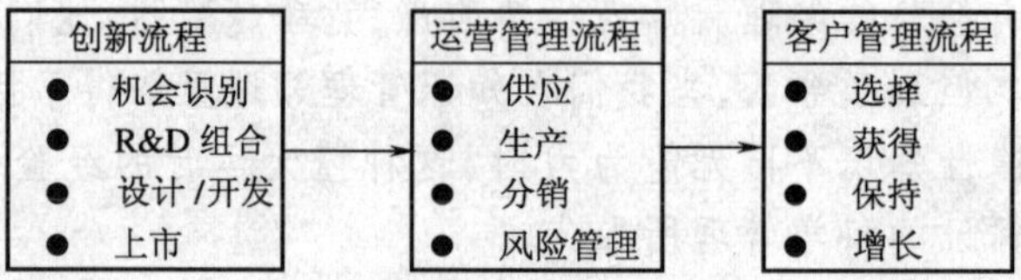

若考察饭店餐饮产品现状，我们不难发现，现时大多数饭店的注意力基本集中于后两个流程，产品细节完善其实也只是包含在运营管理流程中。为什么这么说呢？因为真正意义上的创新流程不是简单改善产品和增加几个创意，而是必须从“机会识别”开始，即从对客户的消费行为调查开始，实实在在地了解客户的真实消费意图，再从中识别出可以利用的机会，这与我们习惯的“拍脑袋出点子”是有本质的区别的。识别出可以利用的机会后，再考虑自身的技术储备（R&D），将自己的技术资源进行多种组合，抓住机会，适时推出新产品，然后才开始进入具体的新产品定型阶段。值得注意的是，这样创新流程是摆在运营管理和客户管理流程之前的，也就是说产品的持续开发本身就是企业的基本流程（创新—运营—客户）的一部分，而不是偶尔为之的“应急之策”，更非灵光一闪的“神来之笔”。

一线案例

“谢师宴”、“升学宴”遭遇寒流

一年一度的高考刚刚落下帷幕，A 城的饭店业便紧锣密鼓地开始张罗起“升学宴”和“谢师宴”业务来，要知道往年每到七八月“谢师宴”的订单之多足以让全城大小酒店赚个盆满钵满了，相信今年也不例外。

最早开办“谢师宴”业务的宏城大酒店2006年由总经理亲自挂帅，早早地便成立了专门的项目指挥小组，并精心策划了多个档次的“升学宴”和“谢师宴”产品，宴席均价从580至2180元不等。菜品也大都重新命名，如桃李芬芳、师恩难忘等。此外酒店还将配套提供摄影、鲜花礼仪以及请柬代送等服务。

然而，在近10万名学子赶考的A城，“谢师宴”业务却出乎意料地遭遇了一场寒流，不但没有出现意料之中的火暴场面，而且无论是学生家长还是教师们都不约而同地表达了对“谢师宴”、“升学宴”之类产品的厌倦。

学生家长们普遍认为，办“谢师宴”让人觉得庸俗，还不如给老师们选一个比较有意义的礼物，更何况回报师恩还需要孩子们日后细水长流地与老师们交往，而不是吃一餐饭喝一顿酒那么简单。

教师们的观点就更加明朗，他们其实早就腻味了每年暑假硬着头皮到处去赶场，在他们看来，教书育人是分内职责，学生要回报师恩其实也很容易，只要自己好好努力，日后能有所成就，逢年过节地能记得问候一声，远远胜过那些形式重于内容的大吃大喝。

实践速描

“谢师宴”的替代创新产品

以“谢师宴”为例，我们可以识别出什么样的机会呢？

假设记者的报道采访结论就是我们的消费者行为调查结论（当然，实践中我们需要更详细的数据和资料），那么我们可以发现，最终消费者教师们已经厌倦了公式化的“大吃大喝”模式，既有浪费铺张之嫌疑，又落入不断敬酒举杯的俗套，但这是否意味着“谢师宴”就难以为继了呢？非也，我们需要做的就是重新设计一款不落俗套，也不至于大吃大喝的新产品。

比如说，我们可以用“某某学校某某班答谢酒会”的形式来迎合新的消费倾向。某个班级的部分学生或者某个单位的升学子弟可以联合出资来举办这样的酒会或自助餐会，再按照一定的比例分摊酒会费用。这样的话老师们一来可以一次满足多位学生及家长的盛情，二来这种集体宴请本身更能体现“尊师重教”的主题，教师们是不会拒绝的。

至于这样一来，饭店会不会少了很多业务（从总量上来说），倒也不尽然，毕竟“谢师宴”本身是个有严格时段限制的产品，单独宴请模式下业务本身分流也比较严重，以集体答谢酒会的方式饭店同样有利可图，而且市场份额相对更为集中。

当然,这只是针对消费者行为倾向变化的一种调整应对方式,酒会如何策划,饭店与客户如何沟通,过程如何组织,如何升华酒会主题等等还需要更多的投入和精心策划。

二、餐饮产品的突破式创新和渐进式创新

如果将"谢师宴"产品的首度问世称为相对于过去餐饮产品体系的突破式创新的话,那么接下来我们对于"谢师宴"的具体包装、策划和细节设计就是一种相对平稳的渐进式创新。两者尽管有着不同的市场冲击力,但仅从最终收益来看的话,渐进式创新的风险更小、成本更低,操作起来难度也要小很多,是一种非常适合有一定技术实力的餐饮企业的战术选择。

打个比方,我们所熟知的电子产品VCD最早是由江苏燕舞电子厂发明出来的。从后来VCD产品的市场热销程度来看,我们必须承认这是一个完全适应市场消费趋势的突破式创新,它解决了传统卡带式录像机的高成本和质量不稳定等缺点,很大程度上影响了家庭影音娱乐方式。但遗憾的是燕舞本身作为发明者却没有从中收获巨额利润,真正在VCD市场上赚了钱的是其他后来居上的企业。这些"后发制人"的企业在工艺、功能、外观以及易用性等各方面一丁一点地改进VCD产品,不断推出新型号,从而引发了市场一拨又一拨的跟风潮流。这一事例足以证明"渐进式创新"比"突破式创新"更容易转化成现金流。

实践速描

内地城市的早茶业态演进

改革开放之初,一些内陆城市饭店率先将粤式早茶引入到当地,这本身就是一种突破式创新,那么在接下来的市场竞争中,要想再推出比粤式早茶更系统更经典的早茶品种就非常困难了。

此时竞争者们最好的办法就是在同样引进粤式早茶的同时,对其进行一些细节性的改变,比如适当增加一些本地口味的早餐品种,或者像漳州大酒店将早茶与新闻播报等互动活动相结合或者扩大自助品种展台等等。这些改进的成本不高,效果却很显著。

从经营者的角度来看,突破式创新比较容易受到重视,在竞争对手步步紧逼的情况下,谁都希望自己能有一些重磅级的秘密武器,最好能一出手就完全压制住对手让其连反抗的机会都没有。但这些想法大部分是不现实的,且不论餐饮市场里到底有没有这样的不可模仿的创新品种,单就这种创新本身的成功率和投入成本来说,就不是一般企业所能承受的。

相比之下，渐进式创新尽管威力巨大、现实可行，但也可能被人们忽视，因为这需要经营者有极大的耐性，能很细致地去做一些改进工作，并且这样的改进必须天天做，时时做，不停地微调，不停地检验，不管是已经有销路还是暂时没有打开市场的产品，都不能指望有“一劳永逸”的时候，或者说，渐进式创新考验的不是经营者的智商，而是他们的情商。

延伸阅读

只有百年企业，没有百年产品

只有百年企业，没有百年产品。这句话一旦说出口，注定是要挨批判的，因为人们会说全聚德的烤鸭或者东来顺的涮羊肉算不算百年产品呢？所以必须赶紧再加上一句注释，没有百年不变还能永恒经典的产品。

即便是这么说了，人们还是会质疑，那可口可乐就是百年不变而且一旦变了消费者立马就投反对票啊，于是还得再做一次说明，这里说的产品，它除了产品本身还包括产品的延伸部分，比如对产品的包装、文化定位、宣传策略以及其他一些细节，或者说，产品是一个完整意义上的“大产品”概念，正因为它大，包含的范围广，所以可创新的空间也就大了很多。

不可否认，几乎所有餐饮企业都有自己的“招牌系列”产品，但问题是这些到底是厨师们的招牌产品还是餐厅的招牌产品，如果只是前者的话，那么留给经营者头疼的问题一定不少。怎么去哄着这帮既掌勺又掌握着餐厅命运的大师傅们可能比什么都重要。在经理与大厨们之间的重复博弈也就决定了突破式的创新是“可遇不可求”，除非经理自己就是名厨背景出身，手下这帮厨师只是干活而不是出主意的人。如果是后者的话，也就是说换他几班厨师也没有什么大关系的话，那么经营者的日子当然是好过多了，但也不能算得上是“高枕无忧”，因为这些产品已经成了餐厅最重要的无形资产，不是说变就能变的东西了。万一哪天消费者们嘴吃厌了，不认这块老招牌了，麻烦就大了。所以即便是手头有这样的招牌武器，也绝不能一味地吃老本，必须要对它进行日积月累的修补和改进，用渐进式的创新来确保招牌产品能有“多年如一日”的吸引力。

餐饮业已经进入一个日新月异的竞争时代，如果有一个企业产品吸引力排行榜的话，我们一定会发现，这个榜单的变化之快令人瞠目结舌。我们要想让自己的企业能长时间地停留在这个榜的前列的话，唯一的选择就是不间断地进行产品开发，用渐进的产品创新来争取挑剔的顾客的“选票”。

第六节 企业级的小型美食节策划和市场推广

通过举办企业级的小型美食节来聚集人气和推广新品，逐步树立餐厅的品牌形象，已经成为越来越多的餐饮企业的选择。但美食节到底该如何筹备，现场如何布局，外围如何推广，新品如何策划以及人员如何组织等都需要我们认真研究、精心准备，因为美食节就像一场大阅兵，将餐厅的所有优点缺点都全面展示了出来，企业到底将收获掌声还是嘘声还是一个未知数。不过，眼下更迫切的问题是“挂羊头卖狗肉”，很多餐厅的美食节都是有名无实，只不过是将美食节作为宣传和炒作的噱头而已。

一、“美食节”到底是一张什么牌

穿行在城市的大街小巷，时不时地总能看到一些餐厅酒楼张灯结彩，门口或横或竖地张挂着一个显眼的大条幅“××美食节隆重开幕”。近年来，不只是一些专业协会出面组织各式各样的美食节，餐饮企业也开始自己独立举办小规模的美食节，自主办节已经渐成行业新风气，但质量却下滑得很厉害，很少再有企业花费很长时间和很多精力去精心筹备。如果说以前是用一个月的时间筹备一周左右的美食节，那么现在就是用一周时间去筹备一个月的美食节，效果如何就不难想象了。于是乎，很多经理们感慨，看来这“美食节”也不是什么好点子。

如果只是将“美食节”当作一个招徕顾客的噱头或幌子的话，这的确算不上什么好点子，甚至会让顾客和对手们从此看低餐厅的技术实力，“瞧瞧，他们连看家的本事都拿出来了，也就这水平”。但如果能将“美食节”看作是对自己实力的全面检阅，看作是对自己创新作品的集中展示的话，效果一定不会差到哪里去。两相比较之下，决定美食节效益的不是美食节这个创意本身的优劣，而是企业对待美食节的态度。

有一位餐厅经理非常热衷于“办节”，尽管没什么效果，但却是“屡败屡战”。用他的话来说，反正“就是挂几个横幅，换一两张菜单，找一个给顾客打折的借口，收益不明显，但成本也不高，两相抵消，不办白不办”。

问题是，既然明明知道按照这样的思路，“办了也白办”，那么为什么不改变策略，认认真真地好生筹备，“厚积而薄发”呢？经理们的回答有点出人意料，真正意义上的企业级美食节到底是怎么回事？到底该如何筹备？该如何推广？这些问题似乎都是一头雾水，好端端的一张牌就是不知道该怎么出，原本是非常重要的营销手段最后演变成了简单的噱头。

看来，我们是真的有必要深入探讨一下企业举办美食节的一些基本问题了。

二、"美食节"到底该向顾客展示什么

孔雀开屏，一定会选在自己状态最好、情绪最饱满的时候，展示出来的也一定是自己最光彩夺目的一面。同理，美食节也是一个餐厅向顾客们展示自己全部家底的时候。

一个餐厅的厨师实力如何、服务水平怎样以及各个部门各道环节之间的配合是否默契，这些都会直接影响到顾客的最终评价和消费感受。不管经理们愿意与否，美食节期间顾客们的眼光都比平日更挑剔，要求也要高出一大截，因此可以说，一个失败的美食节可能比不办美食节的效果更糟糕。道理很简单，在顾客的心目中，美食节就是对餐厅的一次大考，餐厅此时应该拿出的都是自己的最高水平。

美食节首先应该向顾客展示的是餐厅近期的创新成果。

顾客们会仔细地审视餐厅菜单，看看与平时相比，到底有哪些新品种；与其他餐厅相比，到底增添了哪些特色和亮点。这对于很多餐厅来说不是一件轻松的事，因为真正能征服顾客的创新菜品本身就是非常难得，即便只是一两道菜品想要让顾客们心服口服都不太容易，更何况一口气推出若干个系列的新菜品。

这些菜品的口感到底如何，质量能否稳定，服务员的讲解是否准确，都需要较长时间来反复推敲和不断磨合，集中在美食节期间一次性地全盘推出，无论是对餐厅的技术实力还是组织协调能力都是巨大的挑战。

美食节给顾客印象很深的还有员工的精神面貌和服务素质。

顾客们会认真观察员工们的服务是否比平时更加主动，服务动作是否更加熟练，服务用语是否更加到位，表情和语言是否更加亲切。

很多餐厅之所以举办美食节，动机很有可能是想力挽狂澜，扭转之前比较被动的竞争局面。但此时潜在的隐患很可能是员工们在连续的经营低潮面前显得信心不足或积极性不高，陡然之间增大服务强度和拔高服务标准，员工们一时间很难完全适应，尤其是很多餐厅的美食节动辄就拉上几周甚至一两个月，员工的表现能否有重大改观实在是难以预测。一家餐厅举办美食节员工的服务质量却不断下降，问及原因，他们都说实在是太累了，一下子比平时多了很多活，而且临时取消了休假，主管每天都给他们不停地安排培训，他们都在一心一意地盼望着这个该死的美食节能早点结束——当员工有了这样的思想苗头后，这个美食节还能走多远呢？

美食节对餐厅最大的考验还是在于餐厅各部门各工种之间的组织协调水平如何。

很多餐厅平时就存在一些部门间沟通不畅的问题，经常需要经理出面协调

才能勉强维持运转,美食节工作强度陡然增大、部门沟通越发频繁,这些原本尚能维持或遮掩的小问题就都被放大了,一不小心就酿成了顾客眼中的重大事故。

比如,由于餐厅的厨房平时习惯于缺啥要啥,申购时没有提前量和计划性,采购员经常是才从市场返回马上又得下市场,对厨房一直抱怨不断。这在平时业务量少还不太要紧,经理会强行要求采购员多辛苦一些,但到了美食节期间,采购员实在是无法继续承受,因为不只是厨房,几乎所有部门的临时采购单都会雪花般地飞来,在申购环节上长期存在的流程不合理的问题在最需要采购员满负荷工作时终于爆发了。

美食节对于餐厅的市场推广能力同样是个重大的考验。

一般来说,顾客会以人气多少来判断餐厅的市场运作能力,同时也会根据人气多少来验证自己的选择是否正确。很多人都有"从众心理",当大家都趋之若鹜时,可能会很容易成为一种时尚,此时甚至餐厅还有一些不尽如人意的瑕疵也变得无关紧要。从餐厅的角度来说,营造这样的氛围本身也就是举办美食节的目的,但这里面有个非常重要的"因果关系"问题——到底是企业先有了足够的市场运作能力,才有了美食节顾客如云的壮观场景?还是因为举办了美食节,企业才获得前所未有的市场运作能力呢?对这个问题的不同理解,在实践中完全有可能导致截然相反的两种结果。

三、"美食节"到底该如何筹备

很多餐厅的美食节还没正式开锣就已经注定了无法达到预期的"一炮而红"的目的。单从其筹备过程来看,无论是菜品创新、服务培训、内部组织还是市场推广都远远没有达到应有的水准,仓促出手很可能得不偿失。近年来,这样的例子在业界实在是多不胜举,直至最后"美食节"在很多企业被演绎成了纯粹的营销噱头。

美食节的筹备是一个多部门配合的系统工程,它需要企业以比平时更高的效率和质量标准来安排工作任务,绝非出几个新菜和挂几个横幅那么简单。更进一步地说,企业需要在一定程度上打破原有的组织结构,以更适合创新的矩阵结构模式来适应这些临时任务,并在整个筹备和举办过程中实施严格的项目管理制度。

在做决策之前,我们需要对市场行情和自身实力做一个全面科学的评估,从而明确应该从哪些地方入手去捕捉市场的兴奋点。

实践速描

办节之前先考察

在一些内地城市,有远见的经理们会经常放下手头繁杂的工作,带着几个业务骨干前往广州、深圳、上海或武汉这些餐饮业竞争很激烈的城市，系统考察一下当前业界的流行趋势。

比如出现了什么新的经营手法如海港集团的王子厨房，或者新近开始流行什么新鲜吃法和新创品种，而且几乎每次出门老板们都会备足资金，一旦觉得可以借鉴引进，自己有能力仿制的话，马上就会采取措施，作出相关部署。

真正困难的环节是在产品试验和口感调试上，因为有时即便非常准确地捕捉到了市场的潜在热点，真正实现起来难度仍然很大，最大的障碍就是技术力量可能存在不足，很多仿制的菜品徒有其表，但口味却总是有所不及。

业界很多人都认为这些菜品之所以能轰动市场，可能是在用料和配方上有什么独到之处是别人难以模仿的，而这一点恰恰不是最关键的问题。只要能有效地解决好原材料的质量和来源，给有经验的厨师们足够的信任和时间，不但有可能复制出同样的菜品，而且完全可以根据本地口味进行有价值的创新和改良，所以关键是我们有没有这样的一个实验机制，能不能给厨师们研究这些流行菜式提供条件和时间，能不能让厨师们真正有竭尽全力去钻研这些菜式的动力和干劲。

如果菜品问题能得到完满解决，那么美食节的把握就多了好几成，但此时还有一个非常重要的问题急需解决，那就是在美食节期间各部门之间的协调配合。

我们必须意识到，在这种特殊时候，传统的“各负其责、各司其职”的科层式组织结构很可能不适合信息沟通和即时决策的要求。

比如说，一些全新的菜肴品种怎么定价，很可能不是经理召开会议就能决定的，这必须要由厨师提供标准菜谱，采购员提供材料价格行情，会计核算损耗率和原始成本，营销员了解市场同类产品的销路和价格后才能大致确定售价，而且只有这些不同专业的技术人员间紧密合作才能准确测算出来。

在平时，如果没有经理从中协调，要想让这些部门的员工能同步合作是相当困难的，但在美食节期间这又成为一个必须实现的先决条件，我们绝对不能事事都留待经理来最后开会解决，很多瞬间出现的问题必须在瞬间就给予解决。

为此，我们可以成立一个专门的美食节工作小组，由上述一些部门抽调业务骨干组成。小组可以由经理或者副手亲自挂帅，但这个机构并非常设机构，美食节活动结束后各回各位。这样的横向联系的小组可以大量节省不同部门之间的信息传递量，一个原来可能需要花费几天才能拍板的事情现在可能一个小时不到就可以完成，这就是时下在高新技术行业中非常流行的项目管理模式，也非常适合用于美食节的筹备和现场管理。

采用项目管理模式还有一个好处，那就是筹备工作的计划性、条理性以及处理问题的及时灵敏性比较过去有了质的飞跃。跨部门和跨工种之间的横向合作使得很多原来相当烦琐的程序能在一个办公室里就全部完成，而原来最让经理们头疼的部门间合作的进度控制现在也简单了，因为所有骨干们在同一个办公室里工作，面对的是同一份进度表，任何人都无法再用所谓的“部门情况特殊”作为理由来解释自己的拖沓了。

在市场、产品和管理问题都得到较为妥善的解决后，还应该关注一下美食节的市场推广，如果不能让更多的人得知有关美食节的信息并产生“跃跃欲试”的冲动的话，那么所有的努力就可能都白费了。

很多餐饮企业在营销推广上是舍得下本钱的，铺天盖地的广告到处轰炸消费者的视野，但到头来效果却未必很好，一些媒体的朋友经常抱怨说餐饮业的广告单子不好接，因为经常是广告没达到预期目标，餐厅便在支付广告费时要起了赖皮，开始用所谓的“消费款”抵广告费。

之所以出现这种情况，与餐饮业惯常的粗放式推广模式有很大关系。这些价值不菲的广告打出去后到底是什么人在看，看了后又会有多少消费冲动，这些问题很多经理们都没有进行客观的数据分析，而只是随大流跟着对手一起做广告或者抱着“不妨一试”的心态。事实上，美食节的推广完全不必如此大费周章，即便是需要在传统媒体上做广告，也应该讲究广告效益，确保广告经费用的是地方。

一线案例

“美食节”的推广费用到底花到了谁身上

美食节的目标对象大体可以分为三类，老顾客、附近待开发的新顾客以及可能会对餐厅所倡导的时尚感兴趣的潜在顾客。这三类顾客与餐厅的亲疏关系不一，餐厅采用的推广方法也肯定会有所区别。

对于以前在本店消费过而且留有消费记录的顾客，美食节应该予以高度重视。不只是因为餐厅80%以上的业务都是来自自己常客名单中的20%，而且还因为这些老顾客可能因为多种原因正在慢慢地与我们疏远，举办美食节的首要目标就是要重新请回这些原本就有一定忠诚度的老顾客。

由于这些顾客大都留有消费记录和联系方式，因此无须太多广告，只需要按照顾客资料库里的联系方式，派人主动上门或电话邀请，并设计适当的答谢方式，这些客人的回归还是很有把握的，这在整个推广中投入最小，而收益却可能是最大的。

对于附近待开发的新顾客，因为有地缘优势，他们比较容易被转化为老顾客，而且也很容易注意到餐厅的新动态。

方法除了在餐厅外围设置显眼的横幅以及灯箱广告外，还可以抓紧对周边市场进行地毯式推销。如果附近以居民为主，可以通过居委会对客户进行全面渗透。如果附近有很多机关单位,则重点进攻这些单位有消费签单权的管理人员。而如果附近是商业区,则可以通过深入了解在这些商圈里的一些非正式组织如业主同乡会来建立新的营销网络。美食节对于餐厅来说,是一个绝佳的建立营销网络的契机,但前提是对这些网络的社会结构必须要摸得清清楚楚。

此时,餐厅主要是依靠产品特色或所倡导的新营销理念来吸引这些潜在顾客,这样的工作本身就有很大的不确定性,而且也只能依靠媒体广告来进行。但近年来,很多消费者因为各自的兴趣爱好组成了一些民间团体如车友会、摄影迷会或者美食俱乐部等,他们人数众多,且主要通过网络形式进行联系。如果能将其与相应的主题美食节联系起来,可能会收到意想不到的推广效果。

延伸阅读

企业办美食节,应该实至名归

最早认识美食节,是在一次大型的商品交易会上,当时由政府主管部门——商业局出面,组织了当地十多家大型的餐饮企业,联合推出了为时一个月的大型美食节,声势之浩大,顾客之踊跃,令我记忆犹新。据说当时为了办好这个美食节,当地商业局专门成立了一个领导班子,这些餐饮企业的老总几乎天天要向领导小组汇报筹备进程,期间还举办了一系列的研讨会和员工技能大赛,当地媒体更是连篇累牍地持续跟踪报道,那阵势就连很多前来参加商品交易会的客商都惊叹不已。

这之后,美食节就渐次多了起来,终至于有些泛滥成灾,大街小巷穿过,张灯结彩挂横幅的企业越来越多。正像老百姓们说的,这“节”多了就跟没有“节”时效果一样,不管企业如何宣传,老百姓们是越来越麻木,对美食节的兴趣也快要降至冰点了。企业花钱连吆喝也赚不来的一个很重要的原因就是现在的美食节大多已经沦为企业营销推广时的一个噱头,在没有练好“内功”时就仓促出手,随便学几道新菜,临时换换菜单,再挂上几条横幅几个灯箱,一个粗制滥造的美食节就出炉了。至于顾客是什么感受,说实话,筹办者们谁心里都没底。

经理们的想法出人意料地高度一致,那就是不管三七二十一,要在市场里制造点声音,有些动静总比一动不动的要好,反正花费不大,就算没有什么收益也无妨,毕竟曾经努力过了,足可以告慰投资者——我们已经尽力了。

其实,换个思路,就将美食节当作一台大戏来唱,当作对自身实力的一次大考,也当作磨合部门和员工间协作的一次演习,效果可能会好很多,最关键的是如果方法得当,一个好的美食节花费不会太大,甚至能有可观的盈余。

唱好这台戏的关键不在于所谓的点子和创意，也不是什么策划和人脉，而是准备时间是否充分，准备工作是否得当，或者说愿不愿意忍受“台下十年功”的煎熬去唱这“台上一分钟”的戏。

转换思路，还美食节以本来面目，让美食节即便是在企业层次上也能实至名归的话，我深信，企业将收获更多。

第六章

饭店餐饮营销管理创新

导 读

近乎白热化的竞争足以使所有星级饭店放下架子,并将大部分精力投入到市场推广和营销管理上来。但单纯从市场效果来看,饭店餐饮在应对社会餐饮的强势竞争时仍然处于下风,除了一些短期内难以解决的体制层面的因素外,在营销模式选择和营销体系的构建上也存在着很多值得改进的地方。

考虑到市场上关于餐饮业营销的论述已经汗牛充栋,本章并没有按照常规结构来一一论述一些基础性的营销知识。从节次编排上来看,还是关注那些已经被反复实践却收效甚微的营销环节。

本章第一节非常明确地指出饭店餐饮营销最关键的问题就是如何将企业已有的内在优势充分外在化。这个说法包含了两层基本意思,首先,企业得先练好"内功",通过各种组织管理和资源配置技巧来营造出自身难以替代的竞争优势,这些优势可以是烹饪或服务技术,也可以是品牌影响力或员工忠诚度;其次,企业应该苦练"外功",也就是千方百计将这些固有的优势直接嵌入到最终产品之中,这个环节也就是大家都非常关注的产品策划和市场推广。但很显然,后者必须以前者为基础和方向指导,先有"优势"然后再寻求"外在化"将成为构建营销体系和选择营销模式的重要准则。

在优势不太明显或者受制于饭店整体经营需要而无法在差异化即特色化道路上走得更远时,饭店还可以选择特定市场进行针对性营销,这也符合波特三大竞争战略之一的"目标集聚"战略。本章第二节侧重从市场细分和客户定位等方面探讨了饭店进行营销资源整合的问题,应该说这对于饭店餐饮经营者来说具有一定的现实意义。

从市场实践来看,在客户目标群体基本明确的情况下,如何进行

导读

精细化深耕和有效的深度开发是当前很多餐饮管理者所严重欠缺的基本功，尽管他们日复一日地在这些环节上花费了大量的时间和精力。本章第三节通过餐饮营销专家与餐厅经理的深度对话，形象地阐述了客户开发的概念，并进一步提出了若干具体的方法建议。当然，客户开发战略还可以有更多的研究角度，本章只是探讨了具体操作过程中的一些技术性细节。

作为客户开发战略的最主要工具，顾客资料库的建立和应用对于饭店餐饮营销有着不可替代的作用。本章第四节结合实践重点分析了为什么在餐饮企业中顾客资料库技术的应用没有达到预期的效果，这里面除了信息技术手段和员工服务意识等原因外，还包含了流程设计不合理和评价体系不科学等因素。比方说，在有大量关于顾客的消费记录后，如何能提高资料调用速度，如何能快速形成即时的服务方案，这就需要管理人员动动脑筋了。

本章最后一节将视线转向了很多现在并未成熟的新兴市场，比如在延伸阅读部分我们浓墨重彩地介绍了“集团饮食供应市场”。但值得注意的是，这些新兴市场本身并不是我们的关注重点，我们更关心的是如何规律性地去寻找并主动开发这些新兴市场。对于高度同质化的饭店餐饮业来说，谁能在一片崭新的市场上获得先机，谁就有可能成为真正的胜利者。本节在一定程度上借鉴了“蓝海战略”理论中关于价值创新的若干观点，结合餐饮业的市场实践来看，这些新的价值形式都有成为新的利润来源的巨大潜力。

第一节　饭店餐饮营销体系和营销模式

“酒香不怕巷子深”的时代已经过去，餐饮企业相互之间的特色差异正在不断被抹平，顾客们也终于“挑花了眼”。如何摸清对手和顾客底牌，扬长避短，将自己特有的内在优势淋漓尽致地展现出来，让整个市场都知道自己擅长什么，这才是真正的营销之道。成功的营销往往朴实无华，以小投入博大产出，是一连串包括竞争情报搜集、内外优劣分析及产品定型设计等若干环节在内的系统运作，而绝不是什么绝妙的点子或惊人的创意。

一、餐饮营销告别"点子大王"时代

营业一线的很多餐厅经理们在对餐饮营销的理解上总是或多或少地存在一些误区,他们似乎并未意识到餐饮营销其实是一个很庞大的系统工程。有很多不可缺少的基础工作如搜集信息、分析市场和设计产品都必须按照一定章法来操作。相比之下经理们更希望能得到一些所谓的"金点子"或"绝妙创意",希望这些主意能帮助他们迅速走出困境并给对手迎头一击。

营销学者从来就反对用"点子"救企业的荒唐思路,但现实中我们不难发现,经理们很少能有耐性去脚踏实地地建设自己的营销体系,人们都希望选择最省力气的做法,那些艰苦而又略显沉闷的基础工作没人愿意真正去尝试。

实践速描

餐饮营销真的需要"点子大王"吗

"点子制胜"其实是一种非常低级的营销观,应该说仅仅适应早些年大家营销意识都非常淡薄的时代。

那时的餐饮企业一律都是闷头干活,眼睛从不往市场里多看几眼,如果有一家餐厅能率先站出来,多做些广告,多弄些活动,多吸引些眼球,就势必会比竞争对手多些机会和胜算。"点子大王"也就是在那个时代一下子流行了起来,因为他们是第一批懂得要在市场里制造些声音的人。

但"点子大王"们的策划毕竟只是一些皮毛功夫,在对手们都没有觉醒时还能有些效果,而当竞争再往深处发展时,企业间比拼的就不是这些简单的皮毛功夫了,此时决定竞争胜负的是企业的"内功",也就是企业全方位的实力了。

其实这个道理并不深奥,谁的顾客资料库建得好,谁的营销网络在真正起作用,谁对对手的竞争动态进行了不间断的实时监控,谁的产品设计不是"拍脑袋"而是在大量客户数据资料的基础上形成的,谁就能比对手走得更远。

然而,时至今日,仍有很多同行们非常热衷于给餐饮企业出"点子"、出"创意",很多专业咨询公司也以此为营生之道,但企业如果能更理性一点地思考问题的话,就会主动降低对所谓"点子"的期望值。因为几句话就能说清楚的简单创意,谁都可以很轻易地得到,你与对手同时都想到了或者说听到了这些招数,那么指望"出奇制胜"的可能性就已经没有了,到头来就算这个"点子",真有价值,双方在同时拥有"点子"的情况下真正打起来的话,比的还是前面反复提及的那些"内功"。

不必再迷信什么"点子大王",餐饮营销从来就没有一蹴而就的灵丹妙药,任何成功的背后都是一系列的基础性工作在支撑，同样的创意用在不同的企业里就会有不同的效果。

二、餐饮营销的本质：内在优势外在化

在营销领域里经常会出现很多时髦的新鲜术语，如“弹性营销”、“二八定律”和“网络推广”等，让人应接不暇，真有“一不小心就落伍于时代”的感受。

事实上，营销作为餐饮企业经营管理过程中的一项基础性工作，是由许多常规职能组合在一起的一项综合性业务，外人看到的可能是最耀眼的一个亮点或侧面，但管理者会懂得真正的关键在幕后。

营销的本质就是“内在优势外在化”，这句话包含两层基本含义：

首先，餐饮企业必须拥有值得炫耀、值得宣传和值得反复利用的优势，这种优势实际上也就决定了企业接下来的竞争方式。

其次，当餐饮企业确认自己拥有相比对手而言较为明显的某种优势时，要以尽可能多、尽可能快和尽可能有效的方法将有关这个优势的信息传达给目标客户，并在客户心目中留下深刻印象。比方说，某餐厅在装饰布局上下了很大功夫，就餐环境非常舒适，那么光是自己和几个曾经来过的客人知道还不够，还必须想办法让更多人知道并产生“试一试”的欲望。怎么办呢？简单的方法就是图片和视频广告，让客人通过当地电视或其他媒体得知这一信息。高明一点的做法就是通过一些宣传室内装饰文化的专题栏目，报纸或者电视都可以，以装饰专业人士的口气来介绍点评餐厅在装饰上的独特之处，将那些精巧构思的内涵完整地表达出来，从而真正调动起顾客的兴趣。

简单说来，餐饮企业的营销工作分为两大基本步骤：第一，千方百计营造自己的优势项目；第二，千方百计地将自己的优势推广开来。

实践速描

餐饮企业怎样围绕自身优势构建营销战略

“知己知彼，方能百战百胜”。这里的“知己”除了指对自身的优劣长短非常了解外，还应该包括如何有效利用这些特有优势，将这些优势用好用足，最终直接转化为有竞争力的实际产品。

比如说，某餐厅的独特优势是资金实力雄厚，现金流丰富，可以在亏损的状态下支撑很长时间，那么餐厅可以发动大规模的成本战和价格战，如推出平价海鲜或是“一元基围虾”等项目；

如果餐厅的优势是厨师们擅长于某个类别的菜肴制作，那么可以举办相应的专题美食活动，如举办“美食节”；

如果餐厅的优势是员工相互配合默契,内部关系融洽,那么餐厅可以在服务质量上下足功夫,通过推行个性化和定制化服务来逐步提高顾客的忠诚度。

三、餐饮企业的竞争情报系统

那么,餐厅到底有没有优势?有的话,优势又主要体现在哪些环节呢?这个问题在整个营销过程中是个不能回避的关键,但能真正弄清楚的企业却不在多数,大部分的管理人员对于自身优势的认识都是凭印象、靠直觉甚至是想当然。

比如说,对于这些一线的经理们来说,他们的优势到底是什么?你能得到的回答无外乎地理位置好、老板人脉广、厨师水平高或者店堂环境一流等,但如果深入一层再问下去,你们的这些优势相对主要的直接竞争对手来说明显吗?恐怕很多人就说不太清楚了。

问题往往就出在这里,人们总结自身优势的时候通常是眼睛往里拐,只看自己的家底,但没有与市场与对手做进一步的比较。这些所谓的优势其实是经不起仔细推敲的,而如果围绕这些"优势"来做营销的话,很可能会泥牛入海,钱花了,广告打了,促销做了,却远没有达到预期效果,因为力气没有用在关键点上。

要想准确地辨识自身以及对手的优势和劣势,就必须建立起一个高效运转的竞争情报系统,对一些主要对手以及主要客户的一举一动都能及时作出反应。这样的信息系统其实一直都存在,比如在开会讨论餐厅工作时也经常会分析对手的近况,但必须指出的是,仅仅做到这一点还远远不够。

餐厅必须指定专门的人员负责搜集市场情报信息,并为主要的竞争对手和标杆企业建立相应的档案资料,所有搜集来的资料将第一时间被记录在对手企业的名头下,供高层管理者调阅。

在大量数据资料的帮助下,企业还可以将自己与对手之间建立一个"标杆对应评分表",将餐厅的竞争力因素具体分成若干个指标,并为自己和对手企业逐项进行打分比较,谁优谁劣,强在哪里又弱在哪里,一看就知道了。

当然,这些指标项目的设置合不合理,项目评分准不准确,对手资料详细与否,那是由各企业自己的努力程度和重视程度决定的。至于说这样的标杆比较有没有意义,这个问题应该很好回答,"知己知彼,百战不殆"就是最好的阐释了。

具体一点来说,这个竞争情报系统尽管看上去是个好东西,但在实践中该怎么操作呢?很多经理都问过同样的问题,而且每个人对情报系统所应该包含的内容都有明显不同的理解。

实战经典

某餐厅的竞争情报系统建立步骤

第一步，应该确定主要竞争对手和标杆企业的名单。

这主要是指地理位置相邻、菜式风格接近、档次规模相当的一些餐饮企业，大型餐饮企业的对手名单相对要长一些。这些企业大致分为两类，一类是可能会直接与自己抢夺市场份额的对手，另一类是引导竞争走势的“风向标”式的领头企业。对于这两类企业的监控有助于餐厅全面了解市场动态，并及时分析出自己所处的地位以及潜在机会和威胁。

第二步，应该确定拟搜集情报信息的种类。

因为可以用来反映对手动态的信息实在是太多，所以企业应该尽量关注一些最能反映对手竞争力的指标项目。比如，对手最近推出了哪些促销活动？效果如何？对手的菜品更新频率如何？近期销售最好的是哪些品种？标杆企业最近新推了哪些服务项目？本企业有无必要借鉴等等。

第三步，应该确定由谁来搜集并汇总这些信息。

很多餐厅事实上一直在做搜集市场信息的相关工作，但这些工作大都是自发进行的，没有明确地指定专人负责，因此搜集到的信息很不全面，数据也很不准确，这在很大程度上妨碍了决策者对竞争形势的判断。如果能指定专人比如营销部经理及其手下员工进行定期监测，并按规定格式填写相关分析报告，将一些能反映对手动作的相关资料如宣传单或现场照片附在报告后面，累积起来就能对所有主要对手的大致举动非常清楚了。

第四步，应该建立健全完善的资料存档和定期统计系统。

很多信息单独看起来，并不能说明什么问题，而一旦按照时间顺序累加到一块，情况就不一样了。有了对某个对手的长期追踪和即时分析，我们完全可以判断出这些对手的基本经营风格，他们的长处短处也就一目了然了，企业该如何发起攻势，从什么地方入手，也就有了一个可信的依据。

四、餐饮产品推广与扬长避短

营销的重点或者说目的自然是推广产品。比较低级一些的方式是将整个餐厅的产品与服务一起打包向外推广，这样一来就没有了重点，在顾客心目中也很难形成强烈的视觉冲击。餐饮企业应该“有所为，有所不为”，在选择推广品种时要牢记自己与对手之间的优劣势对比，做到扬长避短，争取能一举击中对手要害。

实践速描

如何策动淡季“美食节”攻势

某餐厅最近准备办一个较有规模的美食节，动机很明确，就是想在淡季为餐厅聚集一些人气，同时扭转过去餐厅在顾客心目中菜品样式单一、口味平庸的印象。那么这个美食节能否成功呢？除了餐厅自身投入能否到位之外，还有一个对手如何反应的问题。

如果这个餐厅一直以来的弱项就是厨师水平和菜肴款式，而对手在这方面是强项的话，那么美食节的主题可能就要做一定调整。因为厨师水平在短时间内无法有根本性的提高，此时盲目推出的话，倒是把自己的短处暴露得干干净净。相反如果餐厅能够把美食节的主题定位为一种新的就餐模式或餐饮文化的话，比如借机推出自助餐或者席间文艺表演等项目的话，顾客们眼前一亮，人气指数不但能上升而且还能稳住。

因为企业单独举办的美食节普遍规模不大，操办起来也比较简单，所以如果按照比较简单的方式办节的话，对手很快就能作出反应，也挂出横幅办一个类似的客户答谢活动，加上对手的后厨实力更强，这个美食节的预期效果可能就无法实现。但按照后一种复杂一点的方式（自助餐或席间文艺表演），对手并不占优势，而且短时间可能也难以筹办成功，所以对手马上就进行回击的可能性很小，美食节的预期效果就有较大的实现把握。

无论选择什么样的营销手法，是相对简单的广告促销、人员推销还是复杂一些的网络营销或主题营销，原则上都必须坚持“扬长避短”，以最合理的方式去尽可能地展示自身的优势项目。

按照这个原则来评价很多餐饮企业所做的文字广告、平面广告或声像广告的话，我们一定能发现有很多钱可能是真的白花了。

比如，很多餐厅在报纸广告上介绍自己“交通便利、环境雅致、服务一流”，还有些餐厅的在电视广告里反复播放餐厅的内外场景，这些广告除了能适当提升一下知名度以外，对于餐厅营销来说毫无意义，因为并没有达到展示自己强于对手的目的。

相反有些餐厅的广告花费不多，效果却非常显著。比如在电台里做广告时，因为听众可能不太专心，所以必须特别集中地反复强调一个点才能达到效果，所以餐厅大多绞尽脑汁将自己最能吸引人的某一个优点突出出来，如“全城最便宜的佛跳墙”、“全班厨师从东南亚引进”或“本市首家透明厨房，你可以亲眼目睹厨师烹饪的每一个细节”等等。

还有一个餐饮企业经理们非常关注的话题，那就是餐饮企业的营销部该如何组建、如何管理和如何计算薪酬。

真正建立了营销部门的餐饮企业现在看来还是少数，主要是一些规模很大或者位置很偏的餐厅，他们的目标客源结构中会议和旅游团队客人仍然是主流，或者餐位数量实在是太大，等客上门的话没有太高胜算。大部分的餐饮企业即便有专职的营销部，也只有两三个人，基本上是拿很低的底薪再加业务提成，餐厅实际投资在营销上的经费其实是很少的。

之所以出现这种现状，原因是餐厅大多还停留在寄希望于营销业务员个人的市场运作能力上，并没有真正动用餐厅自身的整体营销能力，事实证明这种营销模式对于餐厅来说并没有多大实际意义，拉来的业务也只是杯水车薪，原因很简单，有能力操控大批客源的能人完全可以以自己的客户资源为资本成立自己的企业。

事实上，以餐厅的财力和技术实力来说完全可以走整体营销的路子，换句话说就是可以建立一个真正意义上的营销部，功能囊括市场调研、客户开发、产品设计和主题活动策划等，真正上门拉客只是这一系列工作中的一道具体环节，企业也完全可以在上述这些系列功能上进行相应的投资，使自己的营销部货真价实。

采用这种规范的整体营销的餐饮企业现在渐渐多了起来，比如一些大型的餐饮连锁企业如麦当劳、小肥羊之类，他们真正用来进行人员推销的时间很少，大都是通过产品策划、品牌推广和整体广告来获取客源，这样的方式才有可能使企业摆脱对一些所谓“营销能人”的依赖，真正靠自身实力来吸引最大范围的潜在顾客。

延伸阅读

餐饮促销，并非活动越多就越好

每当生意滑坡时，经理们的第一反应就是要琢磨出一些促销活动，弄点新鲜方法来打破眼下暮气沉沉的僵局，但遗憾的是，即便真举办了这些促销活动，情况也未必能有多大好转。此时经理们都不觉得是自己的营销思路出了错，相反他们认为还是这些点子不够新颖或者对市场的影响不够强烈，解决问题的办法就是继续冥思苦想，直到找到那个能“立竿见影”的金点子为止。

事实上，餐饮营销是包含市场研究、客户开发、产品创新和整体推广等在内的一系列工作，从来就不会有那种能“一举定乾坤”式的超级创意，而指望通过花样百出的促销活动就能搞活市场、招徕人气的想法则更是违背了餐饮经营的基本规律。应该说,餐饮业发展到今天,那种仅仅因为多折腾几下就能吸引眼球的时代已经过去。

现时餐厅的促销活动大都没有什么计划含量,抛开那些半文半白的广告语言后,这些促销的本质概括起来无非就是几种模式——价格让利、新品上市或换了人马要亮个招牌。

让利能对顾客有多大吸引力就无须过多分析了,最起码这种"杀敌一百,自损三千"的招数不能老玩,而且一旦停止让利后那些贪便宜的顾客肯定不干了。那么,不贪便宜但重质量的顾客对让利期间的服务质量和菜品质量能特别满意吗?答案是很悬,因为降低售价的同时压缩成本进而降低质量标准的事情在餐饮业实在是太正常不过了,毕竟质量是需要一定的投入来支撑的。

新品上市,尤其是大规模的上市当然值得大肆渲染一番了,举办什么样的促销活动都不为过,但问题是这些新品的成色到底有多少?是本餐厅的新菜品还是本地市场里首先推出的新品种呢?如果只是前者的话,可能促销活动也不会有多少效果。

餐厅易主,或是更新了厨师班子,举办一个促销活动是必要的,但同时也应该看到既然是新班子上马,餐厅内部的磨合是否已经到位?产品的质量控制是否已经稳定?对本地市场的特点是否已经了如指掌?如果这些暂时还没有就绪的话,只是为了亮亮字号就忙着做促销,很可能会是得不偿失。

餐厅举办促销活动,是很典型的"花钱费力挣吆喝",同时也把自己的优点缺点一股脑儿地全暴露在了顾客和对手面前。那么此时促销也就成了一把双刃剑,既有可能杀伤了对手,也有可能伤及了自己。

总之,促销活动必须慎重全盘策划,绝非越多越好。

第二节　市场细分、客户定位与营销资源整合

对于餐饮营销经理来说,市场是一个既抽象又具体的概念。说它具体,是因为市场最终都将落实为前来消费就餐的一个个生龙活虎的具体的人;说它抽象,是因为在这些人的背后都存在着一些规律性的共同点。如何找到这些消费者的共性,分析其规律及本质,是进一步扩大市场份额的重要前提,这需要我们对客户进行准确的市场细分和定位,而不是简单的碰运气、拉关系或策划几个点子。

一、三种基本营销模式

简单来说，现时中国饭店餐饮的营销模式可以大致归为三大类——大规模营销、多样化营销和目标集聚营销。这三种模式基本对应于M.波特提出的三种基本竞争战略：总成本领先、差异化和目标集聚战略。现代营销学之父科特勒也曾有过类似归纳。

所谓大规模营销，就是指饭店有一定的产能规模，从而能取得单位产品上的相对成本优势，此时销售部门会竭尽所能将手头的产品向所有顾客销售。

因为有价格上的巨大优势，所以无论客户有多么复杂的消费心理，"一俊便能遮了百丑"，大多数对价格敏感的客人是愿意接受这些廉价而质量一般的产品的，麦当劳和早期的假日饭店采取的便是这样的战略。

所谓多样化营销，应该是我们绝大多数饭店经理最熟悉的模式了。此时的饭店大多能提供较多种类的产品供顾客选择，随着消费者的口味不断变换，饭店也必须保持产品的不断更新以适应来自客户的日新月异的新口味。

但这里有个问题，提供多样化产品和服务的饭店并不完全是根据客户的需求来调整自己的产品计划，而更多地是依据自己的开发能力，或者说此时的产品创新还是一种高度封闭的内部创新，依据的是自身的能力而并非客户的真实细致的需要。

最高层次的营销应该是完全从客户出发，真正能按客户的要求来提供定制化服务。

在历史上，早期欧洲的若干知名饭店如里兹—卡尔顿、萨伏依等便是这样的典范。当然，现在的饭店规模远非豪华饭店时代的企业可比拟，那种不计成本的奢华显然不足取。

但这也提示我们，营销应该是"从外往里看"，即从客户的变化出发来规划自身的产品设计和能力开发，而不应是我们已经做了很多年的"从里往外看"，我们不能再以自身的能力局限和资源制约为理由来一味地"闭门造车"和"孤芳自赏"，正确的做法应该是，能力不足就开发能力，资源不足就补充资源，营销的目标只有一个，那就是客户开发。

值得我们注意的是，在我们很多饭店的营销蓝图中，对客户的分类都是相当粗略的，分类依据也比较混乱而且难以进行精确衡量，很少有饭店能以更细致的人口特征如年龄、收入和职业等进行可以逐日统计的跟踪分析，在此基础上对市场形势作出的判断自然无法做到精确和深刻了。

二、如何进行市场细分

对于餐饮业来说，消费者市场细分标准大致可归纳为四大类：地理环境因素、人口因素、消费心理因素和消费行为因素。

（一）地理环境因素

地理环境因素，主要指客户距离餐厅远近以及所处区域类型等。

实战经典

紧密层、半紧密层与松散层客户

一般来说，我们将距离餐厅步行10分钟以内的客户称为紧密层客户，车行15—20分钟以内的客户称为半紧密层客户，而车行20分钟以上的客户则由于距离太远、出行不便可以列为不常光顾的松散层客户。

同时，根据客户所处区域是居民区、商务区或流动聚散区也可以对客户消费类型进行预测，同一个客户由于所处环境的变换也可能会成为不同类别的消费者。

（二）人口因素

人口因素即各种人口统计变量，主要包括年龄、婚姻、职业、性别、收入、受教育程度、国籍、民族、宗教、社会阶层等。比如，不同年龄、受教育程度不同的消费者在价值观念、生活情趣、审美观念和消费方式等方面会有很大的差异。

对于餐饮业来说，按照年龄、职业以及收入水准来划分客源类型可能是最常用的方法，比如麦当劳等快餐以年轻人和少儿为主要销售目标，一些高档西餐厅主要面向受过良好教育的高级白领，而很多特色餐厅的客源定位则更加细致，比如以地名命名的餐厅专做某个地域来源的老乡生意或者专做有特殊宗教习俗的民族餐厅等。

（三）消费心理因素

消费心理因素，即按照消费者的心理特征细分市场。所谓心理因素主要包括个性、购买动机、价值观念以及生活格调等变量。比如，近年来兴起的“简餐热”就是为一些追求“闹中取静”的商务人士设立。现代商业社会的快节奏使得越来越多的人渴望在紧张的商务生活中能有片刻的宁静，能静心交谈，很惬意地驱逐浑身的疲劳，对于食物本身的要求并不高，可口、精致的随意小点，就着醇香的咖啡，慢品细咽，这种对生活格调的追求本身就是新的市场细分要素之一。

（四）消费行为因素

消费行为因素，即按照消费者的购买行为细分市场，包括消费者进入市场的程度、使用频率、偏好程度等变量。

按消费者进入市场程度，通常可以划分为常规消费者、初次消费者和潜在消费者。而在常规消费者中,不同消费者对产品的使用频率也很悬殊,又可以进一步细分为“大量使用户”和“少量使用户”。

消费者对产品的偏好程度是指消费者对某品牌的喜爱程度,据此可以把消费者市场划分为四个群体,即绝对品牌忠诚者、多种品牌忠诚者、变换型忠诚者和非忠诚者。

现在很多餐厅都开始采用客史档案和点菜单分析技术来进行消费者分类。比如通过个人消费记录可以分辨顾客的忠诚度,尤其是通过顾客消费频率的变化可以及时判断其忠诚度的波动情况,以便于企业及时采取对策来挽回将流失的潜在顾客。

三、如何选择目标市场战略

在初步确定了餐厅的目标市场后,经营者应根据自身资源和实力选择合适的市场营销战略,一般来说,可供企业选择的目标市场战略大致有以下几种:

(一)无差异营销战略

实行无差异营销战略的企业把整体市场看作一个大的目标市场,不进行细分,用一种产品、统一的市场营销组合对待整体市场。实行此战略的企业基于两种不同的指导思想。第一种是从传统的产品观念出发,强调需求的共性,漠视需求的差异。因此,企业为整体市场生产标准化产品,并实行无差异的市场营销战略。

但是,无差异营销战略对于大多数餐饮企业来说并不太适用,因为消费者的需求偏好具有极其复杂的原因,单一产品或品牌能够受到市场的普遍欢迎的情况是很少的。

实践速描

“自助火锅”也开始非标准化了

近年来非常流行的自助火锅,较大程度上实现了标准化生产,火锅底料和很多调味品都采取集中调配和配送,即便是有很多连锁分店,也能做到口味一致。这也是连锁餐饮企业中有很多以火锅类食品为主打品种的主要原因,而且产品线越简单,标准化程度越高,连锁所能扩展的范围也就越大。

但时间久了以后,顾客光顾频率很容易下降,且不同地域和不同季节的火锅在用料和配菜上都必须尽可能地变换花样,过分强求标准化将导致顾客的逐步流失,所以眼下很多火锅店也开始根据实际情况进行口味调整了,即便是在同一个品牌名下,标准化的痕迹也明显淡了许多。

（二）差异化营销战略

差异化市场营销战略是把整体市场划分为若干需求与愿望大致相同的细分市场，然后根据企业的资源及营销实力选择部分细分市场作为目标市场，并为各目标市场制定不同的市场营销组合策略。

采用差异化市场营销战略的最大优点是可以有针对性地满足具有不同特征的顾客群的需求，提高产品的竞争能力。但是，由于产品品种、销售渠道、广告宣传的扩大化与多样化，市场营销费用也会大幅度增加。所以，无差异营销战略的优势基本上成为差异化市场战略的劣势。同时，该战略在推动成本和销售额上升时，市场效益并不具有保证。

实践速描

为什么高档饭店的餐厅生意会一直红火

在很多城市，尽管社会餐饮业非常红火，但销售额最大的一般还是当地最大的几家高星级饭店，这一点在行业内部的统计数据报表上非常明显。

究其原因，就在于这些高星级饭店通常都有非常完整的餐饮产品系列。中西餐种齐全，从最低档的食街到最高档的扒房，从本地菜肴到异域风味，从宴会到零点，应有尽有，能够适合几乎所有层次的客人，一举囊括大量细分市场。

相比规模较小的饭店来说，餐种齐全的高档饭店除了能有规模经济优势外，还可以在其较长的产品系列内部形成局部的差异化优势。比如，它们可以根据市场需要单建风味餐厅，风味餐厅无须承接宴会，也无须照顾大多数客人口味，只需针对特定的客源群体即可。

（三）密集型市场战略

密集型市场战略是在将整体市场分割为若干细分市场后，只选择其中某一细分市场作为目标市场。其指导思想是把企业的人、财、物集中用于某一个或几个小型市场，不求在较多的细分市场上都获得较小的市场份额，只求在少数较小的市场上得到较大的市场份额。

这种战略也称为“利基”战略，即弥补市场空隙的意思，适合资源稀少的小餐饮企业。比如说一些专门居民区饮食小店，规模小，技术一般，厨师擅长的菜肴品种较少，无法与大餐厅抗衡，但他们专盯一小片市场，主要客户屈指可数，而且有什么特点都一目了然，下起功夫来能做到“有的放矢”。这种“术业有专攻”的小餐厅往往能赚得钵满盆满，但每当他们想做大做强时，也大都会规律性地亏损，因为此时他们所依托的市场基础已经发生了质的变化。

延伸阅读

餐饮营销应做到"有的放矢"

每当正午就餐时间快到时,餐厅经理们的神经都会刷地一下绷了起来,直到看见一些情理之中但却是意料之外的客人陆陆续续走了进来,填满了大厅小包,这紧悬着的心才能真正放回到肚子里去。

要想摆脱这种煎熬无助的滋味就只有一个选择,主动走出店门,主动接触客户,想办法引客进门。这道理很简单,几乎所有人都懂,但操作起来就不是每个人都能得心应手,很多餐厅促销活动搞了一大堆,优惠券发了几千张,但生意还是那么清淡,仿佛顾客们任谁的面子都给就是不买他的账。

事情其实并不复杂,检讨起来所有这些失败的营销策划和实施都有一个共同点,那就是没有把客户这本经真正念透,没有搞清楚客人到底是谁,客人到底在哪,客人到底为什么选择我们而不是对门的餐厅,客人为什么来过一次后就不再出现……当这些关键问题都没有弄清楚时,匆忙出招的结果只能是一相情愿的"自娱自乐",因为所有的营销举动都根本没有触及客户所关心的实质性利益,就其效果而言都只是些不实用的花拳绣腿。

有效率且有效果的餐饮营销绝不意味着大笔大笔的广告投入,也不是大幅度的分成让利或者白条坏账。最关键也最重要的就是必须切准客户的脉,弄明白顾客真正需要的是什么,如果能把顾客的需求以非常形象直观的语言描述出来并灌输到所有员工的头脑中去,再加以强化,成功也就不再那么遥远。

研究顾客是餐饮企业永恒的必修课,而且研究应该越来越细化,越来越深入,越来越具体,只有到我们能非常理性、客观而又完整地描述有关客户的一切特质时才能说营销能有多大胜算,否则,活动策划得再精美,承诺吹嘘得再高调都是自欺欺人。

餐饮营销应做到"有的放矢",这是摆脱等客上门的痛苦滋味的唯一办法。

第三节　对客户进行精细化深耕和针对性开发

80%的业务来自20%的老客户,著名的"二八"定律在餐饮业已经深入人心。几乎所有的餐厅都推出了不同形式的贵宾卡、优惠卡或者消费积分措施来招徕自己的常客,但到底自己的餐厅有多少老客户?这些老客户的忠诚度有多高?这些问题恐怕很多经营者一时半会儿都说不出个准确答案。于是我们一面勤勤恳恳地在开发新客户,又一面在看着老客户在不断流失。解决这些问题的方法很多,但对于客户开发工作本身进行量化管理和绩效评价是最重要的基本功。

一、一次真实的对话

让我们先来看一段真实的对话。需要说明的是每天增加三个客户本身并不是真正的解决方法,将客户开发工作单立出来并进行量化管理才是建议的核心本质。

一线案例

每天增加三个重点联络客户

周总坐在宾馆大堂里,看着从千里之外风尘仆仆赶来为他提供咨询的餐饮营销专家,内心很是感动。周总是一位很爱学习、喜欢琢磨问题的老板,尽管过去一直从事商业贸易和建筑工程,不太了解餐饮业,但在承包了当地一家餐厅店后很快就能扭亏为盈,开始探索起如何做大做强了。

在周总喝水的间歇,专家问了一个问题,“作为一个外行,你如何会想到要开餐厅?”尽管专家前面已经大致了解他转行的由来,但还是想再次提醒他,做餐厅除了比拼管理上基本功之外,还得有些与众不同的优势,真正的市场机会往往不是来自你日复一日的按部就班式的辛勤操劳,而就是这些优势决定了你的企业能走多远。

周总仔细想了片刻,然后答道:“可能我最大的优势就是我的社交面广,人头熟,客户比较多吧,毕竟我在当地商界摸爬滚打了二十多年,关系还是蛮多的,商誉也一直不错……”

这个答案在专家意料之中,甚至可以说,专家10次问这些中小型餐厅的老总们这个问题,至少有八九次的回答是这样的,大家都一致认为自己进入餐饮业的一大资本就是手头的客户资源优势。

专家没有马上发表意见,而是继续帮助他理顺一下他最迫切的问题如何解决的思路,那就是如何开发出更多的新客户。

于是一场关于如何增加新客户的对话就此展开。

专家:既然你认为你有很多老客户,那么到底有多少,你有作过统计吗?是记在专门的顾客资料卡和统计表格上,还是在你的电话本或者脑海里?

周总:嘿嘿,还真没作过什么统计。怎么说呢,一般都是些以前做生意时结识的朋友,大部分在电话本上,还有些没记下来的,也会经常在各种聚会啊什么场合的碰得到,反正会经常拜托他们来捧场,他们大多也会给面子的……

专家:都差不多,一般中小型餐厅都是这么回事,但问题是,你每天的营业报表上的数字都是实实在在的,你的保本收入点(盈亏平衡点)也是很客观的,你觉得你那些说不清到底是多少的客户资源与这些数字之间有多大的关系呢?

周总:没听明白,什么意思?

专家:简单地说,就是你必须做一个逐日的客户贡献率分析。你把每天的营业报表作个详细的分析,看看每天的收入中有多少来自你以前的老客户,剩下多少来自你的新客户?这些老客户中,多少是经常光顾的,多少是偶尔光顾的?这些你都必须做到心中有数,绝对不能算糊涂账。

周总:这么做有必要吗?我可是一见到那些什么报表啊什么的就头大。

专家:当然重要,不能衡量就不能真正进行管理,你光知道客户重要,但你连客户到底有多少,分布在哪里,光顾你店的频率和动机这些都不能做到了如指掌,而只是有个囫囵吞枣的大致印象的话,你又能怎么真正做到有效管理客户呢?

周总:……(若有所思状)

专家:管理任何东西都必须建立在真正了解它的前提之上,只有经过了精确的统计和分析,你才能有效地及时调整你的客户策略。换句话说,只有你知道你已有多少客户,有准确数据,那么你才能知道你采取一些办法后取得了哪些效果。比如一个促销到底为你带来了多少新客户,是51个还是72个?要有准确的数据,否则你一直都是模模糊糊地凭着感觉来管理的话,你的促销决心是不会坚定的。

周总:有道理,我回去马上叫人弄这么套表格。

专家:表格不是关键,也不是万能的。这里真正重要的是你如何借助表格等工具建立起一套可操作的绩效衡量和评价机制。你得很具体地、一件一件地去记录和评价每样措施为你带来的客户数量的实质性改变。

周总:说详细点,具体怎么操作?

专家:好吧,就你的餐厅来说,你分这么几步走:第一步,回去先建这么一套表格,具体内容我们回头再说。第二步,把你现在所有有把握的老客户都填到你的表格上,连同他们的电话、单位职务、来店消费次数等等,这样你起码知道了你现在的业务到底有多少人和哪些人在撑着。第三步,把现有的老客户单独建个数据库(周总问,什么数据库?),就是大家都在说的顾客资料库,怎么建我以后再教你,总之你以后要每天研究这个数据库,这些比什么都重要,要知道80%的业务来自20%的老客户,这就是著名的二八定律。第四步,光有老客户还不够,你的餐厅不是个小酒馆,光靠你以前的生意客户量其实太小,因为他们中真正能频繁光顾你的只是少数。作为有实力的消费者,所有对手都在争取他们。你的市场份额到底有多大?不知道,当然你以后可以作个客户贡献率统计,方法很简单,在每个客户名下建个户头,每周分析一次,按消费次数和金额给他们排个等级……

周总:有道理,你一说我还真觉得过去是做法有点简单,光知道熟人多,到底有多少还真不清楚,每天到了餐厅营业时站在门口心里就打鼓,不知道今天到底会有多少人来捧场。

专家:对,你这感觉大家都有,我以前管餐厅时也是这个心态。好了,我们继续。第五步,开发新客户。你得再弄套表格,一是统计每天你新增了多少以前名单上没有的,二是提醒自己如何去巩固这些新客户。光来个一两次其实还不能算是你的客户,因为他还谈不上什么忠诚度,你得想办法吸引他来多几次后才能添加进你的老客户名单,这个过程叫"客户获得"。你能从每天新增的客户中成功转化出多少老客户的比例,就叫"客户获得率"。你做管理的就必须知道自己餐厅的这些数据到底是多少。

周总:有点复杂,你能说更直接一点吗?

专家:好的,考虑到你现在餐厅规模不大,以餐饮为例,可能每天会有很多新面孔走进你餐厅,你都得以某种办法弄清资料,然后进入你的预备名单,然后给自己定个指标,那就是如果每天能有你过去一两个月预备名单内的3个以上对象再度光临你店3次以上的话,你就等于每天成功获得了3个有培养为忠诚顾客潜力的老客户了。

周总:每天3个?这么少啊,应该没问题的。

专家:那我不好评价,但3个也很厉害了,一年下来就有1000多人了,这还是指至少在一两个月内光临3次以上的,对你餐厅比较认同的,你试试,不是那么简单的。你这个餐厅规模不大,估计你能有几百个稳定散客支撑的话,日子会很好过的,你现在生意不稳定,就表明你的忠诚客户总量太少了。当然,到底是多少,我估计你现在也说不清。

周总:以前的确没这么想过,光想着服务质量要提高、菜品要更新,才会有生意,还真没这么去算计过客人的。

专家:这不是算计,是计算。一句话,你一定要想办法,搞清楚自己的客户获得率、保持率、贡献率以及各类客户的数量及变化。这本账就是你的作战形势分析图。当然,你说的其他工作如产品创新研发啊,员工精神面貌啊,服务流程和质量啊，都很重要，这些都是成功的要素，缺什么都不行。

……

接下来，专家一口气给周总开列了需要重新设计和制作并在实践中真正使用的各类客户资料统计报表清单，并简单地勾勒了这些表格的大致结构和项目列表。

客户开发过程中的绩效衡量和评价乃至整个营销过程中的绩效衡量都是我们餐饮管理实践的难点，那种“不问过程只管结果”的简单营销观点在业界很是盛行，靠“能人”、“点子”做营销的想法还很有市场，人们还没有真正领略到科学的营销过程和客户开发技术的本质。

二、客户开发从经验管理走向量化管理

传统的餐饮管理看重经验管理，经营者们凡事都事必躬亲，不停地参与，不停地思考，不停地发出现场指令，在开发客户时也是亲自出马，举杯把盏，应酬不断，互换名片，每天不停地往外拨电话，面对通讯录不停地评估着自己的关系网，日复一日，乐此不疲。

问题是，这种纯粹靠经营者头脑进行记录和管理的客户开发模式能适应企业日益扩张的规模经营需要吗？且不论经理们每天的情绪状态有起伏，单说一个人的记性能有多好，在餐饮业这种高强度快节奏的经营环境下，这些零零星星的记忆能支撑庞大的企业运作吗？

客户开发是一个系统工程，获取客户的基本信息只是其中最起码的步骤，接下来我们还需要为客户建立基本的消费档案，并随着客户的累积消费逐步完善其资料细节，定期进行客户消费习惯和偏好分析，条件许可的情况下还可以以此为依据加大对重点客户的菜品定制化程度，或者定期进行客户回访并举办一些答谢活动等等。

所有这些工作的开展都必须以一个记录完整、清晰可查的客户名单为依据，这也是使客户开发从传统的经验管理走向更科学的量化管理的第一步工作。餐饮企业的客户争夺战焦点其实不在于优惠幅度的大小，而在于对具体客户的定制化程度高低和相互间联系的紧密程度。如果手头有一份非常完整的客户名单，那么经理们每天要做的事情就非常明确，因为这些客户的存在本身就指引了他的工作方向。如果这份名单每天还在不断的加长，那么经理们的工作可能还需要进行分工，让更多的管理者参与到客户管理中来，或者还可以将客户们进行分级管理。

实践速描

用电话本记录客户信息的弊端

很多有敬业精神的经营者们都有一个厚厚的电话号码本,上面记载了大量客户信息,这也是经理们最看中的人脉资源。

但我们必须意识到这种流行的做法并不可靠,一来电话本上客户信息和经理们的其他社会关系混杂在一起,这不利于专项管理,二来电话本上能记录的信息量远远不够,仅仅只能是一些基本的联系方式而已,更谈不上对客户进行分级管理和贡献率分析了。

而且,这些随身携带的东西一旦遗失,很可能连个备份都没有,企业因此就损失了一笔重要的无形资产。

很显然,有了这么一份名单之后,企业实际上拥有多少客户,每天新增了多少客户,甚至有哪些客户已经多长时间没有光临,正处于流失边缘等等都一目了然,管理者该采取什么样的对策,也就可以"有的放矢"了。

三、如何对客户进行精细化深耕

一个优秀的餐饮管理人员心中应该随时有三本明明白白的"账"。一本是成本费用与营收账目,这有利于企业有效管理其财务资源;一本是厨师技能、员工素质与产品行情账目,这对企业有效管理其技术资源至关重要;还有一本就是客户的数量、分布及消费心理账目,这是企业有效管理其市场资源。

对客户进行精细化深耕,就是餐饮企业主动进行客户管理,这不单是指对各类客户进行精确记录和系统分析,用数字评价技术来取代传统的人情交往,还意味着主动进行客户分类,并制定严密的客户关系管理和维护计划。在企业达到了一定经营规模和市场份额后,还可以进行全面的客户变化趋势分析和预测,比如雅典奥运会前期主动开设中文网站的希腊酒店,就提前捕捉到了新的市场机遇。

上文提到的每天增加三名重点客户的办法其实是一个非常粗糙的客户开发方案,只适用于规模很小且短时间内无法完全摆脱经验管理模式的饭店。但这个方法的实质是指企业应该引入量化的记录和分析机制,将已拥有的客户数量和忠诚程度以近似精确的方式表达出来。一般情况下,餐饮企业可以利用"顾客资料库"也就是"客史档案"技术来解决这个问题,通过建立"顾客资料库"尤其是对顾客进行分类和编号的索引工作,我们可以很全面地获知企业所拥有的客户资源状况。

一线案例

重点顾客(VIP)每周消费及客户联络情况汇总表样式

日期： 本周餐厅营业收入总额： 本周 VIP 累计光临人次数： VIP 折扣及赠品金额总计： 本周新开发 VIP 客户人数：	本周主要促销活动： VIP 顾客消费总额及比例： 占 VIP 总人数比例： 客户专员主动回访人次数： 值班经理：
VIP 客户主要反馈信息	1. 菜品质量及新品建议： 2. 服务： 3. 价格： 4. 其他：
客户回头率分析及下周工作建议	1. 回头率： 2. 流失率： 3. 存在问题： 4. 改进建议：

但“顾客资料库”技术本质上来说仍然是一种静态技术，只能为进一步的客户关系管理提供一些基本层面的信息。对于客户来说，无论出现在你的名单上与否，都不会对他的消费决策有直接影响。因此，要想进一步介入客户消费决策过程，我们还必须充分利用手中的客户信息，进行一系列的客户关系维护活动。

一线案例

出乎意料的生日礼物

由于公务关系，马先生经常宴请南来北往的客商们，本地但凡有些特色的饭店餐厅他几乎都涉足过。日子长了，这些饭店的餐厅经理们也都知道马先生的公司是个消费大户，都忙不迭地往他口袋里塞名片或贵宾卡。马先生每次接到这些卡片后都随手往抽屉里一放，并没太放在心上。

这天，马先生正在办公室翻阅文件时，忽然收到一个礼仪公司送来的鲜花和礼品。他纳闷起来，这是怎么回事？打开看过后才恍然大悟，原来今天是自己38岁生日，鲜花和礼品是以前他消费过的一家饭店送来的。

打开礼品盒，马先生更加感动了，那是一个制作得十分精美的生日蛋糕，上面赫然写着“祝马××先生生日快乐，万事如意。××饭店全体员工敬贺”。还有一个饭店专用的信封，打开一看，是一封饭店总经理亲笔签名的贺信和几张面值不菲的自助餐券。

原来，马先生在这家饭店消费时曾经填写过一份贵宾资料卡，并获赠了一张印制精美的贵宾卡，只不过马先生手头这样的卡片实在是太多，所以日子久了后，连马先生自己都忘记了这回事，看到总经理的贺信他才回想起来。

二话不说，原本今天准备一直待在办公室的马先生马上拿起电话，向这家饭店订餐并邀好了几个朋友，大家今晚再来个一醉方休。

手头掌握了大量的客户资料后，餐饮企业首先要做的是制定出一整套客户联络制度。这里面包括对客户信息的详细登记和核实，也包括对客户进行主动分类。客户分类的标准很多，最重要的是消费额度和消费次数，而其他信息如客户职业、单位等则是辅助信息。简单来说，客户曾经消费的金额大小反映的是客户消费实力，而消费次数则反映了客户对企业的忠诚度。对于企业来说，这两类顾客都是最应该也最有可能争取的长期客户。

针对不同类别的客户，餐饮企业可以采取不同的客户联络办法。对于最高级别的客户，其联络回访工作及优惠权限由企业最高级别的管理人员负责，依次往下，所有重点客户都应由专人专责，长期跟踪。

除了常见的节日问候、重大活动通知、生日优惠等措施外，客户累积优惠制度也是客户联络制度的重要组成部分。

一线案例

消费越多，奖励越多

某餐厅近来推出了“宾客消费奖励制度”，回头客一下子多了起来。

具体的促销办法是将宾客的消费金额直接记作分数，消费一百元就是一百分，凭顾客出示的贵宾卡作为记分凭证。与其他餐厅不同的是，这家餐厅并没有对持卡人是否为本人作严格限定，按照餐厅经理的解释，就是消费积分只认户头，多人共用一张卡毕竟也促进了饭店消费总量的上升。

当消费积分达到1000分时，顾客将获赠餐厅价值200元的自助餐券；当消费积分达到2000分时，顾客将获赠最新款的MP3播放器一个或其他等值礼品；当消费积分达到5000分时，顾客将获赠高档手机一部；而当消费积分达到10000分时，企业将赞助他们到港澳旅游。

更高层次的客户开发技术是根据客户变动趋势，提前设计相应产品。一般来说，客户消费心理的变化要经历一个潜移默化的缓慢过程，而一旦发生就很难逆转。以单个餐饮企业的力量自然很难改变甚至影响这种趋势的变化，但只要密切与客户交流的话，就会有助于企业尽快察觉这种趋势的变化，如果能根据一些细节及时设计出新产品，还有可能掌握市场先机。希腊酒店开设中文网站的举动就是最好的例子。

延伸阅读

明明白白做生意，学会盘算“客户账”

餐饮管理之所以难，就难在我们一直习惯用口头管理、经验管理或现场管理这些传统管理方法，而在高强度快节奏的工作环境里，一味地使用这些方法，管理者们很难保证自己能自始至终都会有清醒的头脑和最佳的状态。

一旦管理者的最佳状态得不到保持时，餐厅的运营就变得有些难以捉摸了，很多原本不是问题的问题全部浮现出来，让管理者们应接不暇。此时还有几个人能说自己是真正在“明明白白”地做生意呢？现实中我们已经见过太多的失败案例，管理者们始终都找不出自己到底在哪个环节上犯下了不可挽回的大错，失败的结局总是来得那么稀里糊涂。

餐饮企业要学会“明明白白”地做生意，这就势必要尽可能地减少无谓的重复劳动和体力消耗，一些在管理实践中规律性重现的问题应该精心研究并开发出相应的流程，而不能任由它泛滥，更不能出现一次，对付一次。

在客户开发问题上，很多企业一直都在算这样的糊涂账，他们总是认为自己有一些社会关系，有一定的客源基础，但到底这些关系有多少，有多可靠，又分布在哪里，他们与餐厅之间的联系如何，经理们从来就给不出完整的答案。因为此时他们头脑里所浮现出来的一定是那几张熟悉的面孔，他们对客源基础的理解从来都是那么粗浅，那么感性。这样的企业，即便是成功了，那成功中也多少有一些运气的成分，因为他们从来就没有学会怎么像计算现金流量和菜品毛利一样地去盘算一下“客户账”。

明明白白地做生意，要从学会盘算“客户账”开始。

第四节　顾客资料库技术的实践价值和应用悖论

对于顾客资料库的实践价值和潜在效用，很多餐饮企业的管理者们都已高度认可，但在营运实践中却很少有企业能真正从中获取实质性的收益。信息难以采集、资料存而不用以及流程环节间协调不畅等原因，导致了很多企业建立顾客资料库的尝试虎头蛇尾、有名无实。但这并不等于宣告顾客资料库技术是个中看不中用的“花架子”，相反我们更应该从解决这些技术难题入手，使顾客资料库能真正融入餐饮企业日常营运流程中。

一、顾客资料库为何知易行难

建立顾客资料库几乎已经成为大多数餐饮企业经营者的共识，顾客资料库实际上就是餐厅最重要的无形资产——客户资源的目录索引，你要想尽可能高效率地使用这些资产，那么这份目录索引的重要性是无论怎么强调都不过分的。事实上，顾客资料库作为一种基本的客户关系管理手段在很多行业都早已运用得非常广泛，并深深地嵌入他们的日常管理流程中。

比如，保险公司会有非常详尽的顾客个人资料档案卡，并有专门的客户专员负责联系这些老顾客。又比如，医院为每一个前来就诊的病人提供病历本，医生诊断时会首先研究病人的既往病历记录，如果没有这些病历本，病人每次都要费很多口舌来描述自己的病情发展过程，甚至还必须重复地做很多价格昂贵的检查项目。

最接近餐饮业的例子是一些大型跨国饭店联号集团，比如假日集团早在几十年前就借助卫星系统建立起了自己的顾客数据库，供全球成员饭店共享，这也使得假日相对于其竞争对手在很长时间里都有来自客户资源的巨大优势。

尽管在餐饮业实施顾客资料库的难度更大，但这绝不等于说这些顾客资料库技术是可有可无的花架子，也不是只能锦上添花的摆设，实践中通过对老顾客的精细化深耕从而帮助企业摆脱困境的例子实在是举不胜举。

对于成功地建立了顾客资料库的餐饮企业来说，他们可以很从容地按图索骥，建立自己的常客群体，这对于餐厅的业务量保障很有必要，要知道很可能80%的业务就来自这份名单上20%的老客户（二八定律）。你的这份名单越长，你和名单上客户的联络越密切，你的餐厅也就越有赢利的把握。此外，在提高服务质量、产品创新设计以及企业形象建设等方面，顾客资料库的作用也非常显著。

一线案例

曼谷东方饭店员工的特异功能

有一次，一位香港客人到曼谷，行前已经预订了拥有世界最佳饭店称号的东方饭店。刚下飞机，饭店机场代表前来迎接。一见面，机场代表就说：董先生，您好！要是我没记错的话，您有一年多没来我们饭店住了，是不是我们服务不好，什么地方得罪您了？客人赶紧回答：不，不，饭店很好，主要是这段时间在泰国没有业务,来泰国肯定住你们饭店!……

到达饭店以后,从门童到总台接待员,再到餐厅服务员,见到他都像见到老朋友一样,第一句话就是“董先生,您好!”这一切都令这位香港客人好惊奇又好感动,他想:他们怎么都知道我的姓名呢?我多长时间没来饭店他们都知道。但不管怎么说,这一点令人感到高兴,就像回到家里一样。

一线案例

胡萝卜汁的故事

有一位客人讲述了他在丽晶酒店的奇妙经历:几年前,我和香港丽晶酒店的总经理一起用餐时,他问我最喜欢什么饮料,我说最喜欢胡萝卜汁。大约6个月以后,我又一次在丽晶酒店做客。在房间的冰箱里,我发现了一大杯胡萝卜汁。以后的几年中,不管什么时候住进丽晶酒店,他们都为我准备胡萝卜汁。

最近一次旅行中,飞机还没在启德机场降落,我就想到了饭店里等着我的那杯胡萝卜汁,顿时满嘴口水。几年来,尽管饭店的房价涨了3倍多,我还是住这家饭店,就是因为他们为我准备了胡萝卜汁。

没有人会刻意去否认顾客资料库的价值,但人们更关心的是如何有效地在自己的企业里建立起顾客资料库并确保这些资料数据能为实际经营起到应有的作用,为此我们不妨先分析一下顾客资料库技术为什么会“好说却不好做”。

问题往往首先出在对顾客信息的甄别和采集上,这也是很多类似尝试不了了之的关键。很多餐厅无论是在表格的制作、交谈的方式还是事后的信息登记上都存在很大问题,顾客的不配合也使很多餐厅感到纳闷。一般来说,餐厅获取顾客详细信息的方式主要有两种,效果较好也相对容易实施的是由经理或资深主管亲自出马,通过与顾客攀谈、答谢和互换名片,大多数情况下是可以有所收获的。但问题是经理们精力有限,当餐厅规模大到一定程度后,他们实际能深度接触的新客户数量很少,加之很多经理主管都有口头管理的老毛病,寒暄过后将名片往口袋一放,也就懒得再去登记顾客卡片了,极端情况下甚至还有一些外聘的经理热衷于将客户发展成为个人的业务资源,不愿及时填报资料。

另一种方式是由服务员拿着预先设计好的一些资料表格去请顾客填写,这些表格不但要求顾客填写真实姓名、多种联系方式,甚至还要求填写工作单位、家庭住址这些敏感信息。顾客们自然不愿配合,但这些员工大都没有接受过专项沟通训练,无法打消顾客的顾虑,所填报的信息有效度很值得怀疑,而且往往会引起顾客的反感。

更关键的问题还在于,这些信息资料反映的只是一些很表面的基本信息,对于顾客的消费偏好、消费习惯等关键信息基本无法反映，落实到最终的登记本上，信息总量少之又少，根本无法建立什么个人档案，一个简单的通讯录就可以全部囊括了。

问题往往是相互关联的，信息采集的不到位必然导致员工无法有效调用这些信息来改善对客服务质量。

打个比方，有些餐厅将收集到的信息直接输入到收银台的电脑里，只有经理等少数人可以调阅这些数据。还有些餐厅的做法相对简单一些，他们将顾客资料表格装订成册并摆放在收银台供员工们随意查阅，但这么做到底有多大意义呢？员工们到底该如何使用这些顾客信息呢？是每次开餐前先来背诵一下顾客信息，还是在客人到来时再临时学习呢？那些电话号码、顾客姓名之类的简单数据对于提供高水平的个性化服务到底有多大用处呢？既然无法将基层员工真正调动起来，那么与这些老顾客的交流重任还是会落到少数几个经理或主管身上，这与传统的老办法又有多大区别呢？……就实践来看，几乎所有尝试建立顾客资料库的餐厅都会遇到这些问题，而管理层也大多拿不出真正有效的办法来使顾客资料库真正发挥作用。

实战经典

某餐厅个性化服务提示单

基本信息：			
顾客姓名或称谓		贵宾卡号码	
台号或包厢号			
上次在店消费时间		累积消费次数及金额	
需否经理陪同			
顾客以往主要消费菜品清单	按点单次数顺序排列：		
顾客偏好与忌讳提示			
时间	餐次	制单人	点菜/值台
经理提示：80%的利润来自20%的老顾客			

信息采集不合理，加之无法在服务过程中有效调用，轰轰烈烈的顾客资料库自然也就无以为继了。这其中除了对顾客资料库技术的理解太过简单和粗糙之外，我们还必须意识到这并不是一个简单的管理改进，更不是一个单纯的好点子，它需要我们制定一整套的制度文档，开发一个完整的从采集、整体分析、维护到调用的流程，并明确我们在这个过程中的需要采用的一些技术手段和操作规范。一句话，顾客资料库的建设是一个全面的系统工程。

二、几个关键问题的解决思路

有难度并不等于非得放弃不可，相反，只有“知难而进”，企业才有可能铸就对手无法超越的竞争优势。妥善地解决好顾客资料库建设中的一些关键问题，不但能为企业培养大批高度忠诚的老顾客，使餐厅面对激烈竞争时更有底气，而且能一点一点地瓦解对手的客源优势，因为客户在更个性化的服务面前将信任票投给了对他们能体贴入微的餐厅。

首先我们探讨一下如何做好顾客信息的采集和整理工作。这也是接下来一系列工作的基础。只有尽可能多、尽可能完整地掌握了目标客户的消费偏好和消费经历，才有可能设计出“投其所好”的产品和服务。

需要采集的顾客信息大致分为两类——顾客个人信息和消费信息，需要说明的是，前者需要通过与顾客交谈才能获取，而后者则主要靠餐厅自己进行记录和统计。顾客个人信息主要包括客人的姓名称谓，大部分时候只需要知道姓氏就可以了，但为了与其他同姓的顾客有所区别，我们可以通过他们的单位职务或贵宾卡号码来进一步确认。此外，客人的性别、年龄等参数由员工目测即可。相对麻烦一点的是客人的联络方式，一般情况下我们至少需要获取客人的联系电话。如果可能的话再争取获知客人的通信地址和电子邮件地址，这些在与客人保持密切联系、通告餐厅新菜品信息以及举办答谢活动时都能派上用场。

获取顾客个人信息的理想方式是由管理人员出面，进行深度沟通，一般来说对于初次光临的顾客通过打折或赠送水果等方式不难获取顾客的初步信任，有时可以达到交换名片的目的，最低限度也能大致掌握前面所提到的基本信息。如果餐厅规模偏大，管理人员不太可能全部沟通的话，还可以采取一些特殊的办法。比如，餐厅可以推出一项请客人填写顾客满意度调查的服务，在顾客按照表格格式填写了个人基本信息并对菜品和服务进行打分评价后，餐厅作为感谢可以对当次消费进行打折优惠。由于这项调查是以程序化方式进行，只有在按要求填写了调查表后收银台才能提供折扣优惠，因此大部分顾客都会据实填写。

真正重要而又被大多数餐厅所忽视了的是关于顾客消费资料的收集和整理，简单说来就是客人历次消费过的点菜单存档，尤其是顾客临时要求增加的一些菜品和调味品等信息都非常关键。

一线案例

某餐厅收集整理顾客资料的办法

某家餐厅的做法是：

第一步，将顾客的点菜单及时输入电脑，并按照餐厅为该客人开设的资料户头入档，入档时的信息包括就餐人数、所坐餐台位置、点菜品种及分量、特殊要求和临时加点的品种等。

第二步，对输入信息进行分析，分析的指标主要为客人平均每月前来消费的次数、多次就餐时重复点单的菜品排序及口感偏好、酒水消费的重复点单记录以及历次对菜品烹制提出的特殊要求等。

第三步，将上述分析结论以显而易见的方式归纳为对顾客偏好的基本判断并添加进顾客户头的主页面。这几个步骤听起来似乎有些烦琐，但只有这样我们才能真正做到对顾客“知己知彼”。在餐厅规模小客人总量少而集中时，这些工作基本上是由经理们在大脑里以模糊记忆和印象分析的办法进行的，但当规模扩大客人增多时，这套系统显然比经理们成天身心疲惫的印象记忆更可靠。

接下来要解决的问题是如何运用这些信息，这才是顾客资料库真正大显身手的时候，也只有在实践中真正发挥了作用，经理们才有信心、有动力去坚持并进一步完善顾客资料库。

我们先检讨一下前面曾经提到过的运用顾客资料库的例子。他们或是将资料存在电脑里只有少数人可以调阅，或是将一些简单信息装订成册摆在收银台，至于谁来使用、如何使用以及什么时候使用等都没有说法，换句话说就是，你记你的流水账，我做我的长工活，这些千辛万苦得来的资料从来就没有嵌入到日常服务和管理流程中。

顺便说一句，眼下很多餐厅时兴的各类“优惠卡”或“贵宾卡”，也同样只是个招徕顾客的噱头，没有真正物尽其用。

使顾客资料库里的信息能方便调阅，并能真正与基本的日常流程结合起来，才是解决问题的根本出路。我们不妨参考一下医院对于病历的管理办法：病人进门后首先就被问有没有病历本，有就只挂号，没有还得补一份，医生接诊后首先看病历，那上面详细记录了病人过去的病情和治疗情况，还有不同时间段做的各种体检结果。有了这些，医生接下来的诊断过程就方向明确了。要是没有以前的老病历的话，医生肯定得开一堆的检查化验单让你去查个底朝天再来。不难看出，病历本已经成为医院服务流程中的一个极其重要的环节。

实践速描

改进服务流程以提高资料处理能力

如果餐厅的顾客资料库达到了一定的数据处理能力要求的话，一些基本的服务流程的确有全面改进的必要。比方说，当餐厅营业部接到顾客订餐电话时，可以第一时间进入该顾客的资料户头，并根据顾客以往的消费记录分析结果给客人提出最适合他的建议菜单,同时可以根据顾客过去消费的一些特殊要求主动提出为顾客做些安排并征求客人同意,比如"还是给您订靠窗的那个大包间吗"、"要不要我们先把汤煲好,您一来就可以先上汤"。客人一般都会很惊讶,同时也会为自己受到如此重视和细致关怀而非常欣喜。

再比如,当没有预订的散客进入餐厅时,迎宾员可以在引座时直接判断或询问顾客以前有没有来消费过,如果有的话,可以想办法询问顾客姓名或贵宾卡号,然后通知前台尽快调出顾客资料,并打印一小张"点菜提示单"即顾客消费记录分析结论,将"提示单"派送给相应台号的领班或服务员,服务员在点菜时再根据"提示单"进行菜品推荐,同时征询客人的其他要求。

当然,信息采集和调用并不是顾客资料库建设的全部工作,以上仅仅是针对日常管理中一些典型问题的探索。

三、顾客资料库的更新、维护和全面建设

绝大部分餐厅的顾客资料库都相当简陋,或者是通讯录一样的几张表格,或者是在电脑前台管理系统里附挂的一个子模块。至于如何使顾客资料库能系统地运行,如何内化为管理人员的基本职责和服务人员的基本流程,如何从组织层面保障顾客资料库能及时更新和维护,大部分餐饮企业都没有做更深入的探讨。

顾客资料库的建设绝不应该是心血来潮,也不应该浅尝辄止。我们可以在餐厅内部的几台电脑间建立一个内部的局域网,然后建立一个小型数据库来储存顾客资料。每一个顾客的资料除了个人基本信息外,还应该包括历次消费记录、交流记录以及即时更新的顾客偏好分析结果。这些消费记录由于是以原始的凭单为准直接输入的,从总量上来说每个顾客名下的资料内容是非常翔实的,因此每天值班经理都应该对当日有过消费记录的顾客进行即时分析,并及时将分析结论在顾客户头的主页面上进行更新。

每天甚至每餐都会有大量的老客户光临,因此餐厅的数据更新可能会非常频繁,因此必须指定专人负责这些技术工作并及时将每天老顾客们光临的总体统计数据单独打印出来,呈交相关管理人员。

经典案例

台湾晶华酒店的客户数据库

对于晶华酒店来说,做生意的对象并不是一般大众消费者,在客户层比较稳定与忠诚的情况下,将客户数据管理导向信息化就变成一件有意义的事情。所谓的有意义,代表着这样的投资可以在未来产生效应,建在客户数据库中的数

据，三五年后都可以是有效的。晶华酒店的客户数据约从两年前开始建立，建立的方式主要是由饭店里面各餐厅提供，在一个月当中，每个餐厅约可以增加10到20个名单。

此外，晶华酒店也通过网络举办活动、或是与名店街的名店合作、或是以网络订房等方式来收集有效的客户E-mail数据，建立起目前的会员数据库。酒店高管张筠指出，今年将会删除数据库中无效的名单，重新建立起一份完整的名单，并继续收集资料。有了完整的数据库与有效的客户名单，接着就可以朝向ec(e-commerce，电子商务)迈进。

电子商务主要针对饭店里面的住房以及餐厅用餐订位等相关的产品而建立，会视客户的反应以及整体市场的状况来发展适合的商品；而晶华酒店名店街由于与饭店客层重叠性高，也会有一些互相配合的活动。

当然，这些数据对于企业来说非常宝贵，因此保密工作也特别重要，这在纸笔时代是很难做到的，要么就将资料严加看管，但无法使用，要么允许员工随意查阅，但那样一来资料失密的可能性实在是太大了。用计算机进行处理的话，情况就不再是“鱼与熊掌不可兼得”。我们可以为顾客资料库设置很多种权限，不同级别的员工用自己的密码只能进行相应等级的操作：总经理拥有所有权限，技术维护员拥有数据输入权但不能拷贝资料，经理主管可以进行顾客分析并提交结论但同样不能拷贝和打印全部资料，普通员工可以搜索浏览信息并打印顾客分析结论，但不能查看底层数据，而且所有输出的顾客分析结论在顾客买单时必须由值台服务员同步交还收银台，清点完毕后当场销毁。

延伸阅读

竞争之道，在于摸清顾客底牌

餐厅与顾客之间的交往就像是一场博弈，博弈的结果要想双赢的话，就只有一种可能——餐厅非常了解顾客，而顾客也同样了解餐厅。从餐厅的角度来说，要充分认识到顾客的消费偏好，越具体越详细就越有胜算，最高水平的表现就是能预先估计到顾客尚未说出口的要求，真正能想人所想，急人所急；而从顾客的角度来说，他也希望能完全熟悉餐厅的一切，包括几个大厨师各自擅长什么，哪些服务员最灵光活泛等等，一个电话过来就能点好一满桌菜，来了就有的吃。

要想做到这两点是既难又不难，对于传统的口头管理和经验管理来说，的确有些为难，因为那必须要求经理能一个人就承担起顾客资料获取、储存和调用的全部工作，以成天忙碌的疲劳之躯来应对这些细活，的确不轻松；但对于现代计算机支持的顾客资料库系统来说，实在是很稀松平常的一件小事。

顾客资料库技术的本质其实还是希望我们能更多地用现代管理方法来记载、统计和分析一些重要的业务信息，考虑到企业规模终究要扩大，而顾客要求又越来越精细，业务信息无论是从复杂程度还是总容量上来说都已经不是经理们的脑瓜子所能承载的。

时下很多餐饮管理软件中都集合了顾客资料库（或称客史档案）模块，这为企业存储和调用顾客信息提供了极大的方便，但很多类似软件都是采用的通用设计理念，企业应该在定制软件时更多地考虑如何使之纳入日常营运流程中。为此，企业应该根据自己的实际情况重新开发出相应的服务流程和管理制度，并反复培训员工，使他们能主动地在实践中有效地利用这些得来不易的宝贵资料。

真正的挑战并不是来自我们的对手，也不是来自我们的顾客，而是来自我们自己。愿不愿意承认自己知识结构的落后和管理方法的陈旧，愿不愿意放下架子腾出时间来学习那些看上去不太容易的管理新技术，这是对整整一代餐饮管理者们的严峻考验。

第五节　价值创新：寻找餐饮业的空白市场和蓝海战略

餐饮企业间的竞争从来都是异常残酷的，人们高呼的共赢局面似乎从未真正出现过。几乎所有企业都拥挤在狭窄的市场里，奉行以价格为导向、以竞争为中心的“红海”战略，获胜者从来都是把胜利建立在对手的失败甚至破产之上。更理想的选择应该是率先跳出白热化竞争的已有市场，主动开辟崭新的空白市场，通过价值创新寻找到新的营利模式，以速度竞争来取代恶性的资源消耗战。这就是餐饮企业的“蓝海”战略。

一、什么是餐饮企业的“红海”和“蓝海”

当某一市场已经陷入白热化争夺的僵局中时，最明智的选择应该是跳出层层围堵的包围圈，不与现有的竞争者们打消耗战，而是通过战略大转移，在一片从未开垦过的新市场里另起炉灶，正所谓“退一步海阔天空”。

这正是近来最流行的管理畅销书《蓝海战略》所表露出的基本思想，也与许多企业领袖的主张相吻合，但要能从琐碎的日常事务中直起腰杆来，用大手笔大思维的方式找到新的战略空间，的确不是一件想办就能办到的事。

管理经典

"红海战略"与同质化竞争

在《蓝海战略》中,作者金和莫格伯尼将现在大多数企业的竞争模式比喻为"红海"战略,认为他们一直在奉行以价格为导向、以竞争为中心的传统战略,只能在现有市场空间里展开"血腥"的竞争。

这点倒是很像餐饮业的现状。大家卖的几乎是完全一样的产品,请的是在市场上跑来跑去的员工,而盯的也都是同一群顾客,既然大家走的路子都大同小异,自然也很难见出个高下。

在红海战略的背景下,几乎人人都知道必须走特色竞争的路子,但又似乎谁都没有办法真正做到突破性的创新,因为经营者似乎已经陷入了一种思维定式,追求特色就必然会抬高成本,而成本高了价格贵了又留不住客户,于是所谓的创新顶多只能是在花色品种上增增减减,在营销活动上多点噱头而已。

问题的关键不在于营造这种特色是否真的高成本,而在于这种所谓的特色是否能真的为企业带来全新的市场空间,或者说创新的焦点不在于产品如何变换花样,而是如何培育出与对手完全不同的目标市场。

蓝海战略就是这样一种重新圈定竞争范围的新战略,它以创新为中心,强调的是寻找或开创无人竞争的、全新的市场空间和全新的商机,即通过开发新的思维来创造新的改变。

对于餐饮企业来说,这就意味着要在"红海"当中拓展现有产业的边界,开发出还没有被开发的"蓝海",形成没有人竞争的全新市场,这才是最有效的策略。

比方说,100 年前的人们肯定想不到航空业、石化业或唱片业这样的产业会出现,50 年前的人们肯定不会知道有生物科技、电脑和网络的存在,当时代在高速前进的时候,我们就有机会去创造和引领新的市场。

管理经典

"红海"与"蓝海"战略的巨大差距

在《蓝海战略》一书中,两位作者在分析了大量的企业数据后,对"红海"与"蓝海"战略的获利和成长空间作了全面对比,下面的图表揭示了二者之间的巨大差距:

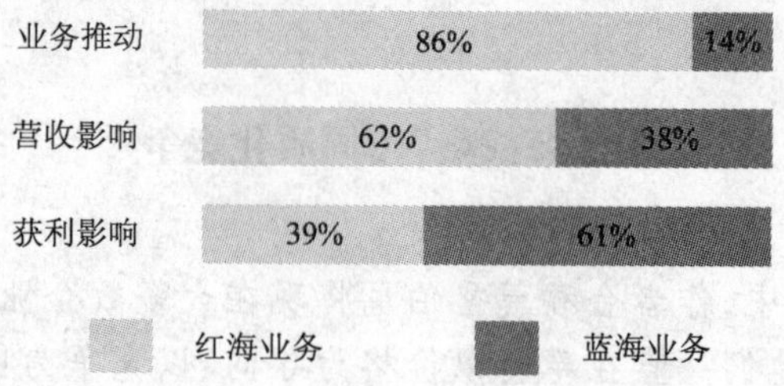

图中显示，在新开创的市场中企业获利都非常高。单从资源投入来说，有86%的业务推动属于扩大既有产品的系列，就是在现有市场空间形成的红海中改善，这些业务占了公司整体营收的62%，对整体获利的贡献却只占39%。剩下的14%的新业务旨在创造新的蓝海战略，但是这14%的业务却可以为公司创造38%的整体营收，并且实际的获利贡献率高达61%。也就是说蓝海战略用14%的投入就可以创造61%的收益，开发蓝海的效益的确惊人。

在餐饮业的发展史上，我们可以找到很多通过蓝海战略来获取惊人利润的成功典范，远有麦当劳快餐、星巴克咖啡和哈根达斯冷饮，近有平价燕翅鲍、真功夫蒸菜馆和集团供餐业的兴起。这些企业的成功都有一个共同的特点，那就是他们并非简单的产品创新，而是从顾客角度出发重新塑造出一片市场，对顾客的特征重新进行定义，一句话，做的是前所未有的一门新生意。

世界著名的万豪酒店集团在起步时曾经从餐饮业里获取了巨大的利润，他们的做法并不是传统的开餐馆，而是为美国海军部、福特汽车公司的生产工厂以及一些航空公司提供送餐服务，既不需要支付昂贵的店面租金，也无须为业务的起伏波动操心，很快就完成了资本积累，为其日后成长为世界顶级酒店连锁集团奠定了坚实的基础。

二、创造新的市场空间的六大法则

大多数餐饮企业都把精力放在与直接对手的缠斗上了，他们整天在琢磨如何与对手周旋并打败他们。长期竞争的结果使得大部分企业都有着几乎完全一致的对市场的理解，比如他们的顾客到底是些什么人，他们应该提供什么样的产品和服务以及在日常管理中哪些环节是最重要的等等，这些几乎雷同的理念自然也就导致了白热化的同质竞争。

创造新的市场空间需要从根本上摆脱这种高度雷同的战略思维模式，管理者应该意识到继续在原来的市场范围寻找机会已经是一件成本越来越高的事情，比如说很多餐厅都高度强调服务质量，事实上大部分餐厅的服务质量都已经达到了基本够用的水平，至少说单就服务质量这个环节来说已经没有更大的挖潜空间和投资必要了。管理者们真正应该着手的是有计划地突破这个怪圈，大家完全可以大声地质问——这些竞争规则到底是谁定的？难道就一定不能改变吗？

以下是根据作者金和莫格伯尼在出版《蓝海战略》一书前在《哈佛商业评论》上发表的《创造新的市场空间》一文整理出来的六个寻找市场空白的基本方法，不难看出这些方法后来也成了《蓝海战略》一书的主要内容。

法则一，分析替代品行业，从替代竞争行业中寻找新的市场趋势。

从广义上来说，一个餐饮企业的对手其实远不止经理口中每日念叨的几个冤家对头那么少，几乎所有可能会使原本计划来就餐的客人临时改变主意的消费活动都称得上是竞争对手。比如说，一个原本会下楼吃饭的顾客一时懒惰，吃了方便面，就意味着方便面厂家成为了楼下餐馆的竞争对手。再比如说，一所学校的毕业聚餐活动临时改成了毕业舞会，那么歌舞厅就取代了宴会厅拿走了这张价值不菲的支票。所有这些看上去并非直接交锋，但事实却能替代自己的竞争对手，这就是替代竞争行业。

按照同样的逻辑，既然方便面厂家和歌舞厅可以替代快餐和毕业宴会，那么反过来快餐和毕业宴会在适当的情况下也有机会替代方便面和歌舞厅，这个互逆的过程对于双方都能成立，如果能使更多的替代选择倾向于我们的企业和产品，自然也就获得很多前所未有的市场机会，而如果能使这种选择成为一种稳定的趋势，那么新的市场空间也就被创造出来了。

实践速描

饭店餐厅也可以涉足送餐市场

很多写字楼里的白领一族们的午餐都吃得非常随意潦草，尽管他们的收入水平足以支付更高水平的营养美食，但要么是没有时间要么是不愿跑太远去排队就餐，他们填肚子的方式基本上是面包、方便面或者外卖叫餐，只有极少数的综合性大楼可能会有食堂。

仔细分析一下白领们的消费选择，不难发现他们对午餐消费的定义是——快速、无须排长队、价格适中且能就近消费。外卖通常是一些小规模餐馆在经营，质量不稳定、送达不及时且口味难以保证，而正规的大型餐饮企业一般都在坐等这些白领们上门消费，不管他们有没有时间、愿意与否，至少主观上企业老板们并没真正看到这里面的巨大商机。

有趣的是，当很多餐厅老板们尝试开发这片市场时，他们的担忧竟然是惊人的相似：送餐业务总量太小，不值得经营；送餐过程中经常会遇到人手紧缺、业务时段过于集中以及菜品经过打包外运后质量严重下降;送餐业务会对现有业务造成冲击,因为厨房人手调配不过来,尤其是在业务高峰时段……

这些担忧不无道理,事实上这些老板也大都做过类似的尝试,但问题在于他们依然沉浸在传统的“红海”战略思维中,依然用传统的经营手法在裁剪崭新的市场。

解决方法是:以本部为中心厨房,与各主要写字楼的物业部门合作建立现场加工点,条件允许时还可以在加工点旁设立临时就餐区。中心厨房负责将材料加工成半成品,只将最后环节留给加工厨房(如果条件不允许,甚至可以直接运送成品),白领们无须走出写字楼,就可以享受由正牌大餐厅名厨烹制的精美菜肴,而且顾客和加工点之间可以形成互动,就菜式品种等进行交流,餐厅也因此布下了一张能通达多个实力企业的营销网络。

法则二,分析行业中的战略集团,从多种战略行为的分歧中寻找新的市场热点。

在餐饮业中存在若干个奉行不同类型战略的企业类别,也就是我们通常说的战略集团。比如,按照产品的档次、价格和硬件投入水平的差异,我们可以将餐饮企业依次分为高、中、低档餐饮战略集团,它们分别遵循优质优价或者薄利多销的不同宗旨。

不同战略集团间的战略差异即经营风格差异是十分明显的,但在同一战略集团内部企业的做法则是大同小异,这就造成了一种很独特的景观——不同档次的饭店相互间井水不犯河水,在经营手法上都高度默认了那些约定俗成的差异,尽管根本就没有规定什么法则。比如经营高档海鲜酒楼的经理不会聘请一些家常菜厨师,而低档的街头餐馆也不会要求服务员穿统一制服并佩戴工号牌等等。

实践速描

“燕翅鲍”是高档餐厅的专利吗

其实,在不同战略集团的边界之间还存在着巨大的市场空间,关键是要理解什么因素才是消费者真正关注的。比如,在高档海鲜酒楼的保留传统项目“燕翅鲍”系列,它吸引顾客的地方到底是口味还是不菲的价格所带来的奢侈感受呢?如果是后者,可能这真的只能是由高档餐饮企业来经营,但如果是前者呢?

事实上,很多人消费“燕翅鲍”是两者兼而有之,但这至少说明中低档餐厅也完全可以染指这片看上去“高不可攀”的市场,因为有大量的喜欢其口味但又畏惧其高价格的顾客存在。“平价燕翅鲍”产品的推出正好顺应了这些食客们的愿望，市场反应非常火暴。这个产品的策划正好兼具两大战略集团的基本特征——高档集团的“燕翅鲍”产品和低档集团的平民定价。

法则三，分析顾客链尤其是实际消费者、购买者和影响者之间的微妙关系，寻找新的市场切入点。

在餐厅里，我们经常发现买单的顾客和实际消费的顾客往往不是同一个人，或者换句话说，实际购买者并没有真正意义上的决策购买权，他们是在实际消费者的要求或影响者的怂恿下才不得已为之。

比如说，当我们走进麦当劳，买单的可能是父母，实际消费的却是小孩子，单从这些家长们的本意来说他们可能并不情愿消费麦当劳，但只要小孩们提出强烈要求的话，家长们通常无法拒绝。这便是一个非常经典的通过顾客链分析成功开辟新市场的例子，企业没有将功夫下在如何去吸引这些家长们，而是通过赠送玩具、提供室内游戏屋等手法来直接影响小孩子，从而迂回达到促进消费的作用。

法则四，分析相关的配套产品和服务，通过延伸产品链来开辟新的利润增长点。

很多餐饮企业近来注意了产品的延伸拓展，将一些与餐饮消费有关的项目引进来，极大地激发了消费者的热情。

一线案例

某酒楼的“歌舞晚宴”

在很多城市，晚餐只是夜生活的开始，很多顾客就餐后还会继续寻找新的娱乐，这就意味着商机的存在。有一家酒楼的做法就是在晚宴后为顾客们提供一台高质量的歌舞剧表演。

席间文艺表演在餐饮界很常见，多属于助兴性质，无论是演员阵容还是节目编排都相当业余。但这家酒楼的做法却反其道而行之，因为他们的目标不是为顾客提供简单的助兴娱乐，而是直接定位为晚餐后的正式娱乐。他们在舞台建设、演员阵容以及节目编排上都是绝对的专业水准。在艺术学院的帮助下他们组建了一个相当高规格的大型艺术团，并严格按照艺术团的标准进行管理，节目设计和编排也全部请著名专业人士参与。

歌舞表演开始后，全场灯光完全按照剧场模式进行调节，此时几乎所有人都已经停止就餐，全神贯注地欣赏表演。表演持续时长近两小时，顾客们在饱食了物质大餐后再欣赏一顿精神大餐。尽管自助餐价格不菲，但几乎晚晚爆满，座无虚席。

法则五,分析产品和服务对顾客的功能与情感的吸引力,为寻常产品注入新的生命力。

绝大部分餐饮产品尽管非常可口,但远谈不上感情层面的吸引力,这是我们在经营时过于就事论事并紧盯着成本利润的自然结果。但如果能仔细分析顾客对于产品功能与情感的实际感受,并勇于挑战大部分企业对于同类产品的情感定位,我们就有可能找到新的市场。

在西方国家,咖啡一直被认为是一种日用消费品,与香烟、茶叶等一样是一种典型的功能产品。但星巴克不这么认为,他们决定将咖啡塑造为一种情感体验。在星巴克咖啡厅里,他们提供了一个集地位、身份、休闲、聊天和享受咖啡于一体的时尚之地,他们让人们在这里学会鉴赏咖啡,学会与人交往,学会品味时尚,这一切都使得本来并不合理的 3 美元一杯的咖啡看起来似乎也非常合理了。

法则六,分析时间,从行业外影响业务形态的趋势入手,提前使企业进入创新状态。

餐饮行业的基本形态一直在不断的变迁中,但有时光从行业内部是看不到其中变化趋势的,等到企业意识到这一点时很可能已经错过了市场机会。

举例来说,现代互联网技术使得远程通信成为一件非常简单的事情,人们利用网络所做的事情已经越来越多,甚至连购物、管理家务等都用上了网络远程服务。那么这样的时代技术趋势对于餐饮业意味着什么呢?可能很多人仍不以为然,因为在大部分人的观念里,无论世界怎么变化,餐饮还是离不开“服务员点菜、厨师炒菜”这样的基本模式。

不妨设想一下,如果能开通网上订餐业务的话,将为顾客带来多大便利,并最终为企业带来多少收益。顾客们在家里就可以点开某餐厅的网站,详细浏览各类菜品的介绍,自然也包括厨师的资历说明、菜品烹制过程演示以及可供选择的包厢环境等。在选好菜单并得到餐厅在线的即时确认后,通过网上银行划入订餐保证金,并注明到达时间、人数以及其他事宜,预订也就完成了。因为这样的预订过程双方互动沟通效率很高,所以顾客到店后不用等待多长时间就能开始上菜,而且因为顾客对菜式已经事先作了反复研究,所以投诉可能也很小。最关键的是,餐厅在顾客到来前较长时间就已经开始排单生产,能充分地利用厨房现有生产能力,最大限度地减少浪费,并且不会出现业务高峰期整个厨房手忙脚乱、频繁出错的现象。

延伸阅读

集团饮食供应业:面向集团客户的新兴餐饮业态

在欧美发达国家,集团饮食供应一直就是众多大型餐饮企业极力追逐的市场热点。

全球最大的跨国饭店集团之一——万豪集团就曾是美国最大的航空食品供应公司,而在其集团饮食供应事业部的客户名单上先后留下了福特汽车制造厂、大众汽车制造厂、海军通讯部和里沃德尔工程研究公司等许多响当当的名字。

质量上乘的食品、专业精良的服务使万豪迅速成为集团饮食供应领域里最具号召力的品牌,服务范围不断延伸到一些工厂、医院、大学、政府部门、军队和各种社会团体机构。凭借着在集团饮食领域里的优异业绩,万豪在很短的时间内完成了资本积累,一举奠定了其日后成长为世界级企业的实力基础。

传统的单位食堂事实上还只是集团饮食供应业的“冰山一角”。发达国家的成功经验表明,交通运输饮食供应、公共写字楼饮食供应以及会展饮食供应等也是集团饮食供应业的重要组成部分。

这些市场都有一个共同特点,即其客户消费是以团体形式为主,餐饮企业在食品的制作和销售上也都以批量形式进行,通过竞标和谈判获得某一单位或区域的饮食专营权以后,企业事实上已经处于垄断经营地位,极易形成规模经济。

与传统意义上的快餐相比,集团饮食供应的专营权是其核心特征,而快餐业尽管也能实现批量产销却难以对市场形成强大的吸附和控制力。比如,近年来,麦当劳等快餐企业加大了向高校周边渗透的力度,但学校食堂仍然是广大学生就餐的首选。

制约传统餐饮业发展的最大障碍就是其产业所固有的零散性、需求多样性和进出壁垒过低等产业特性,而在纷繁复杂的零散客源市场上要构建规模经济则显然不是现阶段我国餐饮企业力所能及的,来自资金、管理、人才和物流网络等方面的压力都是当前绝大多数餐饮企业难以逾越的壁垒。

从某种意义上来说,以整合产品、整合管理的“麦当劳模式”来加速我国餐饮业发展时机还不太成熟,但以集团饮食供应为突破口,通过直接整合市场的方式来快速形成规模经济,倒是切实可行的现实选择。

第七章

饭店餐饮管理创新的未来趋势

导读

“无房不稳，无餐不富，无娱不活”。这句话生动鲜明地揭示了饭店三大主要业务板块在整个经营体系中的作用和地位。一般来说，客房业务能为饭店带来稳定的现金流量，但无法创造超额利润，而且其竞争格局也相对比较稳定；娱乐业务相对来说有其自身独特的经营规律，主要承担为饭店招徕人气的功能，视其类型不同，既有可能成为饭店利润支柱，也有可能贡献寥寥。相比之下，餐饮业务因为其自身无穷尽的潜力，也因为其技术含量和产品附加值较高，极有可能成为饭店利润最主要的组成部分。

问题是饭店餐饮的利润到底来自于什么地方？是经营者自身广泛深厚的人脉资源，厨师们出神入化、巧夺天工的独门手艺，还是投资者用雄厚资本实力搭建起来的硬件优势呢？弄清楚这些问题，对于一个志在做大做强的饭店企业来说远比确定一个新的投资项目来得有意义得多。

本章整体来说摆脱了过去业内人士习惯于从技术细节或硬件条件来寻找餐饮部门竞争优势的思维定式，这对于我们从系统高度来理解餐饮业管理创新的路径非常必要。出于阅读上的便利，本章第一节依然沿袭了很多同行们从技术与流程入手来考察餐饮业竞争的习惯，并将这些竞争要素融入到一个全新的概念——商务模式之中。

商务模式作为近年来在工商企业领域最时兴的概念，将我们所熟知的赢利模式、收益模式和业务模式等概念整合在一个概括力更强的新框架体系之中。所谓的赢利模式，其核心含义在于通过系统的价值创新来赢得更多的消费者认同，并将饭店自身在某方面已有的特殊禀赋直接凸显成为关键的利润来源，本章中先后列举了麦当

导读

劳等案例以证明价值创新在管理创新体系中不同寻常的地位和经济价值。

与过去类似文献略有不同的是，我们除了强调价值创新的意义之外，还极力主张进行科学的收益流和资源流设计，这有利于我们系统地开发和辨认饭店本身的核心竞争力。本章第二节系统地介绍了核心竞争力概念，并结合饭店餐饮企业的实际情况来解释和澄清我们过去对于核心竞争力概念存在的种种误解。

本章第三节所谈到的知识型餐饮企业对于大多数业内人士来说尚属于一个很少接触的全新概念。一般来说，人们都认为餐饮企业是非常典型的传统型企业，知识创新在整个企业运行中所占的比重很低，但越来越多的事实却表明，知识创新对于餐饮企业增长的贡献比来自于资本增长、人脉积累以及硬件改造等要素的作用更为深远和显著，或者说，这是进入知识经济时代以来餐饮企业面貌改变的最强音。

关于如何创建知识型餐饮企业，或者说如何使得餐饮企业一举跨越传统的粗放式增长模式并最终转变到以知识作为企业价值增长和利润增长的主旋律上来，对于现实中的绝大多数饭店和餐饮企业来说，可能是比观念更新难度更大的挑战。第三节中尽管提出了一些相关建议，但只能说是初步尝试，距离餐饮企业的系统转型要求来说还有些距离。

第一节 技术变革、流程优化与商务模式创新

失败的企业可能会有无数种用以形容其决策偏差的理由，而成功的企业遵循的路径却是惊人的一致，那就是他们很好地将价值创新、收益流设计以及资源组合三者有机地融为了一体，这就是管理学家们通常所谓的商务模式。即便是在完全相同的产业内部，即便面临高度类似的经营环境，不同的餐饮企业所具体选择的项目在形式上也很有可能千差万别。比如同样是经营海鲜产品，可以是传统的桌席点菜制，可以是自助餐，还可以是客人自己动手的加工厨房模式，这些看似难以把握的战略差异，在本质上来说都属于商务模式的创新。

一、麦当劳为什么成功

尽管我们无数次地考察过麦当劳的"标准化"、"工业化",也不遗余力地推出了各种中式版本的"QSVC"(Quality,品质;Service,服务;Value,价值;Clean,整洁),甚至连麦当劳的企业标志、装饰布局、餐具用品乃至一招一式都曾被全盘仿制,但仍然只能是"照虎画猫","形似而神非",经营业绩自然也不尽如人意,差距不但未能缩小,反而越来越大。于是,我们不禁要问,我们到底该向麦当劳学什么?

作为全球第一快餐企业,麦当劳在国际市场上的成功很大程度上应归功于其巨大的品牌号召力,同时它在美国国内经过多年的市场洗礼,已经基本步入产业的成熟阶段,拥有丰富的市场经验,转战于民族快餐业尚未成型的外国市场,巧妙地运用了产业成熟度的差异,在资本、技术、品牌等多方面均构筑了很高的壁垒。但更关键的是,它在竞争战略的运用上明显要比民族快餐企业高明许多。

(一)窄产品线战略

窄产品线战略即产品类型专门化战略,有利于获得在少量产品基础上的规模经济性,扩大主要原材料的采购数量,提高对于供应商的砍价能力,方便实施部分的后向整合战略,从而最终取得在主要产品项目上的低成本地位。这样一来既可以保证一定的利润空间,也可以加强对于买方的相对实力,这种优势将通过价格、质量、供应速度和宣传的集中性有效地表现出来。因此麦当劳自创办以来一直坚持食谱要简单,品种要精练,绝对不搞中药铺式的"琳琅满目"。

(二)高度集权与适当分权相结合战略

连锁经营的目的不是单纯数量的简单扩张,而是更大范围内的规模经济性和学习成本的分摊。体系的成功来源于个体的成功,然而众多零散性单店的经营势必在利润压力驱使下呈现出价值观的多向性,当一定数量的单店联合起来对整个体系的基本价值观形成威胁时,再严密的组织也有可能瓦解。所以麦当劳严格规避区域特许,从不出卖地区连锁权,从而保持总部相对于单店的强大实力,保证了企业基本价值观的全面贯彻。

(三)巧妙的初期利润源战略

综观麦当劳的发展史,大多数快餐企业发展过程中的资金瓶颈问题也曾一度使其受到困扰。迫于现实压力,许多企业纷纷采取出售地区连锁权或者通过内部整合即充当加盟企业的上游供应商等方式予以弥补,其实质是通过损失下游企业的利益换取自身的成功,这样的策略在企业成长初期势必会造成连锁体系内部的多重矛盾。只有当下游加盟企业认为从体系内部购买的资源价格合理并大于自身购买的机会成本时,这样的方式才能成为连锁企业的主要利润来源。麦当劳之所以一举战胜包括"白色城堡"、"伯格厨师"等在内的众多大型快餐企业,巧妙的初期利润源选择战略是关键。麦当劳公司以20年的合约向土地所有者租用店面后，再把店面加价后转租给连锁加盟店，赚取其中的差价，在20世纪50—70年代，麦当劳居然成为了美国收益最好的房地产公司。当前的中式快餐企业也许不能简单模仿麦当劳当年的战略，但开辟快餐业的新经济属性应该成为极重要的思路。比如资本属性——通过在创业板上市；零售属性——以产品形式直接进入零售环节；批量属性——直接进入集团伙食供应业；租赁属性——降低加盟者的资金门槛，通过设施设备的租赁金来保证利润等均是有价值的努力方向。

（四）核心价值观的显性物化战略

麦当劳的“QSVC”、特色鲜明、主题明确的宣传、麦当劳大学的建立和卓越运作，均是围绕着麦当劳的基本客户选择战略展开。为了能建立在特定客源市场上的强势砍价地位，麦当劳始终围绕着产品的价格性能比努力，在已经建立起巨大的竞争优势后，全心致力于品牌的建设和推广，以品牌的实力为核心构筑起对于对手的移动壁垒，将利润的来源建立在核心价值观的不断深化和推广基础上，其对于帕累托规则的运用达到了极致。麦当劳长期坚持稳定的客户战略客观上降低了自身变换客户的转换成本。

（五）系统而准确的客户选择战略

在麦当劳的经营理念中，目标客户的挑选是十分重要的战略变量，对于客户素质的评估取决于以下因素：相对购买需求、增长潜力、顾客砍价实力和价格敏感性、服务成本。就当前社会人口因素来衡量，青年和儿童是属于综合素质最高的顾客群体，麦当劳通过核心价值的显性物化战略和系统的市场推广活动建立起了其对于产品的高转换成本。麦当劳简单直观的产品线构成和快捷稳定的服务与出品质量降低了该类客户的购买风险和选择成本，同时麦当劳还通过提供儿童游乐设施、儿童玩具等增值手段使单调的快餐产品增加了新的功能，从而上升为差异化更加显著的特色产品。

（六）相对稳定的价格战略

麦当劳在长期的实践中摸索出一套独特的价格战略，即根据社会经济状况、通货膨胀率调整价格的路子，这是对传统的按市场供求关系制定价格的思路的重大挑战，其核心依然是维持自己的基本价值观，是产品的核心价值真正与顾客的相对购买能力相匹配。为了进一步获得顾客的支持，麦当劳将所有产品价格以最直接的方式予以明示，充分展示出自身的诚意。

（七）外松内紧的人力资源开发战略

麦当劳在员工的雇佣方式上坚持开放自由的用人观，允许兼职、跳槽等多种松散型的雇佣形式大量并存，既避免了企业相对重要员工的转换成本的存在，也顺应了零散性服务的行业基本特点。但在多元化的人力资源基础上，麦当劳对于员工的行为能力和思维原则的把握却异常严格，大量持续的教育投入和“汉堡包学”的诞生从不同侧面证实了麦当劳对于控制员工自发性行为的基本出发点，在某种程度上企业可以被看作是由具有诸多潜在服务效用的不同性质的资源的集合体，资源发挥效用的范围和程度由企业现有的知识水平所决定。

（八）公共决策机制

规模庞大的麦当劳体系内部最重要的基本关系就是总部与各分店之间的关系。整体利益与个体利益之间的矛盾是零散性企业上升成为大产业的核心矛盾，麦当劳通过引进集体决策机制来解决这个矛盾——在总部确定整体营运战略的基础上由各分店集体表决的方式确定战略的具体实施和资源分配的方案。

（九）本地化内核的国际化战略

当美国国内快餐产业步入成熟阶段后，麦当劳没有将富余资源投入到多元化战略中，而是通过开拓尚处于新兴产业阶段的海外市场，利用地区间的产业成熟度的差异开始实施其独特的全球化战略：一方面致力于保持产品本身的“纯美式”特点，以保持在异国市场上的差异性和对产品核心价值观的弘扬，另一方面在具体的经营手段上充分采取本地化战略，避免以跨国企业的身份出现，最大限度地融入当地文化背景中，避免了来自不同国别间的文化冲突，也避免了当地竞争对手的恶意报复。

（十）科学准确的竞争战术

麦肯之争中的“鸡”“堡”大战充分反映了两个成熟的跨国企业间的竞争技巧，对于“交叉回避”和“战斗品牌”的灵活运用使双方得以在市场竞争中保持均衡地位，双方通过对市场信号的运用有效地尝试了一轮新的战略攻防而没有耗费太多的资源，进一步明确各自在市场上的相对实力，避免各种冒险的进攻性行为的使用。

二、商务模式与技术创新

所有曾经试图模仿或超越麦当劳的餐饮企业都发现，即便能做到上述十大战略要点，或者说就算他们能全盘复制麦当劳管理流程的所有细节，也仍然无法做到“形”、“神”皆似。这中间的差距除了品牌效应、知识积累和资本实力之外，更重要的因素就是商务模式的差异，或者说是通过不间断的技术创新和流程优化来进行商务模式变革的能力。

麦当劳的成功既可以体现在技术层面，如先进的连锁管理体系和首创的特许经营制度；也可以体现在流程层面，如严格的质量标准和近乎刻板的操作步骤，但更多地还是体现在它不断创新的商务模式即赢利模式上。

所谓商务模式，简而言之就是企业的基本赢利模式或业务模式，它是企业创新的焦点和企业为自己、供应商、合作伙伴及客户创造价值的决定性来源。从内容上来说，商务模式是对企业至关重要的三种流——价值流、收益流和物流的混合体，具体可以表现为企业为了对价值进行创造、营销和提供所形成的企业结构及其合作伙伴网络以及创造和维持收益流的客户关系资本。从形式上来说，商务模式是开办一项有利可图的业务所涉及流程、客户、供应商、渠道、资源和能力的总体构造，它可以被看作是企业运作的秩序，企业依据它建立，依据它使用其资源、超越竞争者和向客户提供更大的价值，依据它获利。

随着资本的相对充裕、竞争的日益激烈、技术进步的不断加快以及消费需求日益多样化和个性化，商务模式创新变得越来越重要，餐饮业日新月异的业态更替就足以说明这一点。

在过去，当某个餐饮企业取得一项重要的技术创新之后，往往可以借此获得垄断性的支配能力而持续地赢利。比如，北京"金三元"酒家在创始人沈青先生的努力下开发出了"金牌扒猪脸"等专利菜品，并申请了法律保护，从而取得了一定的技术领先优势。然而现在，这些已获得的技术领先优势随时可能会被更新的技术所替代，消费流行期的缩短以及资本的充裕对进入门槛的削弱使得依靠技术创新推出的产品和服务所能获取的价值不论数额还是持续期都受到明显挤压，因而，仅仅依靠或强调技术创新所能获得的赢利变得很有限，常常不足以补偿技术研发的巨额费用。

从麦当劳的成功过程来考察，我们不难发现，在强调高度"标准化"、"工业化"的前提下，其实际技术创新幅度和更新频率并没有人们想象的那么大，所谓的"窄产品战略"就是最好的证明。

但从麦当劳不断变换的利润源战略即商务模式来看，它总是能顺应市场形势找到最合理的赢利渠道，比如在一开始时将自己定位为单纯的餐饮服务商。创始人克罗克先生以麦当劳兄弟的独门技术为基础开发出适合美国人口味的快餐食品，经济、实惠且快捷、卫生，尤其是他在很多加油站配套推出的"pass and buy"，即无须下车就能消费的一站式服务更是令快节奏的工薪一族受益无穷。

到了20世纪60—70年代，随着美国经济发展速度放慢，麦当劳的很多成员店都不同程度地出现了亏损，此时克罗克先生果断采取措施，大力发展特许加盟，通过变革治理结构来削减连锁经营成本，尤其是将长期租约与特许经营权捆绑授让的创意，更是使得麦当劳成为这一时期最成功的房地产经营商。

而当麦当劳摆脱了传统"总—分部"经营模式的资源分割瓶颈并迅速成长为全球性企业后，它的商务模式又发生了新的质变，即从餐饮服务商、房地产经营商彻底转变为知识供应商。此时麦当劳与其数万家加盟企业之间已经由传统的以资本为纽带的总部—分店关系转变为新型的以知识为纽带的服务与被服务关系。这些加盟企业不再是麦当劳的分公司或子公司，而是麦当劳所创造的系列专业知识的直接消费者。麦当劳出售给这些成员企业的是在特定的资本规模下风险最小的、系统的赢利方案及各类技术问题的解决之道。

尽管从表面上来看,麦当劳自创立以来在产品结构和技术形态上并未有太多实质性的改进,在“窄产品线战略”的前提下几乎所有的产品创新都给人一种“换汤不换药”的感觉,但这似乎并没有阻碍它一步步地成长为世界快餐业的霸主,这就是商务模式的魅力。麦当劳大量的研发经费都投入到了对各种复杂情况下的竞争技术和市场技巧的研究中,这些同样也是其赢利方案的核心部分。我们完全可以说,对于麦当劳来说,它真正出售的商品并非汉堡包,而是为全世界中小业主们量身定做的赢利方案。麦当劳的强大不在于食品的美味和工艺的精湛,而在于它能及时根据市场形势调整竞争策略,并且将复杂的决策过程简化为简便易行的操作流程,最大限度地降低了加盟者的经营风险。从某种意义上来说,麦当劳的真正客户并非最终前来就餐的消费者,而是这些加盟者。

三、商务模式与价值创新

商务模式的创新在本质上是价值流的创新。很多餐饮企业之所以成功,是因为它们为消费者带来前所未有的某种价值,而这些新增的价值通过适当的资源配置、流程设计尤其是财务处理后就上升为商务模式。

在当前的技术经济条件下,单纯的技术优势已不足以确保企业的竞争优势,商务模式创新几乎变成了与技术创新一样重要和频繁的任务,企业家的首要作用中心也由传统的混乱驾驭和流程管理向商务模式的大范围创新转移,我们甚至可以说,未来企业家的主要使命就是商务模式创新。

表 7-1 引自国内当前商务模式创新研究权威翁君奕教授的著作,我们可以从中梳理出商务模式的核心环节。

表 7-1　价值流创新的基本思路

要素	客户界面	内部构造	伙伴界面
价值对象	市场细分 目标市场选择 市场定位 其他	企业使命 利益相关者理念 其他	分拆 购并 外包 供应商选择 其他
价值内容	产品本身质量和性能 价格 服务 体验 接触距离 其他	客户价值 伙伴价值 职业经理和员工薪酬以及非金钱需要的满足 其他	建立供应合作关系 整合供应网 为供应商提供指导 利用供应商创新 发展全球供应基地 战略联盟 行业标准 其他

续表

要素	客户界面	内部构造	伙伴界面
价值提交	销售渠道 品牌设计 营销传播 广告促销 销售 售后服务 客户关系管理 其他	治理结构 资本结构 决策和领导方式 业绩评价和监督体系 组织结构 产品或服务组合 工艺流程 业务流程 质量管理 信息管理 知识管理 研发管理 价值链管理 企业边界设定与调整 其他	质量控制 采购管理 物流管理 合作伙伴关系管理 其他
价值回收	收费方式 应收款管理 其他	股利分配 股东价值管理 其他	付款方式 应付款管理 其他

按照翁教授的归纳，商务模式的价值创新可以分别发生在价值对象、价值内容、价值提交和价值回收等四个基本环节，每一个环节中又有很多可以引致商务模式变革的价值要素。正如前文所反复提及的原则，这些价值要素的任何变革只要配套以相应的财务处理和流程设计，就可以直接演绎为前所未有的新赢利模式。

以价值对象为例，通过新的市场划分标准对原有的市场重新进行细分，辨识出新的客户群体，有可能创造出新的市场机遇，而针对这部分新客户所设计的产品形式和业务内容也就成了新的商务模式。如近年来非常流行的将中式茶餐厅和西式咖啡厅结合在一起的简餐经营模式就是针对那些喜欢优雅、静谧的消费环境和轻松惬意的就餐过程的顾客。这部分顾客在很长一段时间内并未引起经营者的高度重视，只是随着工作节奏的不断加快和人们的心理压力不断增大，一些精明的商家逐渐意识到这个特殊群体的存在，并根据其心理特点设计出相应的产品形式。

以价值内容为例，整合供应商网络可能会使企业找到获取新材料或降低运营成本的好办法，而这些最终也可以转化为让渡给顾客的价值并构建一定的竞争优势，尽管供应商对于其他企业来说也会成为相同机会的提供者，但企业与供应商之间的联盟关系可以制约和延缓这个过程,从而为企业赢得市场先机。比如,近年来很多餐饮企业纷纷实行前向整合战略,直接投资参股或控股食品原材料供应企业,迫使其成为独家供应商,在一定程度上垄断材料来源就是一种新的商务模式。

以价值提交为例,对关键工艺流程的特殊处理技术可以使得企业找到低成本高质量的产品技术,这在产品结构差异不同的情况下为企业的价格战和质量战提供了可能性。比如北京"金三元"酒家通过引入工业技术,率先找到了控制成品质量和简化制作流程的系列技术方案,从而可以比对手低得多的价格供应质量更稳定的"金牌扒猪脸"等拳头产品,并围绕着这些核心产品建立起了"五连一锁"的经营模式,就是价值创新的一种体现。

以价值回收为例,通过对消费款项结算方式的变革也可以找到新的经营模式。比如很多餐厅,尤其是一些风味餐厅为了刺激消费欲望,纷纷改革了传统的点菜买单制度,要求顾客进门先买卡充值,上不封顶,出门时再一次性得返还余额。这样一来,顾客的注意力就不再停留在账单上,而更多地关注那些花样百出的新菜品,既不用担心菜价里面有多少猫腻,也无须在乎菜品分量的多少,因为每一次的购买决策都是直接面对实物做出的。

延伸阅读

小生意里的大学问

完整的餐饮产业体系包括饭店餐饮、社会餐饮和集团餐饮三种基本形式,三者之间不但形成了相互替代的竞争关系,也提供了很多可以相互借鉴的经营技巧。

以集团餐饮业里最常见的食堂经营模式为例,近年来很多在商务模式上的创新变革就完全可以应用到饭店餐饮或社会餐饮中来。事实上我们也已经看到越来越多的地处闹市的酒店和餐厅正在积极地模仿食堂经营模式,实实在在地走上了"薄利多销"的道路。

原本被很多业内人士认为技术含量偏低的食堂经营,恰恰是近年来进步最快的行业,不但摆脱了人们习惯性认识中的微利形象,而且在出品质量、就餐环境等方面也有了长足的进步,正所谓小生意里也有大学问,更何况这原本就不是什么"小生意"。

传统的食堂经营模式,是独家经营、统一生产、价格垄断和窗口售卖。这种模式下经营者没有竞争压力,出品质量低下,价格尽管不低,但也没有进一步上涨的可能性,因为消费者正在逐步流失。

于是很多单位食堂开发出新的模式，即将传统的窗口售卖改为顾客自选模式。具体做法是，将菜品按照类别分开几个区域摆放，每个品种的分量较少，顾客一般需要选购两三个品种，但由于是采用自选模式，选择余地很大，顾客有足够的耐性去选择自己相对比较满意的就餐方案。

但这种自选模式的局限也很明显，一方面经营者仍然是独家垄断，另一方面几乎所有品种都是事先制作后现场保温，距离普通餐厅的现场制作还有很大距离。于是有些单位食堂又有了新的经营模式，那就是同时引进多个经营者，每家一个独立档口，各自经营自己擅长的菜肴品种，在内部形成从品种、质量到价格、口味之间的全方位竞争。

全面引入竞争后的食堂各档口业主为了能吸引更多消费者，普遍采用了现场烹制的办法。这样一来，食堂的整体菜品质量就有了大服务上升，消费者也渐渐地喜欢上了这种新颖的食堂风格。

第二节　核心竞争力：餐饮企业持续竞争优势的源泉

铁打的营盘流水的兵，很多餐饮企业即便是能坚持很多年牌号不倒，但里面的主要经营骨干却不知更换过多少茬了。对于这些始终处于动荡起伏中的饭店来说，无论是技术上的优势、客源上的优势还是品牌上的优势都跟他们不停更换的经营体系一样始终是不稳固的。正因为如此，"核心竞争力"这个概念一经推出，便吸引了很多业内人士的眼球，因为这里隐含着他们所向往的某种经营境界。遗憾的是，人们对这个概念的理解大多数还只是停留在很粗浅的"望文生义"阶段。

一、核心竞争力——全新的经营哲学

激烈的市场竞争中，步步领先、从不犯错的企业是不存在的，但却有一批餐饮企业始终能凭借着强大的竞争优势占据行业领先地位。它们的成功，显然不能以"利润至上、现金流第一"这样的传统经营哲学来阐释。

麦当劳在确立了进军中国餐饮市场的基本战略后，并没有急急忙忙地展开业务，而是提前三年派出了一批农业专家，在各省市反复寻找合适的土豆种植场地。他们提取和化验了很多地区的土壤样本，最后在黑龙江和河北等地找到了理想的种植环境，又经历了较长时间的种植实验后，确认生产的土豆已经完全达到了麦当劳的产品原材料要求后，才正式启动了中国市场的运作。

在麦当劳,类似“土豆实验”之类的举动还有很多,这些点点滴滴汇聚起来就构成了麦当劳独特的核心竞争力。尽管不断有后来者凭借着资本、硬件或客户网络等资源优势向其发起挑战,但笑到最后的始终都是拥有强大核心竞争力的麦当劳。

核心竞争力之所以能成为决定企业胜负的关键,与其特征有很大关系。核心竞争力是企业内部在经营战略、组织结构、人力资源素质、文化和作业流程等要素上所达成的高度一致性,能帮助企业在创造价值和降低成本方面做得比对手更出色。“土豆实验”之类的重大决策之所以能在麦当劳顺利成为现实,与其总体战略、企业文化的影响力密不可分,而不是个别决策者的“逞能造势”所为。另外,核心竞争力是经过长期积累形成的,所以无法被竞争对手仿制或购买,传统的“挖墙脚”、“偷师学艺”都无法获取企业成功的真谛。长沙华天大酒店的陈纪明总经理对员工流动持开明态度,“别人能挖走华天的员工,学会华天的一些技术,但无法复制华天的精神、文化和管理意识”。

餐饮企业之间的竞争既不是资金规模的比拼,也不是单纯价格、关系网络等市场指标的争夺,归根结底还是核心竞争力的较量,只有能真正为顾客创造更大价值的餐饮企业才能立于不败之地。据报载,有一家五星级酒店就曾经通过媒体向社会公开征集顾客对该酒店服务质量的批评,让公众来评说本不该外扬的“家丑”。许多业内人士曾担心此举会危及其在公众脑海中的良好形象,但事实证明这完全是多虑了。公众在诚恳地为酒店提出各种建议的同时,也为酒店的诚意所感动,进而成为酒店的忠实顾客。香港启东酒店也曾经在火灾高发季节组织所有中高层管理人员脱产到当地消防局学习防火知识,此举既体现了酒店“防患于未然”的社会责任感,也博得了公众的信赖。

核心竞争力是建立企业特有的产品技术和管理技术优势基础上的,离开了自身的能力优势去拓展新的经营范围往往会招致失败。香港半岛饭店集团曾经一度步其他饭店后尘,走上了多元化道路,除了其一贯擅长的豪华饭店经营外,也开始涉足服务型公寓、度假村和经济型旅馆业,并因兴建 Repulsebay 建筑群而在香港房地产市场上大获成功。但半岛很快便重新调整了自己的发展战略,毅然将位于纽约萨顿(Sutton)的服务型公寓、曼谷黄金地段的一幢办公大楼以及泰国普吉的度假村基地等非核心资产卖掉,回过头来继续经营自身最核心的业务,即“半岛”品牌的高星级饭店。这种“有所为,有所不为”的战略确保了半岛在豪华饭店群体中的佼佼者地位。

餐饮企业的核心技术水平和科研开发能力是建立强大核心竞争力的基础。由于技术研发能力的缺乏,恶性价格竞争和简单模仿创新正成为近年来我国饭店竞争的通病,摆脱这种尴尬局面,就必须重新构建饭店业的技术体系,加大服务和产品创新投入,树立“技术制胜”的竞争新理念。南京中央大厦薛文龙先生从20世纪70年代就开始致力于系统研究清代袁枚的《随园食单》,遍访名师、反复实验,终于使当年中国三大官府菜之一的“随园菜”得以复活。“随园盛宴”在中央大厦一经发布,旋即轰动海内外。面对拥有如此深厚技术底蕴的菜式系列,众竞争对手艳羡不已,却无法“仿而制之”,即使勉强“照虎画猫”,也只能是“形似而神非”。

过于频繁的员工流动不利于核心竞争力的培育和保持,尤其是管理骨干、技术骨干和服务骨干队伍的相对稳定程度更是构筑强大核心竞争力的关键。在香港半岛饭店里,员工上下班打卡制度很早以前就被取消了,因为无论是管理人员,还是普通员工,互相之间已经相当熟悉,总经理几乎认识并了解每一个员工。在店庆六十周年时统计,连续在饭店工作10年以上的员工占总数的30%,店龄30年以上的竟有26人,有的员工曾三代同事,有各种血亲、姻亲关系的员工相当多,整个饭店真正“亲如一家”。当前国内一些长时间处于领先地位的饭店如白天鹅、南京金陵等,之所以能始终保持着优异的市场业绩,与其拥有一支稳定的骨干队伍是分不开的。

二、什么是核心竞争力

所谓核心竞争力,其概念最早由美国经济学家普拉哈拉德和哈默于1990年在《哈佛商业评论》上提出的,他们认为,“就短期而言,公司产品的质量和性能决定了公司的竞争力,但长期而言,起决定作用的是造就和增强公司的核心竞争力”。

何谓核心竞争力?简单地说,就是企业在经营过程中形成的不易被竞争对手效仿的能带来超额利润的独特的能力。它是企业在生产经营、新产品研发、售后服务等一系列营销过程和各种决策中形成的,具有自己独特优势的技术、文化或机制所决定的巨大的资本能量和经营实力。核心竞争力主要包括核心技术能力、组织协调能力、对外影响能力和应变能力,其本质内涵是让消费者得到真正好于、高于竞争对手的不可替代的价值、产品、服务和文化。

例如,精确的数据储存和分析能力是飞利浦公司在光学器材方面的核心竞争力;结构紧凑和方便操作则是索尼公司在微型发动机业务上的核心竞争力;本田公司之所以能成为具有世界领先地位的汽车生产厂家与其通过摩托车生产所积累的工程方面的能力是不可分的。相反,韩国大宇集团由于大搞“章鱼”战略,盲目进行多元化扩张,最终尽管形成了庞大的资本规模,却由于核心竞争力的迷失而迅速走向破产。

核心竞争力之所以能成为决定企业胜负的关键,与其特征有很大关系。

首先,核心竞争力应当是有价值的。核心竞争力能够从根本上提高企业的效率,可以帮助企业在创造价值和降低成本方面比竞争对手做得更出色。其次,核心竞争力是通过内部积累形成的，无法被完全仿制或购买，核心竞争力由众多具有方法性特征的知识综合而成，体现出鲜明的知识特征，是实现企业战略核心的高度专用性资产。同时，核心竞争力很难被替代，它通过企业自身不断的学习累积形成，是企业特殊历史进程的产物。当企业的核心竞争力达到一定的水平之后，将会对企业的未来行为和战略空间产生深刻的影响，只有当企业置身于这些核心竞争力能够发挥价值的状态中，才具有独特的竞争优势。

就我国餐饮业现状而言，以恶性的价格竞争和简单的模仿创新为基本特征的低水平竞争模式正愈演愈烈，产业内部的竞争过多地关注于顾客份额的抢夺、非技术壁垒的构建和资源规模的比拼，价格战、折扣战、回扣战、关系战和硬件战等多种形式的争夺从根本上损害了企业的长远利益。更令人担忧的是，这种低水平竞争模式既不能为顾客创造更大价值，也无法防止竞争对手的仿效，而只会导致餐饮企业的核心竞争力进一步缺失和弱化。

年轻的餐饮业要想获得在市场中的持续竞争优势，就必须高度重视对自身核心竞争力的建设，把培育和增强自身核心竞争力作为比单纯的资源管理和市场开拓更为重要的目标和任务。

三、餐饮企业的核心竞争力建设

企业核心竞争力理论一经提出，就得到了学术界和企业界的广泛认可，并引起了企业家们的高度重视。越来越多的企业经营者在核心竞争力理论的指引下，开始转向从企业内部寻求竞争优势，充分意识到只有核心竞争力、知识资本等战略性资产才是企业可持续发展的坚实基础。

对于我国餐饮业来说，由于长期以来对于经营规模和发展速度的过度追求，一直广泛采用粗放式的发展模式，而把核心竞争力的培育被放在了次要的地位。面临加入世贸组织后境外资本大规模进入的新格局和高新技术迅猛发展的新环境，我们必须迅速转变经营观念，更新发展模式，切实培育和增强企业的核心竞争力，将竞争焦点由过去的价格战转为更高水平的价值战。

具体说来，企业核心竞争力理论对于我国餐饮业的发展有以下启示：

（一）餐饮企业之间的竞争归根结底还是核心竞争力之间的竞争，餐饮业的竞争模式应由传统的资源战转为更高水平的价值战

在传统的餐饮经营模式中，决策者们衡量经营绩效的主要依据是企业的市场表现和成本水平。为了获取理想的市场份额，餐饮企业往往通过规模扩张来扩大自己的影响，并反复采用低价位策略来冲击对手的客户资源基础，竞争模式表现为典型的粗放式特征的资源战。

在市场环境越来越宽松的今天，任何凭借非技术和非能力因素构筑起来的竞争优势都无法保持长久，以资源为基础的传统竞争模式显然已难以适应新的

竞争形势。餐饮企业只有具备了在经营过程中逐步积累形成的不易被竞争对手效仿的能带来超额利润的核心竞争力，才能在复杂的竞争环境中立于不败之地。核心竞争力是一种综合性的技术、组织和协调能力，其内涵是让消费者得到真正高于竞争对手的不可替代的价值，以核心竞争力为基础的竞争模式在本质上是价值创新能力的比试。

(二)餐饮企业经营应避免盲目追求数量规模，力争求精求新，巩固突出经营优势部分，将非优势部分"外包"

近些年来，各地高星级酒店数量猛增，经营规模也不断扩大，资源投入达到了前所未有的新高度。然而，规模的增长并不等于企业经营能力的增长，相反"大而全"的酒店架构却为企业增加了经营难度，资源战的最终结果是企业产品结构高度雷同，组织结构庞大复杂，企业优势经营能力不突出，成本结构水平持续恶化，管理也日趋官僚化和程式化，创新机制难以真正发挥作用。

就餐饮企业个体来说，决定其市场竞争能力的关键因素主要是核心技术能力、组织协调能力、对外影响能力和应变能力，只有在这些能力上占据明显优势，企业才能够为顾客创造更多价值。不同的餐饮企业，其核心竞争力的特征和表现形式也不尽相同，只有因店制宜、因势利导，准确辨识并突出自身的优势经营部分，将自己不擅长的部分适当"外包"，才能切实保证资源投入的效率。

(三)保持餐饮企业骨干队伍的相对稳定性，将企业改造成为学习型系统，确保核心竞争力的形成基础

核心竞争力之所以能成为无法被竞争对手仿效和购买的决胜因素，关键在于其独特的形成原理和基础。与常规的经营性资源不同的是，企业核心竞争力是通过企业自身长期的自我学习不断积累而形成的，是企业特殊历史进程的产物。核心竞争力不同于具体的产品技术或经营技术，它是一种综合性能力，其核心功能在于有机协调不同的技术过程和技术流派，从整体高度上激发出已有资源的效用。

具体到企业来说，核心竞争力的载体是全体员工所构成的整个组织系统，企业的每一个员工的素质都在某种程度上会影响到核心竞争力的形成过程和作用空间，过分频繁的员工流动，尤其是管理骨干和技术骨干人员的流失，会严重破坏核心竞争力的形成基础。而对于员工队伍相对稳定的企业来说，在共同愿景的驱使下，员工很容易形成学习机制，整个组织系统也被改造成为学习型系统。

当前我国餐饮业界的人员流动呈现出规模大、频率高、涉及面广等特征，已经成为严重困扰经营者的现实问题。就餐饮业的行业特征而言，人员流动幅度过大或过小都不利于企业的成长，但以核心竞争力的形成基础为依据来考察，必须保持管理骨干、技术骨干和服务骨干队伍的相对稳定。目前国内一些长时间

居于领先地位的饭店如广州白天鹅、南京金陵等之所以能保持稳定的经营业绩和良好的市场声誉，与其拥有一支稳定的骨干队伍是分不开的。

（四）餐饮企业的核心技术水平和科研开发能力是建立强大核心竞争力的基础，必须加大产品和经营创新力度，以最终用户为导向，改革产品研发机制

核心竞争力尽管是一种综合性能力，但其最终还是必须借助企业的技术资源系统发挥作用。随着大规模定制时代的全面到来，餐饮业竞争的中心已经逐步转向了企业的技术能力，"技术制胜"成为新时期餐饮业经营的核心理念，餐饮企业的技术研发能力也因此上升成为竞争的核心指标。

由于历史原因，我国餐饮企业的技术基础大都比较薄弱，这也制约了其参与技术竞争的积极性和能力。为了在新一轮的竞争中抢占制高点，餐饮业必须脚踏实地，制定科学系统的企业技术战略，构建完备高效率的技术资源体系。不同的餐饮企业可以依照自身的具体情况，制定不同的技术战略。

大型的餐饮集团可以自行建立技术研发中心，依托规模优势建立起自己的产品和工艺研发中心、预订和客户数据库处理中心、市场调研中心、服务专项技术研究中心、人力资源培训体系、发展战略研究中心等，中小型餐饮企业则或者彼此联合、结成战略同盟，集众家之力来构建高水平的技术体系，或者依托社会科研院所，校企、所企联合，以较低成本实现技术资源共享。

从粗放式的资源战全面转变为以核心竞争力为基础的价值战是我国餐饮业真正走向强大的必由之路。只有将企业的增长建立在价值创新能力的基础上，才能真正实现"数量与质量并重"，达成眼前利益和长远利益的高度协调统一。

延伸阅读

餐饮集团化与核心竞争力建设

餐饮企业集团化的发展进程必须是以企业核心竞争力为依据，只有以核心竞争力为基础构筑企业的连锁体系，才能真正推动餐饮企业集团化的有序发展。

餐饮业属于典型的零散性产业。如何有效地克服行业固有的零散特性，是实现资源的相对集中和创造规模经济性的关键步骤，也是吸引大规模资本进入的核心前提，当前正方兴未艾的餐饮集团化进程的目的就在于此。

在实践中，有些餐饮企业在单店或者小范围连锁经营时获得了巨大成功，便急切地开始实施气势宏伟的大型连锁扩张计划，结果掉进了超常规发展的陷阱。很多经营者对连锁的基本理解就是对成功的样板店模式的"克隆"或者“复制”,殊不知单店与连锁体系成功的基础是完全不同的。

企业通过连锁方式扩张的实质是企业核心竞争力的自然延伸,连锁的成功是企业核心竞争力的溢出效应,其连锁的跨度和数量规模取决于核心竞争力生产力和弹性的大小。科学的连锁体系包括合理的资本体系、人力资源体系、生产管理组织体系、核心技术和辅助技术体系、物流配送体系和相对稳定又不断创新的产品及营销体系。

以企业核心竞争力为依据推动集团化进程,还能够引发集团组织原则的科学化。在传统的餐饮集团模式中,总部和分部之间是控制与被控制、监督与被监督的关系,决定集团扩展规模的决定性因素是总部的资源存量水平,这从根本上制约了企业的发展边界。

而在新型的餐饮集团模式中,总部不再对分部进行全面控制和监管,其核心职能转变为技术研发和智力资本的供应,企业发展的边界不再受已有资源存量限制,成员企业规模而可以达到相当高的数量水平。时下大多数餐饮集团采用的“特许经营制”,从本质上讲,就是凝聚了集团总部智力成果的技术性产品。

第三节 知识型餐饮企业的创建

正如彼得·德鲁克(1995)所言,“知识已经成为关键的经济资源,而且是竞争优势的主导性来源,甚至可能是唯一的来源”。知识管理在企业经营中正扮演着越来越重要的角色,创建知识型企业也已成为越来越多的企业新的追求。

长期以来,餐饮业在很多人心目中一直是个技术含量很低的传统型行业,似乎与知识管理无关,但这只是人们的一种误解。在餐饮企业的收入增长中,我们不难发现资本或人脉关系等传统资源的贡献越来越小,而产品研发以及管理流程等技术要素的影响比过去任何时候都要显著。尽管在短时期内,由于职业经理人队伍整体素质还难以达到知识管理的要求,但建设知识型餐饮企业却已经成为不可逆转的时代潮流。

一、什么是知识管理

关于知识管理的研究起源于20世纪30年代,进入80年代后达到高峰,很多新的理论成果如学习型组织、团队管理等不断应用于企业实践,知识管理的研究无论是在深度还是广度上都达到了相当高水平。

20世纪30年代开始,诺贝尔·赫伯特·西蒙等人已经着手研究知识和学习,其代表作《人造科学》研究内容主要集中在组织学习曲线如何提高等方面,迈克尔·波兰依则详细讨论了隐性知识和显性知识的区别。这一时期的研究主要以知识本身为基础,而较少涉及到企业内部,这也许与当时在企业界大规模生产范式的盛行不无关系。

进入80年代以后,企业所面临的市场形势和社会环境发生了根本性的变化,极力倡导"知识创新"的日本企业在汽车、电子等诸多产业里相继取得对美国企业的全面领先优势,知识管理在企业应用中的价值凸显出来,这一时期也因此成了知识管理理论研究的"高峰期"。这其中最重要的代表,当属野中郁次郎、汤姆·斯笛沃特和彼得·圣吉等,他们各自的代表作——《创造知识的公司》、《智力资本》和《第五项修炼》,已经成为影响深远的知识管理经典文献。

这一时期的研究内容发生了重大改变,即由单纯的对知识特征的研究转向以企业为基础的对知识形成、结构和如何带来竞争优势的过程的研究,如野中郁次郎提出了由个性隐性知识最后转化成组织隐性知识的知识转化SECI模型,彼得·圣吉则提出了创建知识型企业的系统解决方案——学习型组织。当然,更多的研究目光还是集中在如何通过知识管理来提升企业竞争优势方面,比如《将知识转化为产品》(斯丹·戴维斯)、《在知识时代设计企业战略》(卡尔-埃里克·斯维拜)和《在变化的世界中管理知识工作者》(彼得·德鲁克)等。

总的说来,对于知识的地位、知识型企业的特征界定以及基于知识的边际收益递增规律等问题的研究已经接近成熟,理论界和实践界也已达成共识。具体到餐饮企业来说,最重要的问题是弄清楚新的组织知识到底如何产生、储存、传播和积累,又怎样转化为竞争优势的,这一过程——知识生产的动态过程也就是创建知识型餐饮企业的关键。

二、隐性知识和显性知识的相互转化

著名管理学家野中郁次郎将企业知识划分为隐性知识和显性知识两类,所谓隐性知识包括信仰、隐喻、直觉、思维模式和所谓的"诀窍",而显性知识则可以用规范化和系统化的语言进行传播,又称为可文本化的知识。

野中郁次郎在著名的SECI模型中提出,在企业创新活动的过程中,隐性知识和显性知识二者之间互相作用、互相转化,知识转化的过程实际上就是知识创造的过程。知识转化有四种基本模式——潜移默化(Socialization)、外部明示(Externalization)、汇总组合(Combination)和内部升华(Internalization),即著名的SECI模型(见图7-1)。

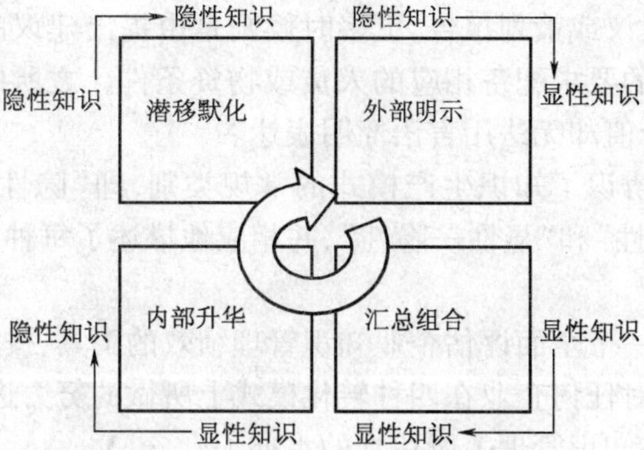

图7-1 SECI自我超越的过程

第一种模式——“潜移默化”，指的是隐性知识向隐性知识的转化，它是一个通过共享经历建立隐性知识的过程，而获取隐性知识的关键是通过观察、模仿和实践，而不是语言，在具体的商务环境中进行的所谓“在职培训”基本上应用的就是这种原理。

第二种模式——“外部明示”，指隐性知识向显性知识的转化，它是一个将隐性知识用显性化的概念和语言清晰表达的过程，其转化手法有隐喻、类比、概念和模型等，这是知识创造过程中至关重要的环节。

第三种模式——“汇总组合”，指的是显性知识和显性知识的组合，它是一个通过各种媒体产生的语言或数字符号，将各种显性概念组合化和系统化的过程。

最后一种模式——“内部升华”，即显性知识到隐性知识的转化，它是一个将显性知识形象化和具体化的过程，通过“汇总组合”产生新的显性知识被组织内部员工吸收、消化，并升华成他们自己的隐性知识。

以上四种不同的知识转化模式是一个有机的整体，它们都是组织知识创造过程中不可或缺的组成部分。总体上说，知识创造的动态过程可以被概括为：高度个人化的隐性知识通过共享化、概念化和系统化，并在整个组织内部进行传播，才能被组织内部所有员工吸收和升华。

到目前为止，野中郁次郎的SECI模型堪称是对企业知识生产过程进行的最深入的探究，其对知识转化过程的描述也是最详尽的。SECI知识转化模型的理论价值主要在于以下几个方面。

首先，准确地揭示了知识生产的起点与终点，即始自高度个人化的隐性知识，通过共享化、概念化和系统化，最终升华成为组织所有成员的隐性知识。如很多餐饮企业纷纷开展合理化建议活动，鼓励一线员工出谋划策，就是一种主动收购基层员工隐性知识的举动。有时这种收购可以直接以文本化的形式进行，如员工写出书面建议或策划报告，更多时候则是由提出建议的员工亲自负责实施，企业则根据他的要求配备相应的人员或物资条件。之所以这么操作是因为员工的建议很有价值却无法用言语简明表达。

其次，清晰地辨识了知识生产模式的常规类别，即“隐性—隐性”、“隐性—显性”、“显性—显性”和“显性—隐性”，并相应地描述了每种类别所对应的具体过程和方法。

最后，创造了一个全面评估企业知识管理绩效的工具，按照野中郁次郎的实证研究结论，只要对任何企业在四种转化模式上所做的努力进行分析，就可以大致评价这家企业在知识管理上所达到的水准了。

三、餐饮企业完整的知识生产过程

为了能更准确地辨识出知识管理对于企业竞争优势的形成的影响过程，我们以SECI模型为基础，通过修正和扩展，试图完整地描述企业知识生产的全过程(见图7－2)。

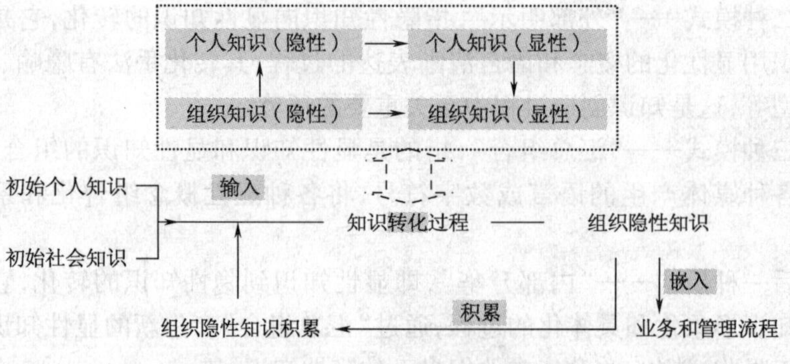

图7－2　完整的知识生产过程

从图7－2中可以看出，与SECI模型相比，我们增加了社会知识的概念，并将社会知识和个人知识共同作为企业知识创造的源泉。同时在我们的理论构架中，“知识转化”也只是知识生产全过程的一部分，知识生产全过程还包括知识输入、知识积累和知识嵌入等环节。更重要的是，我们将知识生产过程作为一个动态的过程放在整个企业系统中来考查，并得出结论：企业的竞争优势来源于企业从个人和社会吸收知识、转化知识、累积知识和将知识嵌入到产品中的能力，企业在知识管理体制上的优劣将直接决定企业知识生产水平的高低，这种企业内部固有效率的差异在很大程度上决定了企业的竞争位势。

在对SECI模型进行了上述扩展后，完整的企业知识生产过程应该表达为：

就企业(组织)而言,知识输入端为初始状态的个人知识和社会知识,这部分知识对于企业的业务流程和技术特性来说是混乱无序、无法直接利用的,企业(组织)必须以自己的方式对其进行辨识和筛选,其中与业务流程无关联的知识被过滤掉,而与企业业务特征有着各种关联的知识则与企业已有的组织知识积累相结合进入知识转化过程,最终又形成新的组织显性和隐性知识,不断生成的组织知识很快又进入到下一个知识生产过程中。

1985 年,大阪松下电器公司的研发人员在开发新型的家用烤面包机时遇到这样的技术难题——怎样让面包机像人一样揉好面?在多次尝试失败后,负责开发的软件专家田中郁子最后决定向大阪国际饭店的首席面包师学习,研究和面技术。在学习时,她发现首席面包师有一种独特的拉面团技术。在项目工程师的密切配合下,经过一年的反复试验,田中郁子终于确定了松下需要的设计方案,成功地以机电技术模仿了首席面包师的拉面团技术。最终,松下电器公司以田中郁子的研究为基础生产的面包机大获成功。这就是完整的知识产生的过程(见图 7-3)。

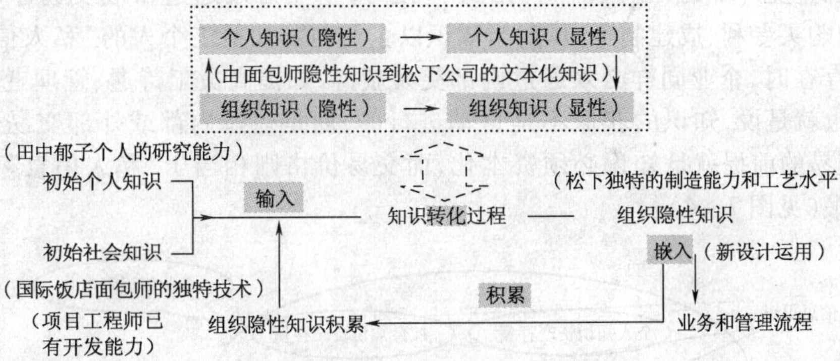

图 7-3 完整的知识生产过程(以松下面包机研发为例)

在"揉面式"面包机的开发过程中,大阪国际饭店的首席面包师并不是松下员工,其所拥有的知识对于企业而言只能算是外部的社会知识。同时,田中郁子尽管是松下员工,但其独特的思维和观察能力也是属于其自身的个人知识。所以,在这一过程中,知识生产的起点是来自外部的社会知识和来自员工的个人知识。

光有田中郁子个人的努力是不够的,这时,松下项目工程师团队的紧密配合发挥了关键作用。由于这些工程师们有着长期实践积累下来的丰富经验——组织隐性知识积累,他们可以迅速在技术上实现田中郁子的设想和创意。从某种意义上来说,工程师团队的知识积累才是成功研发的关键。

在将首席面包师的独特技能和田中郁子的创意转变为现实可行的技术

方案的过程中，我们可以清晰地看到知识转化的SECI过程的四种模式都在起作用，即由隐性—隐性（田中向面包师现场学习）、隐性—显性（田中逐条逐条地描述出面包师的技术）、显性—显性（将零星的技术描述总结为完整的设计方案）和显性—隐性（将完整的技术方案再度升华成为松下员工的个人技能）。

最终，这种新颖的技术将化为松下全体生产工人的熟练技能（组织隐性知识），并嵌入到产品——新式面包机中。

四、餐饮企业知识资本的增长结构模型

研究企业知识生产过程的另一个至关重要的问题是，知识作为企业的决定性要素资源，到底以什么形式、储存在什么载体中；企业知识资本的增长是如何实现的。弄清这个问题同样也是提高知识管理绩效的关键。

作为决定性的要素资源，企业知识资本的总量和结构水平决定了企业的竞争位势，而结构水平事实上就是企业知识充分交流共享的程度和水平。当知识以企业外部的"私人信息"形式存在时，企业必须通过市场交易手段获得，如购买专利、成建制学习等；当知识以企业内部如员工个人的"私人信息"形式存在时，企业同样必须通过内部交易获得，如提高员工待遇、管理者持股等。也就是说，知识的获取不是自动进行的，而是通过内部或外部交易展开的，交易的前提就是知识必须资本化，而交易价格则相当于"私人信息"的租金水平（见图7-4）。

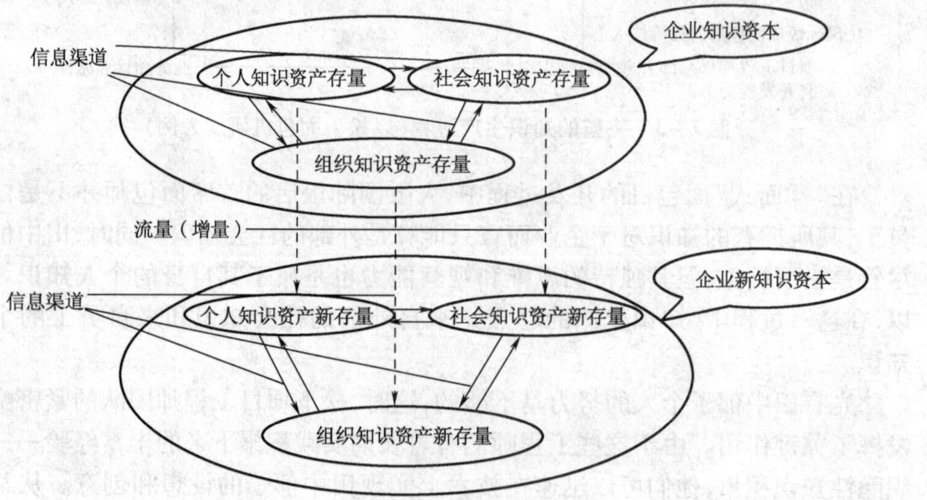

图7-4　知识资本的存量—增量模型

从图 7 - 4 可以看出，和其他所有生产要素一样，知识经过资本化和交易以后即与企业中各组成部分结合在一起，并进而形成企业各组成部分所拥有的知识资产存量。与其他大多数生产要素不一样的是，知识的交易是以共享而非转移的方式实现的。例如，当管理者（一方）通过经济性或者行政性手段从员工处（另一方）获得其知识（私人信息）后，作为“私人信息”员工不再独家拥有，但作为知识，员工则依然拥有，只不过是以公共信息的形式和管理者共同拥有而已，这就是资本化知识共享。

在静止状态下，资本化的知识分别被储存在个人、组织和社会三个主体中，形成知识资产存量的若干种形式。为了获取在系统中更有利的位置，各个知识存量主体（个人、组织、社会）都不断地试图扩大自己的知识量，同时尽力减少其他主体的“私人信息”量，使得整个系统的知识存量分布合理化和充分共享，这样一来就形成了知识的流量。获取知识流量的最基本手段就是资本化和交易。对于知识流量的获取，与投资和交易同样重要的环节是信息渠道的通畅和有效。总的说来，资本化知识总量即企业知识资本的微观结构模型应该由知识资产的存量、知识流量和信息渠道三部分构成。

比如，很多餐饮企业在招聘员工时，要求应聘者具有“比文凭学历更重要的行业见闻和直觉”，在这里，敏锐的直觉已经成为餐饮企业创新的源泉——这恰好说明了大量个人知识资产（尤其是类似直觉的隐性知识）的存在是企业知识资本持续增长的重要基础。

当越来越多的餐饮企业选择向社会上的能人巧匠学习时，它们事实上已经将更多的社会专业知识吸纳到自己的知识体系中来，它们以低额成本获取的家常菜知识，无论是从数量还是质量来说都远远超出了自身的研发能力极限。

五、创建知识型餐饮企业的基本原则

完全意义上的知识型餐饮企业应该是“那些明确地把知识的运用贯穿其整个企业模式（从基础架构到流程，到产品，到战略）的企业，这些组织集聚资源，以他们所掌握的知识为根本创造最大的价值”（鲁迪·拉各斯，1999）。

从企业知识生产的动态过程来看，创建知识型餐饮企业应该遵循以下原则。

（一）核心知识资产库的建设和维护是创建知识型企业的基础

每一次知识生产的起点是初始状态的社会知识和个人知识，其终点则往往是组织知识（显性或隐性），在过去由于缺乏对组织知识的系统存储和维护管理，导致企业往往不能及时从自己的经验中学习，造成巨大的浪费。建立了企业核心知识资产库之后，在实践过程中新产生的各种门类的知识迅速被概念化、系统化和规范化，从而使组织知识的存储和检索都变得简便有序。

很多餐饮企业都非常注意整理自己的店史，尤其是将曾经获得过的一些荣誉和重大历史事件整理并记录在案。但这种做法意义并不大,因为即便拥有这些荣誉,消费者也未必能意识到这与他们的消费经历有什么直接关联。不过,近年来很多企业开始改变这种传统的做法,他们将店史整理的重点转移到一些重要决策的制定及实施过程的记录,尤其是一些事后被证明行之有效的关键决策,从决策背景资料、会议纪要、工作部署及财务报表等全套文献资料的存档和事后评点对于提高企业的决策水平都非常有帮助。

(二)创建知识型餐饮企业的最大障碍是员工的戒备性思维模式

员工个人的知识、技能甚至直觉是企业组织知识的重要来源之一,但事实上在很多企业里,员工并未表现出管理者所预期的投入程度,其在知识生产过程中的实际贡献也相当有限。究其原因,并不在于员工的素质问题,而在于企业现行的管理模式或企业文化使员工形成了戒备性思维模式。

比如,厨师们总是下意识地对其自有技术有所保留,因为他担心自己全部技术展示出来后将使自己丧失在某些方面的领先地位。在创建知识型企业的过程中,员工的戒备性思维模式已经成了最大障碍,改善企业的管理模式,创造鼓励知识共享的文化氛围成了当务之急。

(三)善于向客户学习是知识型企业的重要能力

在企业的知识资本结构中,社会知识资产是相当重要的组成部分,其中来自客户的知识对于企业来说尤其宝贵,因为顾客在各自的领域中都是专家。顾客可以传递最新的产品信息、竞争对手的情况、对偏好变化的预测以及对服务和产品使用方法的技术反馈等,而这些都是企业急需的社会知识。

对于知识型企业来说,同客户的交流是永远的学习过程。一些有远见的餐饮企业设立了专门的顾客消费趋势调查小组,他们利用各种机会去接触终端客户,深入地了解顾客们对当前餐饮市场的看法和期望,抢在竞争对手之前推出符合顾客预期的新菜品。

(四)组织核心知识的隐化机制是创建知识型企业的核心

在餐饮企业的知识资本构成中,组织隐性知识的作用不容忽视,尤其是当组织知识被升华成为全体员工的隐性知识后,可以直接加入到企业价值创造过程中,其作用往往是至关重要而又难以模仿和购买的。

很多餐饮企业都制定了非常系统的企业内训计划,不断地为员工们创造相互交流和学习探讨的机会。其实这些员工对大部分企业流程和技术细节都已经非常熟悉,培训的真正意图就在于将这些组织知识通过员工相互间的交流共享能真正内化为所有人高度认同的隐性知识,只有将这些共同知识真正转换成为所有人的自然习惯后,企业培训的目的才算是真正达到了。

延伸阅读

知识型企业的八大管理要素

1. 质量和质量控制

成功的企业可能要花费相当长一段时间去保证质量。跟踪控制是改进质量的关键方法。成功的企业有严格的质量控制系统,但也常常会因为如何测试质量而伤脑筋。一些企业咨询顾问所开出的保证质量的药方,只能在事情完成之后从结果来测量,但是却不能回答这样一些问题:究竟怎样评价审计的质量?是根据财务的合格情况来确定的吗?

单独的财务顾问、审计员没有资格去控制自己工作的质量。专业组织经常任命一个内部人员进行质量控制,有时是一个高级顾问或者是一位自告奋勇的专业人员。有的企业采用内部讨论,在讨论中互相找问题,互相批评,定期实行客户调查也是一个有效的质量评价工具。

2. 尊重知识

专业组织对知识有着极端的态度。它将内部人员按专业知识水平来排位,而且由知识决定一个人在组织中做事的权力。

专业组织花费大量时间和努力应用于内部教育,同时也不忽视管理人员的发展。组织中常有正规教育系统,如内部学校或者高等学校。从相应的知识领域可以找到组织内部研究开发资源,并可以让专业人员带薪暂时停止工作去著书。

3. 将专业和管理知识相结合

如何将专业和管理这两种截然不同的知识结合起来,达到把一个知识型企业变成专业组织的目的是非常重要的。具有挑战性的工作是在这二者之间寻求平衡。在知识型企业中,最常发生的问题是管理水平和专业技术水平不相匹配。根据我们的定义,成功的知识型企业懂得如何将这两种知识结合起来,掌握了一种被我们称为是知识管理的新知识。

4. 有力和明确的企业文化

成功的知识型企业的管理人员对自己的文化感到骄傲,他们支持并培养自己企业的文化。要想成为成功的知识型企业,必须由确定企业文化入手。他们应先问自己以下问题:"我们是谁?""我们想要什么?""我们的核心知识是什么?""我们独一无二的特点是什么?"

对一个有效的企业文化来说,在一个时期内成功的文化到另一个时期可能就会是灾难。企业文化经常是在知识型企业刚刚创立的时期的早期阶段建立起来的,以后会在一段较长的时期内保持稳定。作为管理工具的企业文化的巨大优势是它可以当作一个定势来利用，一个有效的、良好的企业文化可以让企业主管在管理方面适当放手。当大家懂得服从基本企业文化准则时，就可以保证他们的行为与企业的要求不会有太多的偏差。

5. 专注于关键知识

将多种专业集中于一个企业之中是不太可能的。世界上没有一家企业管理可以将多种不同的知识领域内的专业集中并保证质量，更不消说还要去改善质量了。20 世纪 70 年代末期，西方大部分国家的企业曾从多样化投资中撤出，其中的原因之一就是因为多种专业并举效率太低。

将企业力量集中于有明显竞争优势的关键知识上，已经成为许多老企业，在过去多年中已经失去活力的联合企业重新走上成功的一个因素。集中力量必须找出正确的目标，也就是找到企业的关键知识在哪里。具有讽刺意义的是，知识型企业也需要向管理咨询人员去咨询。有些专业人员感到很难清楚地表达为什么他和自己的同事可以比别人做得好。

6. 保存知识

积累起来的知识是专业组织中最重要的财产。因为知识都存在于个人的头脑中，所以这种容易流动的财富如能保证不离开企业，对企业的长期生存来说就是一件非常重要的事情了。成功的知识型企业已经发展出各种保留关键人物的方法。其中最重要的方法是给予他们一部分所有权。大部分现代知识型企业都有不同的雇员所有权的形式。但是大部分知识型企业采用利润分享的方法。这些都是保存企业知识的重要方法。

7. 开发员工潜能

由于知识型企业唯一有价值的财富是人，发展知识型企业的唯一方法就是发展人才。也可以说专业组织的管理行为可以浓缩为一点，就是招募和开发人才。

8. 稳定的结构

知识型企业只是在表面上看起来缺乏结构和实质内容，实际上与制造业的企业相比，他们尽管缺少物质性财产的有关内容，但是却拥有丰富的、看不见的脑力劳动的产品。

当然这些脑力劳动产品也需要物化，从而为知识型企业提供一致性和稳定性。专业组织的非正式结构是表面上看不见，但却发挥着强有力的作用的企业文化，建立这种非正式的结构的方法常常是具有个性化的，每一个企业都不相同。而在知识型企业中有两种正式的结构：财务会计系统和法律结构。

节选自：《知识型企业管理》（斯威比、劳埃德著，梁立新译，海洋出版社 2002 年）